▶ 陕西慈善文化研究文库

慈善工作概要

陈国庆 冯晔 著

西北大学出版社
·西安·

图书在版编目（CIP）数据

慈善工作概要 / 陈国庆，冯晔著. -- 西安：西北大学出版社，2024.6. -- ISBN 978-7-5604-5423-8

Ⅰ．D632.1

中国国家版本馆CIP数据核字第2024MF2724号

慈善工作概要
CISHAN GONGZUO GAIYAO

陈国庆　冯　晔　著

出版发行　西北大学出版社
（西北大学校内　邮编：710069　电话：029-88302621　88303593）
http://nwupress.nwu.edu.cn　E-mail：xdpress@nwu.edu.cn

经　　销	全国新华书店
印　　刷	西安华新彩印有限责任公司
开　　本	787毫米×1092毫米　1/16
印　　张	15.75
版　　次	2024年6月第1版
印　　次	2024年6月第1次印刷
字　　数	247千字
书　　号	ISBN 978-7-5604-5423-8
定　　价	68.00元

本版图书如有印装质量问题，请拨打029-88302966予以调换。

序

20世纪90年代初开始复兴的中国慈善事业，经过几十年健康而快速的发展，在继承传统慈善（其基本内容包括扶贫、济困、救灾、助医、扶老、育幼、铺路、筑桥等）的基础上，还介入科学、教育、文化、卫生、环保等其他社会领域，在着力履行扶贫济困等传统慈善职能的同时，还承担了公益事业和社会治理、乡村振兴、共同富裕等多重现代社会职能。由此言之，各级慈善会、慈善志愿者和社会各界爱心人士，在开展慈善活动和志愿服务时，视野可以更宽广一些，目标可以更高远一些，既要以救助鳏寡孤独、扶贫济困、救灾助医等作为工作核心，也要较为广泛地涉及其他公益和社会治理领域。

在《慈善法》里，"公益"已经融入"大慈善"内涵。过去人们关于慈善、公益、社会福利、社会保障与扶贫工作等如何分野的讨论，在《慈善法》里已经做出比较明确的界定。不仅如此，《慈善法》还把弘扬中华民族传统美德、宣传慈善文化、践行社会主义核心价值观写入文本，这就使慈善事业及其社会治理功能得到进一步扩展和加强，在救助社会弱势人群的同时，还承担了维护社会公平正义、匡正社会风气、振奋民族精神的时代重任。鉴于此，我们感受到，慈善工作大有前途、大有可为、大有作为，慈善工作者使命光荣、任重道远。

实际上，我们所做的慈善工作，已经不是简单地让企业和富人把钱和物资捐献出来，由慈善会设计必要的项目，把这些钱物转交到需要救助的人们手中。"现代慈善"或"大慈善"的业务范围，毫无疑问，比传统慈善要大得多，甚至已经开始演变成一种新型的慈善业态。在这样的时代背景下，慈善会对慈善工作具体内容的探讨，就显得尤为重要。这是我们撰写这部书的初衷。

就善之本源而言，人皆善类，内心深处必然潜藏着天赋的良善，这是极其宝贵的人性本善或原善。作为一个正常的人，在任何时候、任何地方、任何情境下，都要坚决维护自己内心深处的善。与人为善，与社会为善，与自然为善，也要与自己为善。不产生任何违背良善的心思，不言说任何违背良善的话语，不做任何违背良善的事情；不要向恶背善，不要以恶为荣，尤其是在关键时刻或紧要关头，一定要坚守内心和言行的善。如果失去了内心和言行的善，那实际上就失去了为人的基本资格。这就是慈善对人的熏染、教化和规制。

在日常生活中，"善"是在社会实践过程中人类意识对现实的映射，从文化视角而言，善是圣洁、温存而美好的字眼，古今中外无数人为之倾慕，并坚持终身恪守良善。"喜怒哀乐爱恶欲"是人们最基本的情感表达，是现实生活中不可或缺、不可禁锢、不可能视而不见或无动于衷的。因此，人们在对内心烦恼与苦闷的观照中，便体会到了人生在世的种种不易，以及芸芸众生的病苦与艰难。于是就在自己内心里升腾起阵阵善念而不可遏抑，做出种种善行，并由此深切体会着善的伟大与庄严，享受着善的滋润与抚慰。这也是慈善对人的熏染、教化与规制。

每个人在出世以后，都生长在特定的社会环境里。但在相同或类似的环境里长大的人，也不会成长为某种统一的类型。这与家庭环境有关，却不是完全由家庭环境决定的。即使在同一个家庭环境里长大的孩子，也有各不相同的性格、品德和能力。实际上，每个人受到的家庭影响不尽相同，所受到的社会影响也有很大差异。那些受到良好教养的人，学会了自食其力，学会了融入社会，也学会了帮助他人和奉献社会。由于种种不同，社会上便有了心地善良的人，有了普普通通的人，也有了极少数心地不善的人。

由此观之，人自出生以后的家庭教养和社会教育，包括成长、学习、工作及生活环境等，都非常重要。"三岁看大、七岁看老"，这句话还是很有道理的。无论生活在何种环境，对儿童的教养不可轻视，童年期的良好教养将会塑造一个品德正常、健康自由的人格。同样，一个社会对成年人的教育也是不可或缺的，良好的社会教育对所有人都有重要意义，可以使人们成为一生都能严格要求自己而又"随心所欲不逾矩"的身心健康的人。这种教育的结果就包括对周围的人与事，能够以同情心和同理心待之。这同样是慈善对人的熏染、教化和规制。

所谓同情心，是众所周知的，无须赘言。所谓同理心，是站在"当事人"的立场，从"当事人"的视角和观念认识出发，理解某些具体问题，真切地理解"当事人"对这些事宜的内心感受，在与"当事人"的沟通交流中，设身处地地认识问题和对待问题。实际上，同理心就是人们常说的"将心比心""换位思考"，体谅"当事人"的感受和际遇。同理心可以促使自己与他人妥善处理工作和生活中的关系，易于沟通人与人之间的认识差异和立场差别，对很多问题的解决有重要推动作用。在我们的学习、工作和日常生活中，要理解别人，要善于与对方换位思考，互相沟通，互相合作，减少冲突，增加信任。事实上，人们需要有一定的自信，但也不能没有对他人的信任。这同样是慈善可以介入的领域。因此，慈善的重要社会作用之一，就是以同情心和同理心理解他人，特别是理解和帮扶困难人群，使他们保持阳光的心态，以更积极、坦然和向上的态度，面对生活的境遇，包括不顺与不幸，当然也包括顺利与幸运。

现代慈善不能没有款物的救助，但仅有款物还不够，还要有精神抚慰和心理调适。也就是说，在具体慈善活动中，对心理状态暂时灰暗的人，一定不要动辄给他们贴上抑郁症、狂躁症、强迫症、精神分裂症前兆等疾病名称的"标签"。否则，会给当事人造成十分沉重的心理负担。心理学不仅是对当事人进行心理状态诊断，也不仅是要去除当事人心理上或行为上可能存在的问题，还要从正面引导当事人保持积极向上的人生态度，使他们逐渐形成良好的心理品质和行为方式。情绪不好并非心理疾患，只是暂时的心理波动而已，属于人们的正常心理活动，所以，鼓励情绪不好的人乐观开朗地面对现实，并且给出科学而有效的心理调适建议也是慈善工作的内容。

例如，慈善工作者可以鼓励受助者为人处世要心胸开阔、乐观豁达。这也是历代圣哲贤人所积极倡导的修身处世之准则，表现了中华民族良好的心理状态。人们生活在这个世界上，无论处于顺境还是逆境，无论权力、财富和名望是显赫还是微不足道，都要宽以待人和善以待人，多做好事，多积善德；给人以好印象，留下好名声，赢得人们的尊重和善待，使子孙后代永远铭记和怀念。这就是慈善的人文价值和社会效应，即对人的熏染、教化和规制。

一个人最强大的是什么？不仅是生理方面，身强力壮、膀大腰圆；也不仅是智力、财力等方面，聪明过人、财大气粗。从实际情况看，一个人最强大的应该是他的心理。因为人类社会并没有发展到尽善尽美的程度，人生总会面对不尽如人意的境遇，如果没有强大的心理支撑，有可能无法战胜困难、挫折和无奈，进而造成自己心理崩溃或精神坍塌。心理强大，首先表现在一个人的思想和情绪基本处于长期的平稳状态。例如，心理强大的人，能在短暂的喜怒哀乐之后，很快趋于平静，恢复正常状态，而不会长时间处于极度兴奋、暴怒或哀伤之中。心理强大的人，有很强的自我认知能力，不十分在意别人的褒贬毁誉，也不会斤斤计较个人的荣辱得失。在言语和行为上，可以始终保持自己的节奏，在做出判断、选择和决定时信心十足。即使遇到突发之事，也可以沉着镇定、坦然面对，并按照自己计划的进度和节奏，完成预先设计的工作或完成该做的事情。内心强大的人，不会色厉内荏，而且其内心非常和善与柔软，特别乐于帮助别人、服务社会。反之，心理不够强大的人，在遇到困难、挫折或打击时，有可能身心会受到一定程度的伤害而难以自持，从而失去对生活的信心。因此，无论是否有权、有钱、有名望，强大的心理支撑力对于任何人都是至关重要的。这也是慈善对人的熏染、教化和规制。

读圣贤书，子曰："见贤思齐焉，见不贤而内自省也。"意思是，看到优秀的人，就想到向他学习，向他看齐；看到一个不优秀的人，就从内心反省自己，有没有和他一样的缺点。优秀人物是人们心目中的榜样，他们的优秀品格、智慧和丰富的知识，可以使其他人看到自己的不足。见贤思齐，就是善于和乐于从优秀人物身上学习某些优良品格、知识和智慧等许多书本上学不到的东西，以弥补自己的不足，使自己也变得越来越聪明。见贤思齐，不甘落后，奋起直追，不断进步，努力赶上和超过优秀人物。这是十分令人愉快的事情。见贤思齐与见不贤而内自省是一致的，是一个完整的过程，双向的自我完善，而不可偏废。良善是一个优秀者最基础也是必备的品质。一个不善良的人，无论如何也与"优秀"二字毫无关系。

德国哲学家叔本华说："什么东西都没有人的欲望大，天大地大都没有人的欲望大。"从历史发展的视角而言，人们对欲望的不断追求和不断获得满足，推动了社会的不断进步。但是人们也看到，世俗社会里人们的成名欲、金钱欲、权力欲、占有欲，对于某些人而言是无法满足的。获得了金钱，还希望有更多的金钱；获得了权力，还想要更大的权力；获得了名位，还想要更高的名位。不仅如此，获得了金钱，还希望有权位与名望；获得了权力，还想要金钱与名望；获得了名望，还想要权位和金钱。这些欲望是无止境的，也是由人本性的贪欲不断膨胀所造成的。尽管人的欲望并非都是邪恶的，但也有必要加以合乎人性也合乎社会的调节与抑制，以平衡不同社会阶层的利益诉求，同时有利于经济发展和社会进步。这也是慈善对人的熏染、教化和规制。

丰子恺认为，人的生活有三个层次：物质生活、精神生活、灵魂生活。物质生活就是人的衣食住行，非常必要，也可以说是人的第一需要，如果没有了衣食住行，一切也就无从谈起。因为人首先是一个自然人。精神生活，就是人的精神活动和文化活动，如思考问题、读书学习、音乐美术、学术沙龙或社会交往、聚会娱乐等，是人们生活的重要内容，同样不可或缺。灵魂生活，则是属于个人灵魂深处的活动，是个人独有的。例如，信仰或道德的最深层次，或者是个人安静状态下的冥想玄思。有的人执着追求物质生活的品质，缺乏精神生活和灵魂生活的内容；有的人执着追求精神生活的享受，减少了一些物欲，但没有重视灵魂生活；还有的人对物质生活没有更多追求，也减轻了精神生活的分量，而是沉迷于灵魂生活的满足。这既是三个不同的层次，也是三种不同的类型。在现实生活中，这三种层次或类型都有其或主动或被动的实践者，也有人是三者兼而有之。人的这三个不同层次或类型，也是慈善应当予以关注的。也就是说，慈善不仅仅关注人们物质生活方面的满足情况，还应当关注人们的精神生活和灵魂生活。这对慈善会的具体工作来说是一个新的课题。

我们已经处在一个物质相对富裕的时代，除了个别特殊情况以外，中国人的吃饱穿暖问题基本得到解决，全社会已经步入物质生活相对充足的小康社会。几千年来中华民族的物质贫困现象全面消除，这是多么令人振奋的伟大时刻啊！国人已经结束了缺吃少穿的生活，还应不应当在物质生活上适度节俭呢？我们的回答是肯定的。因为还有个别人的温饱仍然存在问题。同时，我们希望人们在保持较高生活品质的前提下，适当降低自己的物质消费欲望，认真思考一下什么是健康而高雅的生活，如何才能享受这种令人期待的生活；在物质生活基本获得满足之后，还应当有怎样的精神追求和灵魂追求。海明威说："我始终相信，开始在内心生活得更严肃的人，也会在外表上开始生活得更朴素。在一个奢华浪费的年代，我希望能向世界表明，人类真正需要的东西是非常之微少的。"我们赞赏海明威的卓越见识。事实上一个人需要的东西的确是不多的，无论是物质生活所需还是精神生活所需。如果超过公众所认可的度，那就是对社会财富的浪费。

如前所述，人生在世，难免遇到困境。在平日里，人们要尽可能开阔自己的胸襟，升华自己的境界，增强自己的耐力。遭遇困境，要设法摆脱，或尽快释怀，或立刻放下。也可以受一些挫折磨砺，在艰难困苦到来之际，逐渐增强心理承受力、耐压力或抗逆力，如此，以培养坚韧不拔的毅力和战胜困难的信心与能力。我们在长期的慈善研究和慈善实务工作中形成的初步认识是，慈善工作不仅是对受助人进行物质救助，而且应当给予他们以精神支撑力，或者说是慈善赋能，鼓励他们在遭遇任何艰难困苦的时候，都要有足够的抗压力或承受力，而不是心惊胆战、束手无策，或是沉默寡言，或是唠唠叨叨，甚至是哭哭啼啼，失去理性。慈善工作者和慈善志愿者要激励他们不怕困难和挫折，不向困难低头，不必无休止地对别人诉说自己的不幸遭遇和面临的艰难困苦，鼓励受助者坚毅、刚强、勇敢、自信。

梁启超在《新民说》一书中，把近代以来西方启蒙学说应用在当时中国政治和道德领域，对中国人的私德和公德进行了全面论述。书中有关私德与公德的理解和认识，是对中华民族如何从古代走向近代所做的深刻思考，具有非常重要的理论和实践价值。例如，他清楚地提出，"独善其身"是"私德"，而"兼善天下"是"公德"。"私德"是追求个人自身品行的完善，"公德"是个人和社群、社群和社群、国家和国家之间的协调关系。在这里，梁启超对"私德"与"公德"的论述，已经上升到人的家国情怀的高度，这其实就是我们一直追寻的慈善精神，是一种对人类深沉的社会责任感和历史使命感。慈善是每个人对自己、对他人、对社会、对国家乃至对大自然的责任和义务。

孟子云："穷则独善其身，达则兼善天下。"这是说，当自己没有能力的时候，就要先做好自己的事情，不能让自己个人或分内的事情成为他人或者整个社会的负担。人类社会是由无数个体组成的，如果每个人都能够从自己当下出发，做好自己应做、能做和想做的事情，把自己的事情做好了，那么整个社会的事情也就做好了。但需要注意的是，人类社会的物质财富并没有达到能满足所有人需求的程度。在激烈的生存竞争中，人们的体力、智力有很大差异，资源、背景、机会也不是完全公平的，有一部分人在生存竞争中处于劣势，需要社会为他们提供最基本的生活资料，这虽然是另一个方面的问题，但与"穷则独善其身"并不矛盾。

我们参与其中的慈善事业，就是要妥善解决这些问题。在社会上，有许多慈善志愿者乐于参与志愿服务活动，不仅不知疲倦、不会厌烦，并且感到非常满足和高兴。许多志愿者说，他们做志愿服务是因为真心喜爱，只要身体健康，就一定会长期坚持下去。他们的话很朴实，让我很感动。其实，我们结识的慈善志愿者里有许多是普普通通的退休人员，工资不高，工作不少，但他们愿意花费大量时间、精力和财力，从事慈善志愿服务工作，积极参加团队组织的各类公益活动，受到了全社会的尊重和赞许。

基于以上对慈善工作的初步理解与认知，本书安排了如下八章内容：慈善理论的基本问题、慈善会的组织建设、慈善会的能力建设、善款募集与项目举例、慈善宣传推广与外联、慈善参与社会治理、志愿者管理与服务、传统慈善文化举要。在这部书中，我们从慈善工作的基本内容出发，对慈善的基本范畴、命题与体系建构的现实必要进行阐释，并提出在具体研究中，努力做到"六个结合"。第一个结合，即在研究中把慈善工作与践行社会主义核心价值观、中国特色社会主义文化建设、人类社会优秀精神遗产、传承区域文化特色及心理状态相结合。其余五个结合，分别是理论与实践相结合、现代慈善与传统慈善相结合、慈善与公益事业相结合、当地慈善与省外境外慈善相结合、实体慈善与网络慈善相结合。

伴随着社会的文明与进步，当代慈善事业的发展也是日新月异，不断介入新的社会领域，形成某些有创见的慈善模式甚至新业态，这就给慈善工作提出不少亟待解决的新课题。本书并不是一部现代慈善的专业教科书，我们没有设计系统和完整的结构、体系、原理与命题，也没有从学科角度提出相应的范畴或专业话语，而是着力于从实践层面出发，试图对现代慈善工作中基本问题的提出、分析和解读，对慈善会在慈善工作中有可能遇到的某些具体问题，进行初步反思与探讨。这是我们对本书的基本设想，并且争取在写作实践中加以贯彻。无论本书做到了哪几点，都是在为现代慈善事业发展与繁荣奉献我们的绵薄之力。

陈国庆
2023 年 8 月 21 日
写于梅里小镇

目 录

第一章 慈善理论的基本问题 …………………………… 1
    一、慈善的词义诠释 ……………………………………… 1
    二、慈善的内容与范围 …………………………………… 4
    三、基于人性之善 ………………………………………… 6
    四、善的社会涵养 ………………………………………… 8
    五、慈心与善举的统一 …………………………………… 11
    六、慈善的维度与类别 …………………………………… 14
    七、对现代慈善的四点认识 ……………………………… 17
    八、现代慈善形态与创新 ………………………………… 19
    九、慈善行为与伦理规范 ………………………………… 22

第二章 慈善会的组织建设 …………………………… 35
    一、慈善会的创立 ………………………………………… 35
    二、慈善会的正规化建设 ………………………………… 37
    三、慈善会的结构与规模 ………………………………… 39
    四、慈善会的体制与机制 ………………………………… 42
    五、给慈善会的两点建议 ………………………………… 44
    六、慈善会的多重属性 …………………………………… 48

第三章　慈善会的能力建设 ································· 52

一、负责人的素质和能力 ································· 52
二、决策力与执行力 ····································· 56
三、慈善工作者要走出去 ································· 59
四、重视调查研究 ······································· 61
五、有为才能有位 ······································· 64
六、慈善会工作的着力点 ································· 67
七、诚信是慈善会的底线 ································· 70
八、慈善会的资源整合 ··································· 72
九、要做慈善的内行 ····································· 74
十、慈善会工作需要创新 ································· 76

第四章　善款募集与项目举例 ······························· 79

一、拓宽募集渠道 ······································· 80
二、善款募集与项目策划 ································· 88
三、加快网络慈善发展 ··································· 91
四、推动慈善信托实务 ··································· 94
五、项目运作注意事项 ··································· 99
六、幸福家园项目 ······································· 102
七、慈安桥项目 ··· 113
八、关爱留守儿童项目 ··································· 116
九、退役军人帮扶项目 ··································· 119

十、关于项目评估 …………………………………… 123

第五章　慈善宣传推广与外联 …………………………… 126
　　一、慈善宣传工作的作用 …………………………… 126
　　二、宣传工作要不断创新 …………………………… 130
　　三、鼓励企业做慈善 ………………………………… 134

第六章　慈善参与社会治理 ……………………………… 137
　　一、慈善的社会正向力 ……………………………… 137
　　二、慈善缓解社会紧张 ……………………………… 140
　　三、慈善参与乡村振兴 ……………………………… 143
　　四、慈善参与应急管理 ……………………………… 147
　　五、对慈善参与社会治理的思考 …………………… 158
　　六、后扶贫时代的智慧慈善 ………………………… 161

第七章　志愿者管理与服务 ……………………………… 169
　　一、志愿者团队管理 ………………………………… 169
　　二、志愿服务的几个问题 …………………………… 173
　　三、慈善志愿者参与服务的持续性 ………………… 176
　　四、志愿服务体现人间真情 ………………………… 179
　　五、志愿者对老人的照护 …………………………… 182
　　六、重视城乡养老问题 ……………………………… 184
　　七、雷锋精神与志愿服务 …………………………… 188

第八章　传统慈善文化举要 …………………… 194
　　一、仁是慈善文化的硬核 …………………… 194
　　二、齐同慈爱，异骨成亲 …………………… 204
　　三、兼相爱与交相利 ………………………… 206
　　四、推进传统慈善文化的创新发展………… 213

附录　陕西省慈善信托备案基本信息汇总表………… 217
主要参考文献 ………………………………………… 233
后记 …………………………………………………… 236

第一章 慈善理论的基本问题

引 言

慈善会同仁从事慈善工作或社会各界人士参与慈善活动,往往出于对困难群众的同情心、同理心和对社会公益事业的热爱之情,也就是受到内心之善的感性情绪驱使。或许在参与慈善活动之前尚无有关慈善的理论准备,但是,同仁们在从事慈善活动中逐步积累了经验,并对这些经验进行反思、琢磨,遂形成带有抽象性的理论形态。已经形成的慈善理论再回到实践中加以检验和修正,经过多次反复从实践中来、再到实践中去的过程,慈善理论也就趋于成熟,能够用于指导具体的慈善工作,从而收到事半功倍的效果。当然,本章所提慈善理论不是慈善理论的全部,而只是其中很小的一部分。

一、慈善的词义诠释

人们在爱心的驱使下,捐赠一定数额的善款或物资、技术、知识、能力和时间,参与慈善工作或慈善志愿服务活动,应当受到社会的充分肯定和大力表彰。作为从事或参与慈善活动的专职工作者和热心慈善事业的社会各界人士,首先需要了解如下问题:什么是慈善或慈善的含义是什么?如果对这些基本问题都弄不清楚，那就不算是合格的慈善工作者和慈善志愿者。

"慈善"这个概念在中国不是今天才提出来的，而是已经存在了几千年之久。我们注意到，在《慈善法》出台并实施以后，人们对慈善概念逐渐明确了，不同观点的争论已经明显减少。但事实上长期以来，部分慈善工作者对慈善了解得还不够准确，尤其是新近接触或参与慈善工作的人们，包括刚刚注册成为慈善志愿者的朋友，经常会向我们提出上面这个问题。我们以为，了解清楚"慈善究竟是什么"这个问题，是完全必要的。

按照人类认识问题的一般规律，我们先从字词的本义上，对"慈"和"善"分别加以梳理、考辨与阐释，从而明确究竟什么是"慈"、什么是"善"。

据学者考证，"慈"这个字在两千多年前的周代就逐渐形成了。许慎著《说文解字》一书对"慈"的解释是："慈，爱也。"战国时成书的《庄子》里，有"尧不慈，舜不孝"的说法。尧和舜都是古代禅让时期的圣王，是传说时代的部落联盟首领。"不慈"，是说不爱子孙。据说，尧有10个儿子，却禅位于贤人而不传给自己的儿子；又传说，他曾杀长子监明，是一个"不慈"且残忍的父亲。所以，战国时有人指责尧"不慈"。"不孝"，是说不孝顺父母。据说舜的父亲和后母曾多次设法加害于他，舜都十分巧妙地躲开了危险。但他对父母加害于他的恶行不加阻止，而是有意让父母"不慈"的恶名流传开来，以此衬托他的孝顺与贤能。所以，有人就指责舜其实是"不孝"。古人对"尧不慈""舜不孝"的指责，是否符合实际，或能不能成立，对舜躲避危险的行为如何评价，这是另一个需要考证和解释的问题，此处不再赘言。引用《庄子》书中的这个说法，主要是想说明，"慈"这个词很早就已经出现。另外的例证还有同时期的《韩非子》，其中有："夫慈者不忍，而惠者好与也。"

我们查阅先秦时期诸多典籍，如《周礼》《左传》《管子》等，其中提及的"慈"字，大体上的意思都是"爱幼少也""上爱下曰慈""父母威严而有慈，则子女畏慎而生孝矣"。"慈幼"，即慈爱孺子幼儿；"慈亲"，即慈爱双亲长辈；"慈泪"即父母长辈心痛子女所流的眼泪。父母表情和姿态很威严，却有慈爱之心，那么子女就对父母非常敬畏而恭恭敬敬、言行谨慎，从而生发出孝敬、顺从与尊重之心，并且表现在行动上。但也有的典籍里对"慈"的解释是：对父母孝敬奉养。这就把

"慈"与"孝"两字的意思几乎等同了。我们可以看到，社会各界在对慈、善的字词本义上的理解或认识是基本一致的。这是我们对"慈"的理解。

"善"的字义是什么？据词典解释：善，是心地仁爱或淳厚良善的心理、言语、行为、品质。从古代文字的形成角度看"善"这个字的形体，上面是一个"羊"字部首，下面是"言"字部首，在早期文字金文里即有此字，但流传的异体字较多。到秦始皇颁布"书同文"的政令以后，这些异体字就都逐渐消失了。有人做过这样的解说：凡是有"羊"字部首的字，都是善良和美好的。例如，"善"和"美"都是"羊"字部首，大概是古代人们认为"羊"这种动物温顺、驯良，便借此比喻或引申为美好、驯良性情的意思。从文字演变的历史看，"善"的本义，的确是"良、好、驯服、规矩、温顺"，表达了人们内心的良善情绪和对善良的期许。于是，就出现了与"善"这个字相关的许多语句或成语，例如：与人为善；弃恶从善；从善如流；勿以善小而不为；择其善者而从之，其不善者而改之；至善至美；循循善诱；善始善终等。从这些语句和成语看，"善"字在大多数情况下用于对好、良、祥和、真诚等意思的表达，其他情况则有多重语义，但往往与"好"的意思相关。简单说，善就是好，做善事就是做好事，做善人就是做好人。在实际使用中我们感觉到，人们习惯于以为"善"要好于"好"，或与"好"有细微差异，特别是在做慈善活动时，喜欢用做"善事"来表达自己从事的活动，而不大说做"好事"。在这里，"善事"带有帮扶鳏寡孤独残疾者和贫困疾苦者的意思，或许"善事"带有专门针对那些需要帮助的人的性质，而做"好事"则比较普遍，只要有益于人类社会的事情，都是好事。

把"慈"与"善"二字连用，就成为一个专用名词，特指慈善事业。古代早期人们赋予"慈"的特定含义，如认为"慈"也是对老人的孝敬，随着社会的演进和字词本身的变化逐渐消失了，"慈"成为专指老人对后辈的慈爱，以及与"善"连用而专指慈善活动。在现代社会，也有一些人给"慈善"下过定义，认为人们怀有的那种仁爱之心叫作"慈"，人们那些乐善好施的行动，就是行济困之举，叫作"善"。这其实是某些人的个人理解或解释，从这个词的原意来讲，并不能说"慈"是一颗爱心，"善"是一种行为。这样的解释可能不十分准确，但我们不反对这样的解释，因为它把"慈"和"善"解释得非常美好，基本符合"慈善"的本义。无论把"慈"和"善"分别解释为长辈对晚辈的慈爱和人与人之间相互的关怀与友爱，或是把这两个词放在一起使用，解释为一种言与行的统一，都是可以理解的。慈善是美好的心灵，是与人为善或友善待人的美好感情、话语或施舍、扶助等行动。从人类社会形成一直到今天，"慈善"伴随人类走过了几千年的历程，完全可以这样说：慈善作为人类一种最美好的大爱之情和扶贫济困的良善行为，必将永远延续下去。

二、慈善的内容与范围

前文从"慈善"的词义上做了简单分析和梳理，大致理解了慈、善、慈善的文字学含义。下面，我们从现代慈善所包含的内容和范围出发，对慈善进行职业、专业和行业角度的介绍与分析。

慈善的内容在《慈善法》里已经做了比较具体和清楚的罗列。《慈善法》第三条指出："本法所称慈善活动，是指自然人、法人和其他组织以捐赠财产或者提供服务等方式，自愿开展的下列公益活动：（一）扶贫、济困；（二）扶老、救孤、恤病、助残、优抚；（三）救助自然灾害、事故灾难和公共卫生事件等突发事件造成的损害；（四）促进教育、科学、文化、卫生、体育等事业的发展；（五）防治污染和其他公害，保护和改善生态环境；（六）符合本法规定的其他公益活动。"

首先，从事慈善活动的，可以是自然人、法人和其他组织。这句话包括了三个概念，一是"自然人"，即任何基于自然出生，并依照《宪法》和法律而具有民事能力、享有民事权利与义务的个人。从法理上说，自然人即在自然状态下作为民事主体存在的人，意即所有具备生理形态和社会形态的个人，他们有对社会的责任和义务，有从事慈善活动的行动能力。在某种情况下，并非所有自然人都是特定国家的公民，例如在某国的外国人不是某国公民，而所有公民则必然是自然人。无论是否具备某国国籍或某国公民，都有从事慈善活动的权利和义务。《慈善法》在这里没有采用"公民"的概念，实际上扩大了参与慈善活动的人们的范围，这是需要厘清的问题。二是法人。法人与"自然人"相对应。那么，什么是法人呢?《中华人民共和国民法总则》第五十七条: 法人是具有民事权利能力和民事行为能力,依法独立享有民事权利和承担民事义务的组织。在《慈善法》的规定中,法人可以从事慈善活动,就意味着慈善会的活动不是个人行为,而是法人行为,因此其一切行为都必须符合相关法律的规定和慈善会的章程,要在此基础上才能开展相关的慈善活动。三是其他组织。其他组织的概念比较宽泛,只要是由个人组成的组织,无论其性质和组织形式,都可以从事慈善活动。合伙人合资共同创办的企业、个人独资创办的企业等;没有正式经过民政部门登记的组织,如以社区为活动范围的各类组织,包括文艺体育团队和志愿服务队,以满足社区公共事务管理、居民文化活动、互帮互助、照护老幼残疾人等志愿服务为需求、为目的的组织。

以上所说自然人、法人和其他组织,可以开展各种类型的慈善活动,但并非都可以进行公开募捐活动。如果进行公开募捐活动,则必须取得民政部门许可的资质。这是一些社会机构和志愿者团队需要特别注意的问题。有些人说,我们公开募捐是为了帮扶和救助困难群众,是在做好事,不是为了给自己非法集资。我们在这里明确回答,即使是做好事也无权进行公开募集活动,必须到民政部门申请,才能取得公开募集的资格。

其次,我们要讨论的是慈善的内容和范围。第一个部分,慈善扶贫济困的内容,也就是《慈善法》第三条所限定的前三条:扶贫、济困;扶老、救孤、恤病、助残、优抚;救助自然灾害、事故灾难和公共卫生事件等突发事件造成的损害。以上这些活动在人们的认识上属于传统慈善的主要内容,也是目前绝大多数慈善会重点开展的慈善活动。例如,慈善会运作的帮扶贫困家庭、救助孤寡老人和孤儿、修路造桥、抢险救灾等各类项目。对于慈善会开展的这些传统活动,我们还是会给予大力支持。因为社会进步,人们的生活普遍富裕了,但仍有少数家庭因特殊情况而陷入困境,需要慈善会予以救助和帮扶。失能、半失能、失智老人和孤儿、患病儿童、残疾人等仍然存在,也需要慈善会的救助和帮扶。各类灾害时有发生,导致人员伤亡,需要慈善会组织人力、物力、财力抢险救灾,减少次生灾害的发生。第二个部分,社会公益的内容,即《慈善法》第三条限定的后三条:促进教育、科学、文化、卫生、体育等事业的发展;防治污染和其他公害,保护和改善生态环境;

符合本法规定的其他公益活动。在《慈善法》出台前的较长时间内，一些人尝试对"慈善"与"公益"加以区分，认为这是两个完全不同的领域。对"慈善"的理解过于狭隘，就有可能导致把慈善与公益对立的观点出现。现在看来，人们对慈善和公益的认识应该基本清楚了。《慈善法》界定的"慈善"，其实已经包括了过去所说的"公益"的内容。也就是说，慈善活动即公益活动，公益活动即慈善活动，现代慈善的范围要比传统慈善大得多。例如，慈善参与第三次分配，参与社会治理，助力共同富裕，推进乡村振兴，都已经远远超出了过去传统慈善的范围和职能，有些慈善会还致力于发挥慈善在党风廉政建设方面的重要引领作用，以及善化社会风气的积极影响。事实上，我们在这里对慈善与公益的内容和范围进行界定，当然是有必要的。实际上，慈善工作者和慈善志愿者，以及社会各界人士在开展慈善活动时，并不需要过于计较什么是慈善、什么是公益。慈善工作和慈善志愿者的行为就是现代慈善，这是毫无疑问的。

三、基于人性之善

一个社会的慈善事业是否发达，关乎群众的福祉安康，特别是关系到困难人群的安危冷暖，自古已然。但我们在这里更想说明的是，慈善实际上是人类的精神家园。在我们的认识中，慈善起源于人性中最本真的善念，而个体的良善作为社会的基石，又必然决定了社会的友善。缘此契机，本节重点对人性良善问题加以阐述，并提出我们的粗浅理解：慈善基于人性之善。

自古以来，学人对人性之善与恶的问题颇费心思，有过多次激烈争论，产生了多种真知灼见。尽管视角不同、层面有别、内涵与外延有所差异，但这些讨论有益于加深人们对此问题的理性认识。自人类形成并进入文明时代，人性的善与恶已经成为学人们孜孜探寻的深层次问题。在中国古代社会，富有智慧的圣贤们往往从更理性、更深入的层次上探讨人性良善问题。他们的讨论观点明确，且各有自己的依据。从学术上讲，这是伦理学（或道德哲学）所研究的重要内容之一。学界一般把古代圣贤对人性问题的探讨，分成以下三种观点，兹简述之。

第一种观点是性善论，由古代思想家孟子首先提出。作为古代传统的启蒙读物《三字经》，其开头两句是："人之初，性本善；性相近，习相远。"这就是"性善论"的通俗表达。这种观点认为，人的本性是善良的，而且是天然赋予、与生俱来的。《孟子·告子》说，从人与生俱来的禀赋而言，是完全可以为善的。这就是此处所说的人性善。至于有些人不善良，这就不是上天禀赋的问题了。人生来都有最基本的、大体相同的天赋本性，即所谓"性善"。或者说，人们先天具有对别人的怜悯心、同情心。至于有极少数的人为非作歹，并不是那些人天赋不善，不是人本性的过错。

第二种观点是性恶论，由古代思想家荀子最早提出。性恶论的观点见于荀子《性恶篇》《正名篇》《解蔽篇》《王制篇》等重要篇章。荀子说，人的本性是邪恶的，人们善良的行为是伪装的。人的本性，自出生后就是喜好利益的。顺应这种人性，就出现了争抢掠夺的行为，而推辞与谦让就消失了。人生下来就有妒忌与憎恨的本性，顺应这种人性，就产生了对立、残杀、陷害的行为，而忠诚与守信就消失了。人生下来就有听觉和视觉的欲望，有喜好音乐和美色的本性，顺应这种人性，就产生了淫荡、混乱的行为，而礼义、法度就消失了。这样看来，放纵人们恶的本性，顺应人的欲望，就必然会出现掠夺争抢的现象，必然会出现违反等级名分和秩序混乱的局面，最终发展到社会动荡、暴乱。因此，要用法度和礼仪作为教化、规范和引导，人们才会从推辞、谦让、恭敬出发，遵守礼法、规矩，最终才能趋向安定、平和。由此看来，人的本性是邪恶的，这就很明显了。那些善良的行为，其实是人们伪装的而非发自内心的。总之，性恶论认为人的本性是恶的，也是自然天成的，需要后天社会的教化、纠正和引导。在历史上，性恶论与性善论是相对立的观点。

第三种观点认为，人的本性无所谓善，也无所谓恶，即"性无善无恶论"。这个观点是由战国时期思想家告子提出来的。《告子》一书已经散佚，其观点记载在《孟子·告子》中。告子提出，人性没有善与不善之分别。他反对孟子宣扬天赋道德的性善论，也反对荀子所说的性恶论，但他的观点并非折中调和，有其独立的依据和论证。我们可以看到，最晚从战国时期开始，一代又一代的有识之士就在不断地深入思考这个问题：人性究竟是恶的还是善的？抑或本来就无所谓善与恶？

我们在这里讲的人性，系指人的本性、天赋、天性，而非后天人们在社会化过程中所形成的人性，即人类作为动物体的人，刚一出生（从母体中才刚分离出来的婴孩），他（或她）是善的还是恶的。当然，持这三种观点的先哲，都有自己的学理和现实根据。尽管凡是在研究中涉及人性问题的人，都试图给出自己的答案，然而，至今人们还是莫衷一是，没有定论。

在学习和研究过程中，我们逐渐理解了古代圣贤所提上述三种观点。如果这个理解是正确的话，那么我们以为，人刚出生之时，其人性应该是善的，而不是恶的，他（或她）就是人类的生命体，而这个生命体在与社会接触之前，也就是在开始实现其自身社会化之前，只有初步的感官反应，而没有什么思想意识，对现实世界并没有经过大脑独立思考以后产生的理性认识。他（或她）的大脑中可能是一片空白，或者应该是一张白纸，但是我们的观点是，人之初很可能先天存有人类遗传基因携带的某些善的信息。

人之所以有善有恶，是在后天社会化过程中表现出来的，是他在成为社会人之后受到善的启蒙而展现的。出生后他开始仔细观察世界，头脑中逐渐形成思维方式和认识能力，并激活了先天存储的善的基因，由此产生初步的善的思想，并随着对各种问题的认识不断加深。因此，我们赞同"人之初，性本善"的观点。但不可否认的是，人的先天的善性是由后天社会环境激活和维护的，进而塑造了他（或她）的良善品性。换言之，人在出生后本身就是一张白纸，没有自己独立的思想，不会像成人那样生活和思考，他必须首先学会吃饭穿衣，学会基本生活，学会做人做事，这对于任何人都是不可缺少的过程。这个过程必须是在一个相应的社会环境之下逐渐适应、学习和养成的。也就是说，人在不同的生活环境中成长，客观外界对其的影响比较大。所谓"孟母三迁"讲的就是这个道理。

四、善的社会涵养

社会个体的价值观念、教育程度、文化背景、生活态度，由此形成的认知能力以及行为方式等，都与其所处的社会环境直接相关。人的智商是有差异的，但智商的高与低和人性的善与恶没有直接关系。为人父母的应该重视孩子的教育，给子女提供一个良好的成长环境。但不可否认，有些年轻的父母对子女的教育，在品行、道德、人格方面的培养重视不够，甚至有某些欠缺之处。例如，如何做一个有家庭责任感、社会责任感和历史使命感的人，做一个有良善品行、富有人格魅力的人，如何为社会慈善做出自己的那一份贡献，尽到自己的社会责任等。有些家长非常看重子女的文化课学习，只要学习成绩优异，其他皆不重要。作为一个正常、健康的人，应该获得综合发展，绝不是只要数理化学好了，考试分数高，排名靠前，就一切皆好，所以这种认识是错误的。

为人父母者首先应当教育子女学会做人，学会做善良之人，承担应有的社会责任。事实上，善是做人之根本。作为人，善是基础的、根本的人性。因为在任何生活环境或者工作环境中，一个人是与人为善还是与人为恶，并不难鉴别。在社会主义市场经济环境下，人性的良善与邪恶就可以十分清楚地加以辨别。市场经济是竞争经济，竞争可以促进社会发展，能够推动人类文明不断进步，这是毫无疑问的。但是，市场经济也是法治经济，人们必须有一个明智的认识，那就是在竞争时采用什么样的手段，这是至关重要的。人们之间的竞争必须是公平、公正、公开进行的，即竞争必须是正当的、良善的、有益的。然而，某些不正当竞争者，尤其是在商业经营活动中，所采取的非正当手段屡见不鲜。作为善良人，不是不与别人竞争，而是所采用的竞争手段是公平的、坦诚的。采用不正当手段同他人竞争者，此人至少是不善良的。进一步说，假如采取公平、坦诚的手段进行竞争会处于劣势，那也不可采取非正当手段与他人竞争。

在现实生活当中，善良人是绝大多数，不善良者绝对是极少数。但这极少数人却会给社会的公平竞争造成很大不良影响。俗语曰："同行是冤家。"这就是不正当竞争心理的表现。只要他人比某人强，某人就想方设法阻碍他人，不许他人超过某人，这是一种极其不健康的心理。有人认为，竞争必然产生"恶"。我们的认识是：公平竞争不会产生"恶"。正当的竞争或者合乎程序、情理、法理的竞争，不会产生"恶"。相反地，不正当竞争可以产生恶人、恶事，把本来可以做成的好事，办成了坏事。

良善之人应该是一个老实人，我们日常工作和生活中所认为的老实人也往往都是真诚善良的人。但是我们这里提到的老实，更重在"实"。老实不意味着愚笨，也不代表不求进取，而是体现在敢作敢为、敢说敢当，体现在求真务实的认真和严谨上。我们所提倡的老实人，是实事求是、脚踏实地、实心实意、实实在在，而不是投机取巧、弄虚作假、巧言令色、两面三刀。有人说，慈善工作者要"老老实实做人，认认真真做事"。这一点说得很好，扶危济困需要这样的老实人，社会和谐需要这样的老实人，慈善工作更需要这样的老实人。这样的老实人，可以说他的工作至少不会出现大的问题，可以独立担当某方面的责任。这种做人做事的原则值得提倡。

良善之人的生存空间很大，因为善良的人本身就带有一种亲和力，人们从内心的直观感受出发，都会愿意和善良的人交往相处，因此善良的人人际关系都比较融洽，不会让他人产生比较强的防备心理。一个人的好坏，对小到一个家庭、一个单位，大到一个社会、一个国家，都会有或多或少的影响。一个善良的人，他的周围就有积极的正能量，可以带动周围的小环境变得和谐友善；一个善良的人，可以造就一个和睦的家庭，也可以造就一个和谐的单位。善良人在与人接触中，给人留下很好的印象，领导与他沟通很顺畅，同事与他合作很愉快，周围的人们都愿意与他共事。因此，他的生存空间比较大。如果有人觉得在单位里待不下去了，比如人际关系紧张以致恶化，那么这其中可能会有很多原因。但如果某人陆续在几个单位工作过，都因为人际关系恶化而不得不离开，那此人就必须进行自我反省：在工作中与领导、同事相处的时候自己有没有问题，而且在反省时不要过多指责别人；如果自己有问题，就应该及时调整，及时改变自己的行为方式和为人处世的态度，维护好自己的良善形象。任何人在社会中生活，都必然与形形色色的人交往，善良人因其自身的良善而往往会处于有利的地位。这是值得我们慈善工作者自豪的。每个人都要特别珍惜我们的职业和环境。

良善之人要学会保护自己，或者说我们要保护善良的人让他们不受伤害，永远保持心中的纯真美好，从而更好地带动其他的人，不能用一句"吃亏是福"就轻易地让善良的人受到伤害。人和人的交往是一个长期的过程，我们经常说"路遥知马力，日久见人心"就是这个道理。一个伪善的人，可能一天两天隐藏得很好，但是天长日久，必然会露出马脚。所以我们要擦亮眼睛，学会辨别身边伪善的人，更好地保护善良的人。不是说只要擦亮眼睛，就一定不会吃亏，而是说善良人不吃大亏，不会轻易招惹祸端。不善良的人可能不会吃小亏，他们斤斤计较，追求个人利益，如果个人要求得不到满足，往往不会善罢甘休。久而久之，不善良的人自会有吃亏的时候，而且不是吃小亏，往往是吃大亏，甚至是祸灾。我们提醒善良人坚持这样的原则：即使吃亏，也要做善良人。不能因为吃一点小亏，就不做善良人了，就放弃做善良人的准则。但是，善良人要学会保护自己，不受某些人的欺侮或霸凌。

我们希望社会上每个人都要学着做好人、做善良人。假如我们生活在一个不公平、不合理的环境下，是不是就要去做坏人、做坏事呢？我们认为，人要有自己坚守的信念和做人的原则，不能随波逐流，与不善良的人沉瀣一气，而是要"出淤泥而不染"，保持纯洁、健康、平衡的心理状态和精神面貌，使自己能够立足于纷繁复杂的社会生活之中而不会受到危害。只有这样，我们才能在慈善工作和慈善志愿服务中发挥应有作用，尽到自己的责任。慈善会在这个问题上，对慈善工作者和慈善志愿者还是要有一定的保护措施的。

五、慈心与善举的统一

以上，我们不厌其烦地论述善与不善的问题，那是因为它是慈善事业的根本或基础。基于社会上大多数人的人性之善，本节讨论的慈善既是一种人性和素养，更是一种事业、一种慈善组织行为。随着论述的深入，我们以为，在明确了"慈善"这一概念的广义与狭义之后，应当对"慈心与善举的统一"这一主题话语，进行符合实际的理论阐释。

我们在前面提到，有人认为，慈代表慈心，善代表善举。慈心是在伦理学或道德哲学领域彰显的慈悲、亲善或慈爱之心；善举是在社会实践领域践行仁爱、公正或仁义之举，也就是为他人、为社会、为自然做贡献。在这个前提下，慈心与善举相结合的观念以及人们的日常行为方式，就需要在全社会加以推广和倡行。人应该有善举，但首先应该有慈心，没有慈心的善举不是真正的、纯洁的、高尚的善举。

人类慈善源远流长，且有着巨大的精神动力和强大的社会传承力。因此我们要形成这样的认识，就是把慈善作为人的必备素养的一个层次是恰如其分的。因为慈善是人之所以为人的本性体现，慈善作为人性的重要组成部分，择其要者有三，一曰慈善心理与意识，二曰慈善态度与言论，三曰慈善行为与效果。三者相互依存，人的慈善态度与言论、慈善行为和效果应当是由慈善心理与意识决定的，但没有慈善的态度和言论也可以有慈善的行为与效果。慈善是自古以来，人之性及其高尚情操的外在表现和生动诠释。由此而言，我国慈善事业源远流长，成为不同历史时期人民的福祉。

新时代以来，我国慈善事业形成其独特优势，已经与社会福利和社会救助一起，成为政府机构与非政府组织的基本职能，对人民基本生活权利的保障起到重要作用，体现了"以人为本"的社会治理与社会发展的主要观念，展示了全社会对弱势人群给予物质帮助和人文关怀的人道主义精神。在此过程中，各地建立的慈善福利机构、散居城乡各地的低保对象等，以及社会公益事业，都是开展慈善活动的载体、对象与领域。

我们在调研中了解到，全省各地市慈善会开展的工作中，就有许多项目是为低保对象等城乡困难群众筹措慈善资金的雪中送炭之举。由此意义而言，人民群众为我国的改革开放事业做出了贡献，他们也必须是社会进步的受益者，理应共享改革开放的成果。只要慈善工作运作得法，必定会得到社会各界和广大群众的衷心拥护，关键就是要让全体人民都享受到改革开放的成果，享受到社会主义现代化建设的成果。

在慈善事业的发展过程中，我们必须更新观念，创新思路，谋求创新发展。那么，能否唤醒全体公民的慈善人性，就成为社会慈善事业兴旺与否的基础和关键。如前所述，我们应当不断丰富和创新慈善理论与知识，全面了解、研究并掌握诸如慈善的价值、传承、事迹、组织、范畴、政策和资源等；要端正慈善态度，把慈善置于应有的高度加以认识，尽自己所能付诸实践；还要讲究慈善方式，努力从体制、机制、理念、载体和途径等方面进行有效运作，以实现慈善能源集聚与能量释放的最大化。

如前所述，现代慈善事业有着十分丰富的内涵与外延，同时，慈善事业发达的程度，与经济发展、社会进步、文化繁荣的程度是密切相关的。一个经济落后的社会也会有慈善事业，但在这样的社会，其慈善发展的程度也是有限的。由此可知，经济发展、社会进步和文化繁荣的水平，与慈善发展呈正相关的关系。作为慈善工作者，我们必须清楚地认识自己肩负的历史使命，准确把握时代脉搏，理解社会变迁，不断更新慈善理念，做好、做强、做大中国的慈善事业。

无论如何，善款的募集是发展慈善事业之首务。因为它是慈善事业的核心要素和慈善组织的主要支撑力，也是慈善事业发达与否的最显著标志。对慈善会来说，也是发展和壮大慈善事业的突破口和载体。我们一直认为，当困难群众衣不蔽体、食不果腹时，慈善家只是一味地用语言安慰他人而没有物质的捐助，就不可能受到困难群众的欢迎，也根本不符合慈善的基本精神。从慈善实务的角度出发，我们建议，全省各市区县要建立健全慈善会机构，发展一批热心慈善事业、具有较强经济实力或社会号召力的团体会员；积极开展主题募捐活动，围绕某个慈善主题开展定向募捐，既可以在事先对潜在捐赠者做一个明白的交代，真正做到阳光募捐与资助，切实解决有可能发生的各种问题，又能够引起社会各阶层群众的共鸣，在较短的时间内募集到较大数量的资金。其实，关于创新慈善理念的问题，我们主张详细梳理与慈善实务相关的经验，辨析传统慈善理念中有哪些是过时的，有哪些是应当加以坚持的，并在此基础上进行创新发展。

从我们调研的情况看，陕西省各级慈善会在慈善事业运作中，主要是传统与现代慈善相结合的类型。这种慈善类型有其合理的一面，也极易于获得受助者的接受和认同。绝大多数慈善会还没有采取经营型慈善运作模式，即慈善机构运用资本运作方式，为已有善款保值、增值，以提升慈善潜力，救助和帮扶更多的受助者。这种善款保值、增值方式可以产生较好的效果，也符合《慈善法》的明文规定。然而，究竟如何采取此种方式运作善款，这是值得深入研究的问题。我们的看法是，基层慈善会可以在一定程度上进行尝试，用实际效果来判定究竟是否适应本慈善会。其实，我们对很多问题完全可以采取观察、研究和实验的态度与方法，而不是完全加以否定和排斥。只有勇于突破和实验，才有可能取得创新性成果。墨守成规、故步自封，只能是因循守旧，无法推动慈善事业的进步和发展。

六、慈善的维度与类别

在具体工作中，经常有慈善工作者和慈善志愿者向我们咨询相关的问题，这些问题大部分是他们在慈善实践中遇到的。例如，有慈善工作者询问：如果一个人用自己的钱或物，去赡养和照顾自己的父母亲，或者去救助和帮扶自己的亲戚，这个行为算不算是慈善？有些年轻人到敬老院或者儿童福利院陪伴老人和儿童，给他们洗衣服、理发、洗头、剪指甲、过生日、表演小节目等，算不算做慈善？有些志愿者服务队经常组织群众歌唱爱心歌曲、在公共场所或进山捡拾垃圾、植树造林、保卫母亲河等活动，算不算做慈善？有些志愿者服务队接送高考的学生，或者一些志愿者团队到养老机构或消防队，去给老年人或消防战士包饺子、包包子，这些活动算不算慈善活动？还有很多问题，大体上属于这一类现代慈善遇到的新情况、新问题。

先说第一个问题，用属于自己的钱物去赡养和照顾自己的父母亲，或救济、帮助自己的亲戚，这个做法是不是慈善行为？我们对这个问题的答案是：这些做法的确是慈善行为，但这是行为人的个人行为，不是组织行为，不是慈善工作或慈善项目。也就是说，这些行为不是慈善会开展的慈善活动范围内的慈善行为。需要说明的是，这些行为不是非慈善行为，更不是反慈善行为，是社会普遍存在和提倡的行为。但是，如果一个慈善会里的慈善工作者，把慈善会募集到的钱或物等公共资源，拿去救助和帮扶自己的亲戚，或赡养和照顾自己的父母亲，这个行为不仅不是慈善行为，反而是违反规章制度和组织纪律甚至是属于以权谋私的违法行为，政府部门或司法机关应给予惩处。这是需要特别予以注意的问题。

慈善组织救助和帮扶的困难群众，一般不是慈善工作者自己的父母或亲戚，因为这是慈善会或慈善机构的组织行为，而不是慈善工作者的个人行为。也就是说，行为人的款物属于其私有财物，他可以自由地决定自己财物的归属。行为人的个人施助是慈善行为，但属于个人行为；慈善会或慈善机构的施助是慈善职业行为，属于组织行为。这是慈善事业中两个维度的问题，是两个不同属性的问题，不必用其中一个否定另一个。事实上，如果每个人都能够很好地解决自己父母和亲戚的基本生活问题，那么，全社会的救助和帮扶工作也就基本上得到了解决。

从另一个角度说，慈善工作者和慈善志愿者应当首先解决好自己父母的基本生活问题，如果有余力也可以接济和帮助亲戚朋友。在此基础上，如果还有余力，有一定的钱物，完全可以去帮扶和救助社会上的其他人。设想，某人一心忙于对社会上其他人的帮扶和救助，而自己父母亲的基本生活没有着落，吃了上顿没下顿，衣衫褴褛，居无定所，他如何去做慈善，如何救助和帮扶其他人呢？如果出现了上述情况，而某人一定要去做慈善的话，我们就会给这样的慈善打一个问号。儒家说，达则兼济天下，穷则独善其身，这句话其实说的就是这个意思。

重申一下前面的观点。我们大力赞赏有一定生活能力的人们，用自己的钱物去赡养和照顾父母亲，再有能力的话，也可以去救助和帮扶自己的亲戚，解决他们的生活问题。这是一个人应尽的家庭责任，是其本分所在，属于慈善行为，但不属于慈善组织行为。无论慈善组织的资源是否有限，慈善会的工作人员都没有权力动用公款公物去救助和帮扶自己的父母或亲戚。这是一个简单的道理，也是一条不可逾越的红线。如果他没有能力照顾自己的父母，那么在需要的时候，完全可以通过正常途径因父母生活困难而申请民政或社会救助。

第二个问题，在慈善活动中没有出现款物的帮扶行为，主要是助人者提供人力、时间、知识或技术等，算不算慈善？我们的答案是，这些服务性活动都是慈善行为，而且是慈善组织行为。这个答案所依据的是《慈善法》和《志愿服务条例》的相关规定。在实际慈善活动中，有的慈善志愿服务队经常到一些失能、半失能或失智老人家里帮忙做家务、买菜、做饭、陪老人聊天等，这是比较典型的慈善行为。在慈善活动中，善款救助是一个非常重要的慈善标志，但不是唯一的衡量标准。例如，有的受助者并不存在严重的贫困问题，而是生活不便，需要的是照护和陪伴，这就与款物的救助没有密切的关系，而是需要花费一定的时间、劳力或技术，给予帮扶或照护。向困难群众和社会公益奉献自己的一片爱心，花费自己的时间、技术、知识和能力去帮助他人，参加社会义务劳动及从事其他服务活动，就是做慈善。

当然，这其中有一个衡量标准，就是参与志愿服务活动的人员，不收取任何形式的报酬和礼物、不接受任何方面的免费饮食、不向任何方面申请报销在慈善活动中的所有个人开支等。在慈善活动中，有相当一部分项目或者具体活动与钱物没有关系或关系不大。但是，我们也不可否认，在当今市场经济条件下，几乎所有活动都不可避免地与钱物相关。例如，一个慈善会或志愿者团队要到秦岭去植树造林，参加活动的慈善工作者和志愿者可以不要报酬，也可以自己购车票乘车去秦岭山里，但植树活动的树苗需要用钱去购买，而且需要车辆运送到秦岭。这些都需要善款的支持。这些费用可以是社会资助，也可以是志愿者捐款，按照慈善会的具体规定支付这些必需的费用。

第三个问题，慈善志愿服务队到养老机构或消防队等单位去给老年人或消防战士包饺子、包包子，算不算慈善行为？提出这个问题的人，其言下之意在于，养老机构不是福利院，消防队有国家的财政拨款。其中有的养老机构还是私人创建的，他们在赡养老人的同时也是营利机构。志愿者无偿去给老人或消防员包饺子、包包子，这应当不属于慈善行为，而是带有慰问性质的行为。我们充分认识到这个问题的关键之处：志愿者无偿劳动。

对这个问题，我们也询问了在养老机构和消防队包饺子、包包子的志愿者。他们说：我们没有想那么多的问题。我们能力有限，就是会包个饺子、包个包子，让老人们能吃上自家味道的饺子让冒着生命危险保卫这座城市的消防战士，能吃上"妈妈味"的饺子和包子，这就足够了，我们就满足了。我们完全是志愿服务，是自愿服务，不收取任何报酬，不在这些单位吃饭，也没有什么奖励，我们包完饺子、包子就自行离开了。

这是多么纯朴的话语啊！他们的这个回答已经超越了前面所提问题的高度，真的是一种无私大爱情怀。慈善活动和志愿服务不是可以用金钱衡量的。慈善人和志愿者付出的大爱是多少金钱也难以换来的。他们用自己的辛劳为需要的人们服务，彰显了崇高的志愿服务精神，值得人们敬佩。

以上几个问题说明，慈善不仅有一种维度，也不仅有一种类别。慈善是丰富多彩的，是形式各异、形态各异的综合体。随着慈善事业的健康快速发展，我们将发现越来越多的慈善新业态。这是因为社会在不断进步，慈善事业也必将与时俱进。

七、对现代慈善的四点认识

现代慈善是对传统慈善的创新性继承和发展，二者在理念、内容、形式、效果等方面有不少同质性，也有诸多差异性。由于现代慈善是在中国传统慈善与现代国情背景下经过不断探索而创新发展的，许多此前人们并不十分清楚的问题，需要在实践基础上进行深入思考，从而获得较为合理的解释。下面，提出我们对现代慈善几个问题的认识，与诸位慈善同仁共同探讨。

第一个问题，就全国整体情况而言，在网络募集活动中，慈善工作者和慈善志愿者得以最大限度地募集善款，从有关方面按所募集的善款金额之高低做出排序的情况来看，网络募集的确显示了强大的力量。我们在此处讨论的问题是，善款募集之后的工作如何跟进。因为我们知道，募集善款不是慈善会工作的最终目的，而是工作的开端。募集善款是为了运作慈善项目，救助和帮扶困难群众，开展社会公益活动。无论现代慈善还是传统慈善，其核心理念即困难群众永远是第一位的。在所有慈善实务活动中，都应该做好对困难群众的救助与帮扶。慈善会既要重视钱款和物品数量，没有款物就无法开展救助和帮扶，更要重视慈善项目设计，以有效地帮助困难群众解决生活问题，并对社会公众有所回复——募集到的善款用在了哪些项目的运作上；发挥了哪些重要的救助和帮扶作用；取得的社会效益主要有哪些等。这其实就是专业慈善所讲的效益评估，需要慈善会给予特别重视。慈善会在具体工作中，应当有项目启动会，还应当有项目结项会，要有始有终，对捐款人有明确的回复。有了明确回复，就会有千千万万的爱心人士继续捐款捐物，因为他们知道自己的善款用在了何处，对帮扶和救助困难群众发挥了什么作用。

我们还有如下建议。目前的全民慈善和网络慈善背景下的配捐方式和募集方式，极大地调动了慈善工作者和社会公众的捐款积极性，形成了全民慈善的热烈氛围，对促进慈善事业大发展、大繁荣发挥了积极作用，这是应当予以充分肯定的。因此，今后还应当继续开展并长期坚持这样的活动。与此同时，我们还希望有关方面另外设置专项资金,对特别出色的、价值很高、效益很好的优秀项目给予专项资助,也就是进一步增强项目资助的针对性,集中力量办好事、办大事,有限的资金要向优秀项目倾斜,从而提升善款的使用效率,发挥其最大的社会效益。

第二个问题,慈善会要特别重视慈善志愿者服务活动和慈善文化宣传活动的结合。慈善事业要获得较快发展,宣传工作不可缺少,现代慈善特别重视宣传鼓动、营造浓郁的慈善氛围,吸引更多人们参加慈善活动。慈善事业要接地气,慈善志愿者更要接地气。动员和组织协调慈善志愿者的服务活动,就是慈善事业所能发挥的最重要的社会效益之一。这两个方面的问题,我们还将在随后的章节里进行深入探讨。我们在这里想要讨论的问题是,慈善文化宣传活动其实也与志愿者服务活动直接相关。事实上,慈善文化宣传活动,既是慈善会宣传部门的重要工作,也是广大慈善志愿者的责任。就慈善文化宣传而言,每个志愿者都是一个"自媒体",他们的宣传及传播鼓动能力是不可低估的。我们建议各级慈善会,可以把慈善文化宣传工作与慈善志愿者活动更加紧密地结合起来,动员当地传统媒体和新媒体的力量,把慈善的理念和人们的善言善行,传播得更加广泛、更加深远。

第三个问题,我们过去经常提慈善会的专业化、职业化和年轻化。现在来看,慈善会的职业化和年轻化有很大进步,各级慈善会已经成为社会生活中的一个重要行业,在党和政府的领导下健康发展,对地方上困难群众生活的救助与帮扶,对地方上的社会公益事业,特别是助力乡村振兴、社会治理、共同富裕等党和政府的中心工作,发挥了不可替代的作用。这是值得充分肯定的。这里重点强调的是,慈善会的专业化程度还需要进一步提升。慈善会专业化程度的提升,主要包括两个方面,一是人的专业化,二是事的专业化。目前,从事慈善工作的同仁当中,除来自民政、社保、扶贫等相关部门和相关专业毕业的大学生、研究生以外,绝大多数是非慈善专业的从业者,这势必涉及慈善工作者的专业化问题。我们建议设立入职慈善工作岗位的基本专业要求,同时对慈善会专职人员进行定期或不定期的培训,提高从业者的专业技能和综合素质。与此相关,慈善工作是人人可为的,但也有一定的专业性。我们曾经提出过慈善的专业与非专业问题。这里再特别强调一下。"非专业"是指广大社会公众积极参与的慈善活动,这些活动很难要求大众必须具有多么高的专业水准。而专职从事慈善工作的人员，在具体事务中必须具备专业技能，从事真正专业的慈善。我们建议有关部门制定慈善专业标准，规范专业操作和基本程序。例如，对每一个慈善项目都进行需求评估、过程评估和效益评估。对于这个评估怎么做，由谁来做，评估的标准是什么，评估的目的是什么等问题，应当做出翔实、确切、全面的规定。这将对现代慈善事业的健康持续发展大有裨益。

第四个问题，"大慈善"或现代慈善，新在何处？现代慈善与传统慈善的区别在哪里？我们的认识是，区别之一就在于慈善会的作用不应是简单地充当"桥梁"和"中转站"。也就是说，慈善不再是过去的那种把钱从有钱人手里募集过来，然后转手交给那些需要救助的人。比较典型的就是每年高考之后，许多慈善会或其他慈善类社会机构、爱心企业和爱心人士资助贫困家庭的大学生，在捐赠仪式上，把现金直接交到受助人手里。这是传统慈善，不是现代慈善的项目式运作方式。我们建议，在解决了贫困家庭大学生入学的燃眉之急以后，采取项目方式，安排这些大学生参加社会公益活动，或者去帮扶其他需要帮扶的困难人群，使社会的爱心传递增加几个环节，不断在社会上延续下去。

以上几个问题对慈善会而言，既是理论问题，也是实践问题。慈善会工作者应当有清楚的认识，并在具体工作中厘清头绪、逐个落实，做专业的慈善，做真正的现代慈善。

八、现代慈善形态与创新

前文提出各级慈善会要做专业的慈善，做真正的现代慈善。面对现代慈善事业日新月异的迅猛发展，慈善会的同志们要有时不我待、刻不容缓的紧迫感。在实务工作中，慈善会的头等大事或工作重心，就是紧紧围绕党和政府的中心工作，积极参与乡村振兴、共同富裕、社会治理。因此，要继续提高善款募集额度，为慈善事业参与上述工作提供强大的财力支持。对此，我们从一个新视角，提出自己的认识。

现代慈善事业的基本形态是什么？我们的认识是"领域不断拓宽、形式丰富多样"。首先，传统慈善事业持续健康发展，也就是在20世纪八九十年代，传统慈善事业开始复兴后，在原有道路上继续发展，并没有停滞不前。例如，修路建桥、扶贫济困、抚老育孤、助医助学、救灾防疫等，这些都是传统慈善的主要内容。中国已经步入小康社会，摆脱了数千年贫困的纠缠，人民群众过上了衣食无忧的幸福生活。但在社会上，因大病或产业遭灾以及某些特殊情况而返贫的家庭偶有出现，这就需要慈善会继续坚持以传统慈善的方式继续予以救助和帮扶。对此，我们观察到，在这个方面，慈善会的同仁是轻车熟路，工作做得有板有眼，真可谓成就卓著，受到了困难群众的高度评价和各级党委、政府的充分肯定。

在此基础上，传统慈善已经开始了向现代慈善转型的过程，也表现为传统慈善与现代慈善的相互融通，即二者合一或一体两面的状态。例如，《慈善法》把原先属于社会公益某些领域的内容纳入慈善范畴，包括科技、文化、教育、卫生、环保等，这种形态通常被慈善同仁称为"现代慈善"或"大慈善"。目前，全国各地的慈善事业大部分处于这样的状态。对于这种状态，我们认为基本是正常的，传统慈善不可能在短期内彻底退出，现代慈善的转型也不可能一蹴而就。当然，现代慈善没有现成的模式可以套用，似乎也没有现成的道路可走，慈善会同仁和社会各界爱心人士还在不断摸索、不断创新。可以肯定的是，现代慈善事业的发展是一种趋势、一种潮流，它不可逆转，也不可小视，慈善会同仁唯有通过慈善实践的不懈努力，才能为现代慈善事业转型与发展做出新贡献。

不仅如此，就目前而言，现代慈善的迅速崛起及其转型已经初见成果。例如，金融慈善、网络慈善、资本慈善等慈善新业态已经出现在人们的视野中，慈善界的"探路者"为慈善会同仁提供了可资借鉴的尝试。例如，网络慈善究竟应该怎么做？这是绝大多数慈善会同仁需要得到明确指导的领域。我们看到，经过一段时间的观望和实践中的摸索，许多慈善会工作者已经初步了解了"互联网+"慈善究竟是什么，以及如何积极参与"互联网+"慈善的活动。慈善研究院此前也曾经协助省慈善会举办过"互联网+"慈善的培训，对网络慈善在陕西地区的兴起和发展起到一定推动作用。在后来的具体工作中我们观察到，大部分慈善会的同志都很重视网络慈善，而且已经初步掌握了"互联网+"慈善的操作方法等专业技能。各地慈善会的工作人员为不断推进网络慈善做了很多工作，付出了很大的精力，也取得了不俗的成绩。这些成绩是有目共睹的。

以上所说的现代慈善形态表现出"领域不断拓宽、形式丰富多样"的特征。这是说，慈善会没有拘泥于传统慈善的形式和内容，而是不断进取、不断发展，既没有以现代慈善完全取代传统慈善，也没有以传统慈善阻止现代慈善的发展和转型，二者相互促进、相互融合、相得益彰。传统慈善与现代慈善并驾齐驱，共同发展。或者说，缺少了其中的任何一方，都无法构成"现代大慈善"的形态和格局。所谓"领域不断拓宽、形式丰富多样"，说明现代慈善所包含的几个主要方面，都不是孤立地存在，而是相互关联，相互作用，甚至是你中有我，我中有你，谁也离不开谁的状态。这是目前我国慈善事业发展的基本状态。了解现代慈善事业"领域不断拓宽、形式丰富多样"的状态，有助于清醒认识慈善会面对的实际工作，从而脚踏实地、实事求是地开展慈善工作。

再说慈善会的组织形态及其创新发展。目前，陕西各级慈善会的基本状态发展良好，职业化、专业化和年轻化的步伐逐步加快。尤其是最近几年，我们在各地慈善会里看到了很多年轻面孔，他们在工作中很努力，也很有能力，已经成为慈善会的生力军。我们认为，慈善会在今后工作中有一个需要重视的工作，就是面对社会主义市场经济的现实情况，对年轻慈善工作者进行思想教育和价值引导，这是非常必要和重要的。这个问题可能不是道德观的问题，而是价值认同的问题。慈善会应当对年轻慈善工作者进行有关方面的引导、培训、锻炼，给他们压担子，提高他们的业务素质，尤其是思想素质，使他们树立真正为天下苍生谋福祉的崇高理想，而不仅仅是把慈善当成一个社会职业，一个只是为了自己和家庭谋生的方式。

慈善实务和慈善文化在发展与繁荣中需要不断创新。按照马克思主义的观点，生产力和生产关系的矛盾是社会发展的动力，而在这二者当中，生产力起到决定性作用。其实，生产力是最活跃的因素，活跃就体现在创新。换言之，不断创新是生产力的最大属性，也就是说，创新是人类社会发展的根本动力，没有创新驱动，社会的发展就会减缓甚至停滞。陕西省慈善协会近几年工作的最大特色就是创新，如慈善大会、幸福家园、网络慈善、慈善信托、爱为宝项目、慈善超市、慈善文化等。尤其是慈善大会值得提倡，在一次慈善大会上往往可以募集到几年内都难以募集到的善款数额。这是慈善会的一个创新，是对党和政府工作的支持，也是对慈善会本身工作的一个巨大推动。我们相信，只要人类社会存在并且还需要慈善事业，那么创新就是必然的选择。

九、慈善行为与伦理规范

在我们的认识中，当代慈善文化的来源，是中华优秀传统文化与社会发展的实际相结合的产物，尤其是与中国特色社会主义文化体系和形态之间的互动与融合，以及对世界慈善文化中某些精华的吸纳。本节将首先从整体上对当代慈善文化与传统慈善文化之间的关系进行分析。

如果我们关注一下当前学术界的最新研究动态，就可以清楚地获知，学术界和慈善界几乎一致的意见是，中国传统慈善文化在今天和未来的走向如何，在很大程度上取决于能否与经济现代化、社会整体文明进程和现代慈善事业的转型相适应。从社会文明进步的角度看，传统慈善文化蕴含现代民主的精华，自然也遗留了一些封建落后的糟粕。中国在推动经济发展、社会进步、文化繁荣和为实现共同富裕目标而奋斗的过程中，必须对传统慈善文化进行改造，这是毋庸置疑的。有些学者则表述得比较温和而含蓄，即希望当代慈善文化在继承传统慈善文化时，能够做出适应新时代慈善实务要求的积极回应，这种回应其实就是当代慈善文化创新的起点。因为新时代慈善实务是在不断创新发展中的。

从社会文明不断进步的角度看，中国传统慈善文化的许多内容，经过改造和创新，完全可以重新进入当代慈善文化的体系，成为慈善文化的组成部分或基本内涵。比如，仁者爱人、诚信敬业、见义勇为、扶弱济贫、与人为善、行善积德、善有善报等善的理念，就是当代慈善文化不可或缺的内容。当然，也有某些传统慈善文化观念带有负面因素，已经不适应当代社会要求，必须加以改造或扬弃，如施舍的观念或心理状态等。

1978年后，我国进入改革开放这一新的历史时期，经济建设与社会文明均取得了巨大成就。时至今日，社会的普遍贫穷问题已得到基本解决，城镇和乡村改造以及物质财富极大丰富，人民群众的生活水平得到很大程度的提升。在这个过程中，也出现了某些值得深入思考和研究的问题。例如，中国经济发展的持续动力、社会运行和社会治理状况、人文环境的优化、社会文明程度的提高和智力支持、社会的安全与稳定及其相互之间的关系等问题。所有这些问题，都直接或间接与慈善文化有关。

结合当代慈善事业发展的实际，我们以为，慈善会和慈善工作者要特别注重涵养慈善伦理中善良、勤劳、敬业和负责任的美德。在现代社会和市场经济条件下，慈善会的工作环境显得十分复杂。如果没有法律规范、制度规范和伦理规范加以约束，将会造成包括慈善会财务混乱、渎职懒政、贪污腐化等严重问题。所谓慈善的职业伦理是要规范慈善工作环境中的人际关系，特别是慈善会内部领导与普通工作者之间、同事之间、慈善会与基层党委和政府主管部门之间、慈善会与捐赠款物者、慈善志愿者、社会各界人士之间、慈善工作者与救助对象之间的互动关系；还要规范慈善工作者的职业观、工作态度和工作能力等具体观念与行为。传统伦理特别强调勤劳、刻苦、忠诚、敬业，这种传统工作态度，使慈善会和慈善工作者在慈善事业发展中取得令人赞叹的成就。这种传统伦理应当是不过时的。这是我们在基层调研中印象极为深刻的一点。

敬业是对慈善工作者道德伦理的基本要求，是成就慈善事业的精神支柱，也是慈善工作得以顺利开展的重要保证。从长远看，也对社会文明和经济发展具有十分重要的作用。但是，我们要看到在中国社会，有极少数人失去了勤劳、敬业和负责任的精神，极少数单位里人浮于事、互相推诿、互相扯皮、得过且过等现象仍旧存在，给经济发展和社会进步造成某些不利影响。因此，在慈善会中重视忠诚、勤奋、敬业和互相尊重等职业要求，坚决避免形式主义、官僚主义等不良作风的侵袭，就是最为紧迫的问题。

众所周知，在传统伦理和西方伦理中都涉及忠诚与勤奋的问题。这也涉及我们从事的慈善工作。孔子说："为人谋而不忠乎？"这里的所谓忠诚，一是指对人，二是指谋事，都要有一种忠诚的态度。无论东方还是西方，社会伦理都要求人们忠诚于己、忠诚于人、忠诚于事、忠诚于社会、忠诚于国家。一个缺乏忠诚的人是无法在社会上立足的，一个缺乏忠诚的慈善会也是无法取信于社会的。而勤奋是人类进步的动力之一。任何一个社会都必须具备这种伦理观念，对那些不肯脚踏实地努力工作的人要加以劝诫，使其不至于成为社会救助的对象。需要强调的是，我们不赞同以牺牲家庭幸福和个人健康为代价的"工作狂"。这是对个人身心健康和家庭安全不负责任的态度和行为，不仅不利于工作的顺利进展，反而会造成工作中的波动和短期行为，缺乏可持续动力。从长远来看，不应提倡"除工作以外不知生活为何事"的观念和行为。

我们做慈善工作，需要的是既勤奋又有理智的行为，是勤奋、努力，而不是蛮干、乱干。同时，上下级之间、同事之间和慈善工作者与受救助者之间，只有互相尊重，才能激发起彼此的工作热情和创造力，焕发人与人之间良善与友谊的大爱，实现人与人之间的正常互动，营造优良的社会环境。有些人向慈善会负责人提出过这样的问题：你们为什么要做慈善工作？慈善工作的意义是什么？从传统伦理角度看，慈善工作是为了帮助弱势人群，为社会公益奉献一份力量。同时，以慈善会作为发展自己才能、实现自我价值，并获得成就感和满足感的平台，即在为他人服务、造福社会的同时实现自我价值。

每个人自幼都应当受到过这样的教育，即要自立于社会，为社会做贡献，同时享受社会提供的物质生活和精神生活产品。在获得相应报酬的时候，感受到自己工作的价值。一个健康的社会，一定为每个人提供了诸多提升的机会和路径，所有人都可以依靠自己的聪明智慧和勤劳，达到人生的奋斗目标。但是，这样的奋斗是规范的、有章可循的，既不是一味蛮干，也不是应付差事。

慈善伦理涉及社会生活的诸多方面，包括政治、经济、文化等问题，对这些课题进行研究之后的结论，不仅具有学术上的价值，而且具有重大和深远的社会意义。慈善伦理是社会伦理的重要组成部分，每一位关心慈善事业健康发展的人，都应当对此给予充分重视。

与上述内容密切相关的一个问题，即利他与利己是一种怎样的关系？

在慈善界和社会各界人们的观念中，慈善的伦理学基础或者道德准则，是利他主义。这应该没有什么异议。对此我有一些自己的理解或认识，愿意提出来与慈善会同仁和学术界专家讨论。

首先需要做一个界定。我们在这里说的是利他、不是利他主义，是利己、不是利己主义。这是有很大区别的。利他的人，不一定奉行利他主义原则；利己的人,也不一定秉持利己主义原则。但是,利他主义者,一定是利他的;利己主义者,也一定是利己的。利他的人,会做利己的事情;利己的人,也会做利他的事情。这是我们所理解的利他与利他主义、利己与利己主义之间的关系及其差异。然而,不能回避的问题是,利己与利己主义、利他与利他主义的内涵究竟应该怎样加以区别?这在某些人群中和很大程度上,还是比较模糊的。尤其是那些极端狭隘的精致的利己主义者,他们的确是尊奉"拔一毛利天下而不为"的信条,对社会上尚存少数困难群众的疾苦充耳不闻、熟视无睹、漠不关心。但这种情况在社会上不具有普遍性。

我们提出这样一个认识:利己与利他不是一对矛盾。但是,有很多人喜欢把这二者完全对立起来,似乎利己的人就是纯粹的利己而不可能去做慈善,利他的人就是毫不利己、大公无私的,可以义无反顾地参加慈善活动,而且没有任何个人利益可言。这是一种观念问题,是非平和式思维的表现。这种绝对化的、极端化的、僵化的思维方式,使人们形成一种尴尬的认识——似乎利己的人不可能利他,利他的人是不会利己的。长期以来,我们也一直认为这种观点是正确的,有时甚至很固执地坚持这种观点。近年来,在从事慈善和慈善文化研究的过程中,我们与许多慈善工作者和慈善志愿者有频繁接触,与参加慈善募捐活动的普通群众也有一些接触,遂对此问题进行了比较广泛的观察和深入思考,并形成了新的粗浅认识。我们以为,在社会生活的大部分领域,利己与利他不是相互矛盾的,也不是非此即彼的关系,有时候还是可以相互促进、相互补充或者两全其美的——在利己的同时也利他,或者在利己之后利他;在利他的同时也利己,或者在利他之后利己;主观上利己、客观上利他和主观上利他、客观上利己等。下面,我们结合实际工作中遇到的问题,稍微详细地加以通俗论说。

利己与利他这一对范畴,不是今天才提出来的。在中国古代伦理道德学说中,在西方文艺复兴以来不同伦理学派的论辩中,学者们就开始了对利己与利他这对范畴的深入思考和探讨,也得出了诸多不同的观点或者认识。这个问题也与人性善还是恶或无善无恶的问题相联系。那么,是不是可以这样认识,利他就是善的,利己就是恶的呢?我们不赞同这样的观点。首先,利己是为了满足自己衣食住行等基本生理需求和其他必不可缺的物质利益需求。试问自古及今,哪些人不是首先要为了自己的生存而不懈奋斗呢？或者说什么人在自己还饥肠辘辘、衣衫褴褛的时候，就有能力先去救助他人呢？所以，满足自己的物质需求和精神需求肯定是必需的，而且一定也是善的，绝对不会是恶的。因为从整体上看，每个人都是人类的一分子，每个人都应当首先把自己的事情做好。否则，人类就不可能自上古时期一直生生不息，繁衍到今天。反过来，利他的行为未必就是善的，好心办坏事的情况在实际生活中多有发生。在这类情况中，有一些是帮助他人的人，在方式方法上需要改进和调整，有一些是在他人不需要帮助的时候却帮助了他人，也是需要认真反思的。

　　我们在社会生活中可以看到很多事例，利己与利他是可以兼得和互相促进的。正如前文所说，一个人如果不能够自立、自理和自利，如何可以做到立他、理他和利他呢？也就是当一个人自己还处在困难中，他自身就需要慈善的救济，又如何可以做一个慈善家，去救助那些需要救助的人呢？这个问题的答案是显而易见的。因此，我们认为要利他需要先利己，先解决好自己的吃饭、穿衣和居住的问题，先把自己的疾病治好，把自己的日常生活等事宜办好，积蓄一定的财力和更大的力量，再去救助那些需要救助的人。退一步说，如果每个人都能够妥善解决自己的基本生活问题，就是为社会做了贡献，至少不会成为社会的负担，不会成为被社会慈善机构救助的人。确切地说，我们在这里所讲的利己，绝对不是极端自私的利己主义，而是满足自己生存和发展的基本需求，慈善会同仁和读者诸君读到这里，一定不要误解我们，我们坚持利他的慈善伦理观点，反对极端自私狭隘的利己主义。但是，上述这个道理是再浅显不过的，无须多言。

　　那么，利他是不是也可以同时利己呢？我们的答案也是肯定的。在我们的认识中，每个人的思想和行为，其实都是首先以自己主观意愿为原点或者出发点的。那些品德高尚的人，要为解放受苦受难的人们而殚精竭虑，甘愿贡献自己的力量，甚至牺牲他们的性命也在所不惜。这是他们的远大志向或者人生理想，落实在自己的日常生活里，就体现在与人为善和助人为乐的行为上。这是对自己的志向或理想的满足，也就是达成了自己的愿望。从这个角度上说，此时的利他，也是一种利己的实质。我们以为，人们对自己精神生活需求的满足，与物质生活需求的满足有不同表现形式，通过某种举动获得了精神的满足，同样是利己的行为。在更多的情况下，人们的行为呈现为主观上利己、客观上利他，这就是所谓利己与利他的统一。

在我们的惯常认识中，利己往往是与个人主义、自私自利相联系，利他是与集体主义、大公无私相结合。实际上，这是不同社会价值观和道德观的理解。我们有这样的认识，就是要在现实生活中，做到具体问题具体分析。有的时候，需要牺牲个人利益；有的时候，不能够牺牲个人利益，尤其是个人的鲜血和生命。上天生人，人人平等，每个人都只有一条生命，如果在任何时候都需要某个人牺牲他的个人利益甚至生命的话，那么这是不公平、不公正的。所以，绝对不能认为所谓利己，就是极端的自私自利，就是绝对的个人主义，利己就一定会损害他人利益。基于法律和道德，我们倡导集体主义，在特殊时期或特殊情况下，或者在必要的时候，宁可牺牲个人利益甚至生命，也要保全集体和国家利益，以更好地维护国家主权和民族利益，维护社会的正常运转。这是没有任何疑义的。同时，只要是在法律与道德的框架下，任何人都可以最大限度地通过自身的努力，获取个人的利益，过上幸福的生活。这也是无可非议的。

利他伦理观是一种在利益面前，为他人或群体着想的奉献精神。在道德判断上，持此观念的人认为，他人或群体获得幸福，比自己获得幸福更加重要。利他者对他人的关怀与帮助，是完全出于自觉自愿的行为，根本不会计较此时此刻个人可以获得什么利益，或者与他人争夺利益的可能性，而是真心实意地帮助他人渡过难关。因此，利他便成为慈善的伦理学基础。这也是绝大多数人的共识。

众所周知，人类的利他行为是由其动物性和社会性所决定的，包括人类在内的生物，同类相残者较为罕见，而往往在同类遇到生命危险时，大致上都会伸出援手，甚至舍身相救。这种动物性的特征在人类身上表现得尤为显著，这在历次抢险救灾活动和现实生活中屡见不鲜。比如，我们在新闻里获知，一位出租车司机遇到歹徒持刀抢劫，平时处于生意竞争关系中的其他出租车司机，立刻放下了手里的生意，不惧危险驱车相助，保住了这位出租车司机的性命。这些司机挺身而出，帮助了这位遇险的司机，说到底，这实际上也是为了维护所有出租车司机的安全与权益，也包括自己。这种利他和利群行为，是基于彼此共同利益而做出的明智选择。从某一个角度说，这也是一种利己行为。他们在潜意识当中，万一自己也遇到歹徒抢劫，希望同样会得到其他出租车司机的救援。这种心理是完全可以理解的，也是完全正常的。

人类所体现的那种援救同类的动物性特征，其实古人早已经发现并做出过诸多论述。孟子说："今人乍见孺子将入于井，皆有怵惕恻隐之心，非所以内交于孺子之父母也，非所以要誉于乡党朋友也，非恶其声而然也。"这段话我们已经在本书中不止一次地加以征引。这是孟子基于"人性善"的前提而提出的观点。正是由于这种善的本性，人类才会对处于危险状态下的同胞出手相助，以至于舍生取义。从这个意义上说，利他就是利自己，救人就是救自己。我们多次听到慈善志愿者说，他们之所以参加慈善志愿服务活动，到养老机构去帮助那些失智、失能、半失能的老人，就是希望自己有一天老了，失去基本生活能力了，也会有人前来帮助自己。我们以为，这是人类的一种助人自助的心理状态，其实是很正常而且无可非议的。

在当代社会，我们不难理解这样的问题，即人与人之间的利益相关性越高，利他的行为就越是突出。例如，在某个家庭里，各个成员之间的利益相关性很高，彼此之间的利他行为就越多，这是司空见惯的。在同一个单位工作的人员，共同的利益较多，相关性很高，因而单位员工往往会采取共同行动，维护自身的利益。也就是单位的共同利益与任何一个人的利益都是息息相关的。如果一个人的利益受到了损害，其他人的利益也就必然受到损害。那么，这里所讲的利他行为，其实同时也是为了利己。因此，人们往往会有意无意地帮助他人，为集体做出自己的贡献，从而达到帮助自己，为自己谋利益的目的。这就是在利他的同时，也在利己的实质所在，这似乎也是符合逻辑的运思与实践。当然，这也可能是人们的一种潜在的利他意识使然。

随着全球经济一体化进程的加快，随着人类命运共同体的构建，人类利益的相关性有很大提高，利他行为将会越来越多。例如，当某个国家遭遇恐怖分子袭击时，几乎所有国家都表达了同样的态度，坚决与受到恐怖袭击的人民站在一起，坚决反对国际恐怖主义势力。这其实就是维护包括每个国家每个人在内的世界各国人民的共同利益与生命安全。

有必要说明，有些人曾经获得过他人的帮助和恩惠，当他有条件或者有机会回报他人的时候，就会采取利他的行为以回报他人；有些人曾经亏欠过他人或者社会，当他有条件或者有机会补偿他人和社会的时候，也会采取某种方式补偿社会和他人，以平复自己愧疚的内心。这两种情况从形式上看属于利他行为，从内在而言则可以认定为良知的发现，或者称之为感恩行为，其实也是某种类型的利己行为。还有一种行为方式，就是人们之间的互惠互利，可以算是既利己也利他的行为。一般而言，我们常见的利他行为，可以分为"亲缘利他""互惠利他"和"纯粹利他"的行为。我们在这里讨论的是一般利他行为。

在人们的日常生活中，我们看到的那种把自己的幸福与快乐，建立在他人的痛苦之上的行为，一定是极端自私的行为，必须加以纠正，情节严重的还应当受到道德甚至法律的制裁。反过来，以他人的幸福为自己的幸福，以满足他人的需要为自己行为的准则，在任何一个社会都是充满了正向能量的社会行为，应当予以大力提倡。至少，利他的奉献行为，是必要的人际关系润滑剂。没有利他行为，一个社会就会成为相互掠夺、残害和攻击的战场。我们不反对在不损害他人和群体利益前提下的合理利己行为，也高度赞赏在有必要的时候放弃个人利益，以维护集体利益和他人利益的行为。在人类社会，不是只有相互之间的等价交换作为维系社会稳定与发展的唯一原则，即使是在市场经济条件下，也需要人们之间的互惠互利，而不是损害他人利益的极端利己主义行为。人们需要相互之间的帮助，以及危难时刻的舍身相救。利他和利群的行为永远不会过时，人类将在互帮互助的环境下，不断繁衍生息、发展壮大。

为了在分析慈善文化中蕴含的伦理观念和总结慈善实务中的伦理规范的基础之上更好地推进慈善事业的规范发展，关于构建现代慈善工作的伦理体系，我们就如下几个主要问题进行探讨。

首先是现代慈善工作伦理体系指导原则的问题。在当前形势下，建构我国现代慈善工作伦理体系的工作，需要充分发挥好以下三个方面的指导作用：第一，社会主义核心价值观是慈善工作伦理体系的核心价值，建构我国现代慈善工作伦理体系必须坚持社会主义核心价值观。从宏观角度出发，慈善工作伦理是慈善文化的一个延伸，慈善文化的发展直接关系到慈善伦理的培育。而慈善文化的发展又扎根于社会主义核心价值观之上，因此构建慈善工作伦理必须坚持社会主义核心价值观的宏观主流文化方面的引领作用。第二，社会工作实务是慈善工作伦理价值体系发展的实践源泉，社会工作与慈善工作是同根同源的。在我国，当前慈善工作专业化与职业化是建立在社会工作的本土化之上的，因此慈善工作伦理价值的形成与发展必须借鉴社会工作在价值判断和伦理选择方面的经验，发挥社会工作伦理价值在微观慈善工作中的指导作用。第三，坚持宏观与微观相结合，一切从实际出发。这里的宏观与微观相结合指的就是要做到慈善工作伦理体系的文化价值和实践价值二者的统一，在慈善工作伦理体系的构建过程中既要坚持弘扬主流慈善文化，培育慈善工作伦理的文化基础，又要从微观层面实现加强慈善工作的实践积累，以推动慈善工作的专业化与本土化。

其次，是要讨论中国慈善工作伦理体系的价值基础。慈善工作伦理体系的价值基础应该从以下四个层次加以论述：其一，个人的价值观。个人的价值观是个体在生活学习中不断积累完善的，是群体或者社会价值观最小的一个构成单位，是形成群体价值观的基础。每个人的价值观都是具有独特性的，个人价值观中慈善内涵的方面是慈善伦理价值形成的基础。其二，群体的价值观。群体价值观是个人价值观的交集，一个群体之所以能够形成，用俗语"物以类聚，人以群分"虽然可以很好地解释。但是，一个群体的形成必然基于一个共同的价值判断和选择，就是这个群体的价值观。每一个个体价值观中涉及慈善方面的内容集合起来，就形成了一个较大的以慈爱友善为主要内容的价值观的集合，这就是慈善工作价值伦理的基本表现。其三，社会的价值观。社会价值观是社会主流文化的价值选择，代表着该社会群体对于一些社会问题的基本看法，不同的群体在对抗与交流中相互借鉴磨合，最终形成了具有普遍认同性的社会价值观。如果慈善工作作为一种职业或专业要发展壮大，那么慈善工作者群体的价值观必须在达成内部群体共识的基础上逐渐发展成为社会主流文化价值所认同的价值取向。其四，专业的价值观。从事同一个专业的群体，必然拥有其群体的价值观，就是这个专业独特的价值观。专业价值观是一个专业的灵魂，也是一个专业得以存在的基础。只有通过整合发展慈善工作的专业伦理价值，才能更好地实现慈善工作职业化与专业化的发展。因此，要合情合理地解决慈善工作中遇到的伦理困境，必须建立一个慈善工作专业的价值伦理体系。当个人、群体、社会价值观之间可能产生价值冲突的时候，慈善从业者基于慈善工作价值伦理体系而厘清三者之间的区别与联系，这才是探讨慈善伦理的意义之所在。

再次，要明确中国慈善工作伦理体系的政治基础。从国家层面的制度伦理透视慈善工作伦理体系，在我国就是遵守社会主义核心价值观。在我国，慈善工作的开展离不开政府的大力支持。如果慈善工作的伦理价值与国家制度的伦理价值出现了冲突，那么慈善工作是没有办法顺利开展的，不可避免地会遇到各种各样的伦理困境。慈善工作的核心价值观决定了慈善工作要为谁服务，提供什么服务，怎么提供服务的基本目标，这一点是慈善工作伦理体系的主干，只有清晰了自己的核心价值观才能进一步明确工作过程中的基本目标，才能更好地开展慈善工作。慈善工作者在实践过程中必须遵守职业道德要求。建立慈善工作伦理体系最终的目的是推动慈善工作的发展，因为慈善工作是一门实务性的、助人性的职业，所以慈善伦理价值体系最终的落脚点应该是推动慈善工作实务的发展，为解决慈善工作实务中出现的各种问题提供指导。

慈善工作伦理价值不能不涉及与社会主义核心价值观的宏观关系。与西方国家相比，我国更加强调集体主义价值取向，决定了中国慈善工作的重心可能在较长一段时期内还是以大范围覆盖性的慈善救助工作为主，把维护社会稳定与社会秩序作为基本的出发点。所以，社会主义核心价值观中关于社会发展的"以人为本、公平正义、文明和谐"就直接成为国家层面制度伦理选择的基本价值选择。但这并不意味着过分地强调集体的发展而忽视了个体的救助，辩证法的思维中强调矛盾有主要矛盾与次要矛盾，我们要在解决主要矛盾的同时兼顾次要矛盾，做好统筹兼顾。因此，要在把大范围的覆盖性、广泛性的慈善救助服务作为慈善工作的工作重心的同时做到以人为本，以每一个个体为本，努力提供特别化、针对性的救助服务。

"以人为本"包含个体的权利得到保障的普遍性要求，即每一个个人都有权利获得基本生活保障，过上有尊严的生活，这是最基本的要求。通过帮贫助困，使其基本生活得到保障的时候才能进一步谈发展性的助人工作。因此，慈善事业的发展和慈善工作的开展必须要与"以人为本"的原则相结合，保证每个社会成员都能够过上幸福快乐的生活。"公平正义"要求社会福利保障要向有需要的弱势群体制度性倾斜，这也是慈善工作得以推进的制度性保障。在实际的工作过程中把握好公平正义这一原则，让最需要帮助的人获得帮助，杜绝现在社会上出现的个别"开宝马领低保"等不公平现象，确保全体社会成员都能够享受到社会发展带来的成果。美国学者罗尔斯在《正义论》中关于正义的若干原则中提到应该通过制度的规定，确保整个社会的发展中使失去较多而得到较少利益的人能够实现其当前利益的最大化。只有通过制度化的措施，才能让弱势群体的权益得到应有的保障，因此确保社会的公平与正义应该作为慈善工作的重要内容之一。通过慈善工作维护社会的公平与正义，这也是慈善事业发展的最终目标之一。"文明和谐"是我国社会发展的目标，关系到社会的发展进步和国家的长治久安。国家社会发展与治理的目标直接决定了慈善工作的价值取向，建设慈善工作的伦理体系，必须考虑到国家福利制度与社会政策制定实施的社会价值基础。把慈善工作的工作中心与政府政策要求和社会发展需求相结合，才能更好地顺势而为，实现慈善事业发展的愿望，达成慈善工作开展的目标。所以，立足我国慈善事业的发展背景，建构中国慈善工作伦理体系，最基础也最为重要的是确定慈善工作的核心价值观。在我国，慈善工作的核心价值观与社会主义核心价值观是一致的，是确立慈善工作的基本伦理原则，是慈善工作的专业视角和专业理念的体现。同时要结合慈善工作实务的具体情况，制定具有可操作性、可执行性的伦理守则或规则制度。

最后，是建立慈善工作价值伦理体系的问题。慈善工作的专业核心价值观与基本职业目标和社会主义核心价值观基本上是一致的。"自由、平等、公正、法治"这些关于社会公平正义的追求，是中国慈善工作伦理体系的本质要求；"爱国、敬业、诚信、友善"是中国慈善事业发展和慈善工作者的道德规范；"富强、民主、文明、和谐"则是社会发展的最高理想，这是社会发展的根本要求，也是慈善事业发展和慈善工作者为之奋斗的终极目标。

在具体的慈善实务工作中有可能遇到工作困难与伦理困境，需要在微观层面借鉴社会工作的专业发展经验，参考社会工作价值伦理建立我国慈善工作的伦理体系，应该重视以下几点：第一，明确慈善工作的核心价值。我国现代慈善工作应当重视助人服务的持续性与发展性，以维护社会公平与正义和维护个人尊严与价值为出发点，协调人际关系，保持社会成员正直真诚的品质，发展个体潜在的能力。通过这几个层面的要求，实现从专业服务到社会发展，从支持网络的建立到服务对象个人的成长。只有以慈善工作开展的服务对象为基本的出发点，才能准确地概括出慈善工作的核心价值所在。只有明确了慈善工作的核心价值，慈善工作才拥有了灵魂，具备了基本的人文情怀，慈善工作与慈善事业的发展才能得以顺利开展。第二，确定慈善工作的基本价值目标。慈善工作的基本目标应该从以下三个层次进行理解。从微观层面出发，慈善工作的价值目标应该是：慈善工作应该满足人类生存发展的基本需求，为处于弱势者提供支持与服务，并强调通过增强服务对象的力量去面对困境、解决困难，通过个人能力的建设，帮助服务对象取得更好的发展。从中观社会环境与社会文化的层面出发，慈善工作应该关注人类行为与社会环境的互动与发展，研究个人与环境相适应、相协调的过程。因为助人活动是个人与其所处的人类环境互动的过程，在这个过程中涉及人类行为与社会环境的相关理论，因此在这一点上应该做到：尊重文化、族群的多样性，坚持优势视角，接纳和包容，实现个人和社会的良性互动，从而推动社会的和谐与稳定。从宏观层面来说，慈善工作的开展应该致力于促进全体人类福祉的提高，推动社会公平正义的实现，促进社会的繁荣与发展。第三，确立慈善工作者的职业道德要求与伦理价值操守。慈善工作者的职业道德准则与伦理价值操守，是慈善工作从业人员开展实务工作的工作指南，既涵盖了精神层面的专业价值理念，也包括了实务工作中的专业技巧。制定慈善工作者的职业道德准则与伦理价值守则，不仅可以坚定慈善从业者的职业信念，坚定慈善工作者的价值认同，还能为处理具体的伦理困境提供参考与指导。在此基础上，慈善工作是一门崇高的职业，事关天下苍生的福祉与利益，从事慈善工作是一项光荣而高尚的工作，因此明确慈善工作者的职业道德准则与伦理价值守则还有利于慈善工作者个人美德和修养的养成，有助于慈善工作专业化与职业化，通过内在的精神坚守与外在的规范约束，才能使慈善工作者更好地实现职业追求与人生价值。

中国慈善工作伦理体系建设是现代中国慈善事业发展必须面对和解决的问题，是慈善事业良性发展的基本要求。中国慈善事业发展中遇到的问题，比如慈善价值的确定、慈善文化的宣传、慈善物资的募集，都与慈善工作伦理价值的建设密切相关。慈善事业想要获得突破性的发展，必须使慈善文化成为大众社会的主流文化。在这个过程中，慈善文化价值体系的建立必须和社会主义核心价值观紧密地结合起来，只有这样才能使慈善工作与中国社会的发展结合起来，推动自身的发展。但是，慈善工作在发展过程中与社会工作有所联系又有所区别，只有充分地认识到我国慈善事业发展的特殊性，准确地把握现代慈善事业发展的基本脉络和一般规律，吸收借鉴社会工作等相关专业在伦理体系建设和职业道德规范制定方面的探索经验，才能推动中国慈善工作伦理建构的进展。通过建设慈善工作职业道德规范，让慈善工作更好地发挥助人济困的社会效益；通过建立慈善事业基本伦理体系与框架，推动慈善公益社会氛围的发展，让慈爱与友善成为大众的主流文化。

第二章 慈善会的组织建设

引 言

慈善会的组织建设是其一切工作的开端和基础。一群有意愿做慈善工作的伙伴们，依照《慈善法》及其他相关法律法规，向县级及其以上政府民政部门申请成立慈善会，经正常手续而获批成立。爱心人士遂组织起来，形成一个既有热情、有爱心、有能力，又有制度、有规则、有责任的慈善团队，积极开展慈善工作。我们以为，在开展慈善活动之前，必须首先做好慈善会的组织建设，遵循《慈善法》的具体规定和指引，设置科学合理的内部结构，或采用层级结构，或采用扁平结构，并在主要业务方面配备得力的部门负责人和合适的工作者。

一、慈善会的创立

关于慈善组织设立及申办的手续和条件，《慈善法》已经做出了严格而清晰的要求，在法律和实践层面都有很好的指导意义和操作指南，具体内容我们在此不再赘述。总而言之，创办慈善会，是利国利民的好事，但办好事也要符合法律法规和具体政策、制度，不能觉得只要出发点是为困难群众办事，为社会公益办事，就可以什么程序都不要，或者就可以随便做事而违背法律、法规。我们的社会是法治社会，需要法律的维护，慈善工作者应当自觉遵守。同时，已经成立了的慈善组织可以对照《慈善法》的规定，对自身进行对照检查。如有不符合规定的方面，一定要及时予以改正、补充或调整，以利于后期具体工作的开展。

在酝酿成立慈善会时和慈善会成立以后，一定不要忽视如下几个要点：

一是慈善会的名称、章程、处所、经费、财产、负责人及其资格、组织成员。这是申报材料里首先需要填写的内容，而且这些信息是最基本的，必须全部符合《慈善法》规定的要求，缺一不可。如果一个慈善会没有固定办公场所，也是不具备基础条件的。很难设想当地热心捐款捐物的爱心企业和爱心人士，或者需要帮扶和救助的困难群众，不知道到哪里去寻找这个慈善会。慈善会的章程很重要，它规定了一个慈善会的宗旨、性质、目标、制度，是一切活动的行动纲领。

二是慈善会的非营利性质。凡慈善会必须是非营利组织，所有活动不得以营利为目的。关于非营利组织和非政府组织的基本知识，我们将在另一节里介绍。慈善会的所有人员都不得为个人牟利，慈善会的收入必须全部用于慈善活动。另外，慈善会工作人员所获得的个人工资性收入是合法的，这在《慈善法》里有明文规定。慈善会的发起人和全体成员都不得损害他人利益、社会利益和国家安全，不得接受附加有违反法律、法规和道德条件的捐款，也不得向受益者附加任何违背法律、法规和道德的条件。

三是慈善会要建立健全决策、执行、监督等一系列规章制度，执行国家统一的会计制度，进行会计核算，接受国家有关部门的会计监督，每年向上级管理部门报送财务报表。财务问题是慈善会需要向社会公众透明公开的主要内容，某些慈善丑闻其实就是财务丑闻，只要紧紧守住底线，坚决执行国家有关财会制度，每一笔支出都合法、合规、合情、合理，经得起一切监督和检查，慈善会就会立于不败之地。

四是慈善会所有的行为，必须完全符合国家法律、法规、制度和政策的要求，绝不以权谋私、贪污挪用、渎职懒政，也不以困难群众的温饱为名，做任何违法违规之事。行得正、坐得端，永远保持慈善会的纯洁性。

二、慈善会的正规化建设

我们曾经在很多场合，包括我们撰写的论文、著作中，都极力倡导慈善会的年轻化、专业化和职业化，推动慈善工作进一步规范化，不断提高慈善工作的质量。在对县区慈善会的调研中，我们了解到有少数慈善会还不够正规，存在工作时间内慈善会办公室里无人坐班的情况，这是需要加以改进的。我们认为，慈善组织应该年轻化、专业化和职业化，但它首先是一个行业、职业和岗位，所以必须建立在正规化基础之上。社会上有些职业或岗位可能不需要在办公室里坐班，具体工作可以在家里通过网络完成；或上班做完具体工作之后就可以回到家里或者去做其他的事情，没有按时坐班的工作制度。但慈善工作与此不同，慈善会办公室里必须有坐班人员，必须全日制正规化工作。这是因为闭门上锁的慈善会，肯定会失去与社会公众联系的平台或场所。我们在基层调研中设计的开放式问卷里有这样的问题：您知道本县慈善会在哪里办公？您对本县慈善会有哪些具体了解？我们在县城街道上随机询问了多位行人，70%的受访者不知道本县慈善会在哪里办公；60%左右的受访者对慈善会缺乏基本了解。绝大多数人的回答是：我知道本县有慈善会，慈善会是做善事的。此外，部分公众对慈善会的具体工作还不太了解。这种情况至少说明一个问题，就是慈善会在当地的影响还不够大。因而，这种情况急需改变。这就要求慈善会加大对慈善事业和本会工作的宣传力度，至少让百姓知道慈善会具体办公地点在哪里，要让有捐款意愿的爱心人士和企业知道到哪里捐款，也要让困难群众知道到哪里去寻求帮助。

不断扩大慈善会在当地的影响力，很重要的一点就是要实行慈善会的正规化，最显著的标志之一就是实行全员坐班制度。慈善会负责同志和受聘员工对自己身体健康情况应当有一个比较准确的评估，即是否允许在比较繁忙的环境和节奏下坚持在岗工作。如果不能坚持繁忙的日常工作，应当向上级部门提出辞职，以便让位给身体健康状况较好、富有朝气、精力充沛的同志。在聘用其他工作人员时，也应考察其身体健康状况能否胜任慈善工作，并提出相应的工作纪律要求。

坚持慈善会的正规化，有诸多必要之处。首先是便于对社会公众进行慈善会自身的宣传。如果社会公众尚不知慈善会在哪里办公，打算去办理某些事宜而慈善会办公室里空无一人，慈善会的社会影响力甚至其存在意义就要打一个问号。社会公众知道慈善会在哪里办公，也就可以顺便初步了解慈善会的基本工作内容和职责，一旦有需要办理的事宜，便可很快找到慈善会办公室，或捐款捐物，或咨询事宜，或寻求救助。

加强慈善会正规化建设，切实肩负起中国特色慈善事业的职责与使命，为新时代背景下推进慈善组织正规化建设赋予新内涵，这事实上是对慈善会提出了更高的要求。当前，慈善事业正在迅速发展，承担了参与社会治理、助力乡村振兴和实现共同富裕等社会经济发展的重大责任。社会公众对慈善工作的关注度、敏感度越来越高，宽容度则越来越低。慈善工作不仅不容许出现任何差池、任何丑闻，而且不允许发生任何不够透明的问题。加强正规化建设，始终是贯穿慈善会组织建设的主线和根本，正规化可以为慈善会提供基本保障，并注入生机与活力。

任何一家慈善会，都要高度重视自身的思想政治建设。在我们的认识中，慈善会的思想政治建设是其自身组织建设的核心或灵魂。我们建议，各级慈善会要成立党支部或党总支，从思想上高度重视加强党的领导，通过加强党建工作，引领慈善会的整体工作不断深入。要特别重视基层政府对慈善会的监管，突出慈善事业崇高的社会价值，这是现代慈善事业发展的必由之路，也是慈善会正规化建设的题中之义。因此，要把思想政治建设摆在突出位置，使慈善会始终成为困难群众和广大民众的爱心使者和忠诚卫士。从这个意义上说，所谓正规化建设就是要对慈善工作者进行思想政治教育、理想信念教育、责任担当教育、职业道德教育，充分调动慈善工作者的工作主动性和能动性，引领他们积极投身于帮扶和救助困难群众的工作中，为助力乡村振兴、社会治理和共同富裕的慈善中心工作而努力。

慈善会正规化建设，应当制定具体的规章制度和组织纪律，要求全员守纪律、讲规矩，从而形成强大的凝聚力、战斗力，杜绝任何违法、违纪、违规行为，围绕自身正规化建设要求，针对困难群众生活中存在的突出问题，处理好慈善会与困难群众、与爱心企业和爱心人士、与广大民众的关系，增强自律意识和责任意识，将慈善会打造成经得起考验的充满爱心、清正廉洁、忠诚守信、勤勉俭朴的工作团队。在慈善会内部，积极推行科学的组织管理体制，围绕调动全员工作积极性、能动性、创造性，探索精细化组织管理模式和绩效考评方法，做到用科学方法和制度，管好慈善会领导班子，带好慈善员工队伍，培养有能力的慈善人才，实施有重要价值的慈善项目，创造有较大社会影响力的慈善组织。从这个方面来说，慈善会的职责一是打造慈善品牌项目并收获相应的社会效益，二是打造有热情、有干劲、有能力的高水平慈善会组织及其人才队伍。

慈善会的正规化建设，一定要立足长远，制定切实可行的规章制度和工作方案。要将慈善会组织建设作为一件大事来抓，定期或经常性召开专题会议，全面分析人员思想状况和工作情况，确定正规化建设要解决的具体问题，制定行之有效的计划和措施。在此基础上，全面动员、精心组织、精确部署，采取切实可行的办法，确保慈善会及其慈善人才队伍的正规化建设取得实际效果。

总之，正规化建设是慈善会一切工作的前提和基础。否则，任何工作都可能难以开展，也无法取得应有的社会效益。我们认为，慈善会要紧密结合正规化建设和具体业务工作实际，要有重点、有针对性地发现和解决存在的突出问题。慈善会领导同志要发挥带头作用，发扬民主，听取各种建议和意见，教育和引导慈善工作者从大局出发，为慈善事业建言献策。我们了解到，基层慈善会的同志们工作非常辛苦，他们几乎没有节假日也没有双休日。一些地处山区的慈善会的同志们，深入深山老林访贫问苦，走遍了大山的角角落落，为困难群众解决了很多生产和生活问题。慈善会承担了党和人民的重托，就一定要增强信心，坚定信念，团结一致，努力工作，把党和人民交付的慈善事业做好。

三、慈善会的结构与规模

在此前较长时间内，我们走访了陕西省 12 个市级慈善会和多数县区一级的慈善会。在与基层慈善会负责同志的座谈中，在对各慈善会实际工作的观察与调研中，我们对省市县区各级慈善会的组织结构与人员规模有了概括性了解。在这个过程中，我们也在思考一个问题，即各级慈善会的内部结构和人员规模如何设置与配备是最优的。我们了解到，有的县区慈善会总共只有 3 位工作人员，基层慈善会的同志开玩笑说，他们的慈善会是由"两个老汉加一个老太太"组成的，一个是会长，一个是副会长，一个是工作人员。也有的县区慈善会大约有10多名至20名工作人员，机构比较健全，规模比较大。就实际情况而言，各地情况有较大差异。

如果从内部机构设置的角度合理估算人员规模，我们认为，县区一级慈善会应该有1名会长，1到2名副会长（有的县区设置有秘书长一职），1名办公室行政干事，负责内部管理事宜，兼出纳；1名宣传干事，负责对外宣传工作和文案；1名项目干事，负责具体项目的运作；1名会计兼档案管理；1名电脑工作人员兼网站和官微维护；1名志愿者团队管理干事兼对外联络，共计8名工作人员。这是县区慈善会的最低人员配置，工作人员每人都要兼做两项或更多具体工作。我们的建议是，规模小的县区慈善会配备8到10名工作人员，规模大的慈善会配备10到15名工作人员，少数各方面条件比较好的慈善会，也可以配备20名以上的人员，这是比较合理的。

各市级慈善会应当实行会长办公会制度，进行集体决策、集体商议。我们建议在会长办公会下面，设置办公室、募集部、宣传部、财务部、网络部、项目部、志愿者团队管理及组织联络部、慈善研究部等8个部门。每个部门平均2人，加上1名会长，2到3名副会长（有的市设置有常务副会长一职），共计20人。规模较小的市级慈善会，其人员配备应当是在20到25人左右，规模较大的市级慈善会，其人员配备应当是在25到30人左右。

目前，陕西省慈善会的在职坐班人员超过60人，这个规模基本合理。从内部结构设置看，主要有办公室、募集委、项目部、宣传部、组联部、财务部、网信部等7个部门，这些部门少则3到4人，多则近10人。除此之外，还有慈善文化交流中心、慈善研究院、《善天下》杂志、慈善书画研究会等机构，全部人员加起来超过100人的规模。陕西省慈善会长期处于全国慈善会第一方阵，我们认为与其较为雄厚的人力资源配置有着直接关系。

我们在国内调研时看到，部分省市级慈善会的工作人员不到30人，他们的工作量很大，每年募集的善款额度在十几亿，甚至到几十亿，项目多，会议多，活动多，对外联络多，各项工作都很繁多。我们看到，工作人员大都兼做几项具体工作，非常忙碌和辛苦。经济发达省市善款募集量相对较大，运作的慈善项目类型多样化，还有某些临时性项目的运作，尤其是要参与社会治理、助力共同富裕和乡村振兴等。经济发展相对落后的省份善款募集量较少，但慈善救助和帮扶的任务更重、更繁杂，需要的人力资源同样很多。

慈善会人员规模是个实际问题。有些慈善会所处地方经济落后，募集工作难度较大，每年募集量仅有几百万元人民币，机构运转和人员工资很可能难以支付。有的县区所处地方经济比较发达，慈善会募集工作能力强，可以依据《慈善法》等规定的比例而自行支配的金额较大，因此可以聘用二三十名工作人员。

当然，人员规模要根据当地慈善工作实际需要来设置，其原则就是实事求是、因地制宜，因事制宜，不必与其他地方的慈善会盲目攀比。有时候，不切实际的人多，未必是好事，机构臃肿，甚至叠床架屋，互相扯皮，人浮于事，这不仅不利于慈善事业的健康发展，反而会导致某些负面问题的发生。

再说慈善会的人员年龄结构。前面提到，县区慈善会有的是"两个老汉加一个老太太"，没有年轻人。因为慈善会工资不高，对于中青年人才的吸引力有限，而离退休干部富有工作积极性，而且不在慈善会领取工资，可以为慈善会节省开支。所以，他们就成为慈善会的主要力量。老同志有爱心，很善良，工作热情高，办事能力强，拥有一定的善款募集资源、广泛的社会交往能力和社会影响力。他们是慈善会的宝贵财富，是慈善会不可或缺的领导力量和骨干力量。陕西省慈善协会有大约三分之一人员是离退休老同志，他们担任了协会领导层和部分中层的领导职务，对慈善会的发展起到决定性作用。

社会在不断发展，慈善事业也在随之进步，具体表现在慈善新业态的产生，需要新知识和新技术，这些领域一般是年轻工作者的长处或优势。例如，慈善信托、金融慈善、资本慈善、网络慈善以及其他比较特殊领域的慈善工作等。同时，慈善会里还需要有其他专门技术人员，如网络和计算机维护、财务人员、金融专业人员、市场专业人员及司机等。这些工作需要由年轻工作者担任。当然，这里所说的专长或优势，并不是说年轻人就没有管理能力和善款募集能力；也不意味着老同志就做不了技术性较强的工作，而是说术业有专攻，每个人都有自己的特长和短板，那就要充分发挥各个年龄段慈善工作者的优势，相互配合，尽可能把慈善工作做得更好。

四、慈善会的体制与机制

从我们在社会上了解到的情况看，大部分组织、团体、部门或机构，即人们通称的所谓"单位"，实行的是层级制管理方式。我们先简要介绍"层级制"这个管理学的基本概念。所谓层级制，又被称为分级制，一般是指各类组织按照纵向条状，划分为不同的垂直等级或层次，多为上、中、下三级组织结构。中层组织也可以分为机关和基层的类型，但二者没有隶属关系，仅为业务协作关系。按照不同层级，制定各不相同的工作职责、工作目标和工作内容，同时享有相应的权责与报酬。也就是说，不同层级的管理范围和职责不同，管理权限和报酬也不同。层级越低，责任人管理的范围和权限也就越小，报酬越低；反过来，层级越高，范围和权限也就越大，责任也就更重，报酬相应也越高。因此，能力和各种素质较高的人员，往往会被聘为较高层级的管理岗位。

与此有别的是另一种所谓"扁平化"组织体制，其核心要义是通过减少组织内部的管理层次，精简中层职能部门，减少中层负责人的职数或岗位，尽可能压缩高层和中层之间的层级，缩短高层决策传达的路径，使高层决策得以尽快传达到操作层所有人员，这就改变了层级制金字塔形状的组织模式，使沟通更加通畅和迅捷。扁平化组织体制往往以工作团队为组织形式，团队负责人直接领导每一位团队成员，各成员也直接对团队负责人负责。加快工作节奏，提高工作效率，是实行这种体制的主要目的。在慈善会，一个项目运作团队，可以在一位项目负责人的带领和组织协调下，给所有项目组成员安排具体工作，而不必经过中层的各个环节。在实践中，我们可以明确一点，无论层级制还是扁平化的管理体制，一定要结合本部门或本单位的具体工作实际，选择最适应慈善工作发展的那种体制，这是最重要的。

那么"机制"是什么意思呢？所谓"机制"原是指一个"机体"（即组织、单位、部门、机构）的内部构成、功能和运作原理。在组织管理上，是指开展工作所采取的规则、程式和程序，或者说是一个组织、部门或单位各方面工作的联系与沟通程序、各项工作运转过程的基本规则。具体包括工作程序、规则和相互间的衔接、协调、流转。一般要求，与机制相关的程序、规则、联系和沟通是有机的、高效的。"机制"是组织、部门或单位得以正常运转的根本，是互为协调、补充、联络的整体要素。如果说体制是慈善会的"硬件"，那么机制就是慈善会的"软件"。

以上，我们对体制和机制做了较为通俗的解说。那么，这个原理应用到慈善会组织管理上，体制和机制同样非常重要。一个慈善会，首先要接受党的领导，其主管部门是该会申请注册的民政厅（局），通过经常性主动请示汇报慈善会工作，争取党委和政府主管部门的指导和大力支持。据我们了解的情况看，凡是慈善工作做得比较出色的慈善会，必然是得到了党委和政府的大力支持。有些慈善会自行其是，在某些重大事宜上自作主张，以为非政府组织就是完全独立行事，不向地方党委和政府请示汇报工作，这就很可能得不到应有的支持。一旦遇到某些困难，慈善会就陷入了困境或窘境。

其次，市县区慈善会的决策机构究竟采取哪种机制，也要根据自身实际情况来确定。我们了解的情况是，大部分市级慈善会采取了理事会集体决议的形式，其日常工作则由会长办公会具体负责，慈善会各项工作尤其是重大事项，由会长办公会集体研究决定，会长是会长办公会的召集人和责任人。参加会议的人员包括会长、副会长和各部门负责人。这是层级制的组织管理形式。县区慈善会人数较少的，一般采取全体会议的形式，慈善会全体人员皆参加会议。这是扁平化组织管理形式。人数较少的慈善会从形式上就类似于扁平化管理的团队。但是，也可以根据某个项目或者特殊任务的具体需求采取临时性的扁平化体制，当完成某件具体工作或具体项目以后，再行改换层级制体制。

再次，慈善会核心工作是善款募集和项目运作，其内部可以实行部门分工合作制，确保这两项核心工作顺利完成。无论采取层级制还是扁平化的管理体制，也无论采取何种工作机制，慈善会都要发挥团队的主观能动性，其目的就是要不断扩大善款募集的渠道，调整募集善款的结构，确保善款的募集额度逐年提高。采取何种体制与机制运作项目，要从这样一个角度去选择，即能否实施那些运作规范和社会效益良好的品牌项目（包括各类困难群众救助项目和社会公益项目），能否调动慈善组织内部常务理事、理事和会员的积极性及其彼此之间的互动与联系，能否做好慈善组织与党政部门、企事业单位、群团组织及慈善公益类社会组织的交流及合作，能否加强慈善组织与区域内外慈善机构和同乡企业家的交往与联谊。这几个"能否"是采取何种体制与机制的关键问题所在。

慈善会本身就是一个募集善款与实施项目的巨大平台，其所采取的组织体制与运作机制，都要为各项工作的开展提供方便，要更有利于搭建社会各界的善款捐赠桥梁，构建线上线下善款募集网络，寻找新的募集工作增长点，从慈善组织网络、金融系统、工商业、企事业单位入手，逐步扩大募集工作的目标群体。要着力于创新和策划慈善项目，并严格按照具体方案进行运作，最大限度地发挥慈善工作的优势，使慈善会成为一个团结有力、积极奋进、人员精干，有章可循的组织机构。这需要慈善会领导和慈善会所有工作者共同努力。

五、给慈善会的两点建议

我们的研究团队在10多年间，经常到省慈善会和各市县区慈善会学习取经、访谈调研，在这个过程中，我们耳闻目睹了慈善会同仁的爱心、热情和能力，也对他们的工作经验进行了简单归纳和总结。在此基础上，我们对如何开展慈善工作形成一些认识。以下提出两点建议，供各地慈善会同仁参考。

第一点建议是，慈善会要处理好三种关系，即传统慈善与现代慈善的关系、中国大陆慈善与境外慈善的关系、慈善事业发展与市场经济大环境的关系。

首先，慈善的形成与不断发展是一个历史过程，历史研究中有一个重要理念，就是历史不能割断。这个理念看起来很简单，但在实际上要真正做到这一点，就不那么容易了。例如，历史虚无主义对历史的认识就是完全断裂的。这种观点给人们正确认识和理解人类社会及其发展造成一些模糊概念。因此，慈善事业的发展也不能将传统慈善与现代慈善割裂开。当代慈善工作者应该在继承传统慈善优良传统的基础上创新发展，将守正与创新相结合，在经济和社会快速发展的大背景下，推动慈善事业与时俱进、不断创新。我们已经进入从传统慈善向现代慈善转型的关键时期，现代慈善的发展态势决定了必须要不断更新慈善理念。当慈善理念作为主观意识与作为客观存在的慈善事业相一致，就能大力推动慈善事业的快速发展，反之则可能会成为慈善事业发展的阻力。慈善事业就不可能获得健康快速的发展。慈善的社会作用已经不仅是政府工作的"补充"，更不是在"塞牙缝"，而是紧紧围绕党和政府中心工作，以第三次分配等途径和平台等慈善特有的方式，参与社会治理、助力乡村振兴、实现共同富裕，其职能的重要性是不言而喻的。由此，慈善所发挥的社会作用更加重要，慈善的社会影响力也越来越大。那么，慈善会的组织建设就要顺应这种变化，在体制创新和机制创新上下功夫。

其次，当前世界经济一体化进程虽受到一些消极因素的影响，但大趋势是不可逆转的。因为各国之间经济、政治、科技、文化的密切联系，不可能长时期隔离，全球化背景决定了慈善事业的发展也必然是互相联系、动态变化、不可割裂的。随着人类命运共同体的不断发展，中国大陆慈善与我国港澳台地区，以及其他国家之间的慈善组织的合作也越来越频繁，在这个不断互鉴的过程中，我们要注意的就是独立自主与交流合作的问题。我们必须保持自身的独立性，这是一切合作的前提。与此同时我们还要积极地向其他慈善组织学习，吸收他们行之有效的有益经验，从而推动我国慈善事业的现代化和规范化发展。那么，如何做好与境外慈善机构的沟通、联络和合作，就成为慈善会领导团队需要重视和思考的问题。我们团队在基层考察和调研中了解到，有部分县区慈善会，例如榆林市、安康市、商洛市、蓝田县慈善会等，通过一定的渠道争取到国外慈善机构善款和物资的支持，在长达十几年的友好交往中，积累了丰富的对外合作经验，值得推广学习。

再次，市场经济是一个无处不在的经济制度。慈善会要习惯市场经济下的资源配置方式，通过适应市场经济的运行规则来调适市场与慈善的关系。为应对这种复杂多变的社会经济环境，慈善会在自身建设中，可适当将募捐工作与项目实施分离开来，建立科学严密的社会评估体系，完善严格的自律机制，确立慈善工作培训与职业资格制度等。慈善事业再崇高、再纯洁，也是处于市场经济的大环境中，不可能丝毫不受客观环境的影响或制约。只有融入市场经济，吸收市场经济自由、灵活的优势，再不断发挥社会主义制度的优越性，进行宏观调控和把握，才能推动中国现代慈善事业又好又快地发展。

当然，慈善事业不等于以等价交换原则和价值规律为驱动力的市场经济，或者直接说，慈善不是市场经济，也不反对市场经济，不违背市场经济的规律，但慈善至少还有对于弱势群体的同情、怜悯和恻隐之心；而市场经济则是以追逐利润最大化为主要目的，否则就不成其为市场经济。在慈善救助方面，慈善工作者和志愿者付出了自己的心血、劳动和时间，却不图任何回报，这是慈善事业与市场经济最鲜明的区别。"高尚"永远是慈善这面大旗上最闪亮、最暖心的两个大字，是对慈善人最可宝贵的回报。对这一点，我们的研究团队是高度认同的。慈善必须保持它的纯洁性和高尚性。

第二点建议是，切实加强和完善慈善会组织建设，结合中国的国情、社情、民意，结合中国慈善事业的传统和现状，结合慈善会所在地区的人文社会特点，创造和维护慈善事业的中国特色和地方特色。

首先，要高度重视各级慈善会的组织建设，加快解决慈善队伍的职业化、专业化和常态化的问题。经过调查研究，我们可以肯定地说，各位慈善会的领导到慈善协会工作，不是简单地奉献余热，找一个打发时间的事情，而是完完整整地将自己的工作状态延续，把自己为人民服务的理想信念从党政部门转到了慈善会。某市级慈善会有一位会长，在政府某机关担任了12年处级、副厅级领导，退休之后在慈善协会当了12年会长，而且现在仍然在从事慈善工作，他担任党政领导和担任慈善会领导的时间一样长。这就不是简单的奉献余热的问题了。现在人们的身体健康状况都很好，退休以后在慈善会工作上一二十年是很常见的事情。

据我们所知，陕西省慈善协会多年来陆续招收了三四十名社会工作以及相关专业的研究生和本科生，不仅壮大了慈善工作者队伍，补充了新鲜血液，而且进一步提升了募集工作、项目运作、宣传推广、志愿服务和组织联络，特别是网络慈善的专业性。不仅是陕西省慈善协会，陕西各地市的慈善协会也逐渐开始吸收新鲜血液，越来越注重队伍的年轻化。如榆林市慈善协会陆续招收了十几名大学毕业生到协会工作，给慈善会带来了新的活力。事实上，市县级慈善会的组织建设是头等大事，队伍涣散或力量太小或人员老化，都不能很好地承担慈善事业发展的重担。我们在考察走访中了解到，有个别区县慈善会处于非常态化甚至半瘫痪状态，这种局面必须迅速加以改变。

中国现代慈善事业的开创者，是一大批功勋卓著的老领导、老同志。无论是中华慈善总会，还是各省市自治区、各市县区的慈善会，都是由从领导岗位上退下来的老干部创建的。从慈善会开创的那一天起，就决定了中国慈善的基本特色。其中很鲜明的一个特色，就是离退休的老领导们及其创建的慈善组织是中国慈善事业的开创者、引领者和主力军。有一部分人认为慈善会是"官办慈善"或者"官方慈善"，不是纯粹的社会组织或民间组织。这是中国慈善事业发展的社会背景决定的，是中国的国情决定的。只有与社会经济文化水平相一致的组织管理形态，才能更好地推动慈善事业的发展。只讲形式或者只看性质，都是片面的、孤立的观点。如果为了追求所谓的"去官方化"而让离退休的老领导们退出慈善领域，或者取缔所谓的"官方背景"的慈善组织以及"官方慈善"组织，那么，可想而知，我们国家的慈善事业将遭受致命打击。这无异于一场严重的地震，以至于摧毁正在健康发展的慈善事业。所以，那种用西方观念和社会制度，或者想当然来解读中国慈善事业的人，还需要学一点历史知识和社会知识，认真了解一下我们的国情和社情，了解一下中国慈善事业的历史和现状。

　　其次，强化慈善会组织建设，不断提高社会公信力，是慈善会持续发展、常盛不衰的根本所在。

　　一是慈善会应当强化内部规范管理。内部管理不规范、工作效率不高，这是制约各级慈善会发展普遍存在的问题。只有下大力气实现慈善会内部架构合理、运行规范，才能打造慈善品牌，弘扬慈善文化，最大限度地获取社会公众的支持和拥护。为此，慈善会要学会运用新思维，借鉴政府规范化的运行体制和现代企业的管理理论，建立并完善各项工作制度，做到规范、科学、高效。

　　二是要建立快速、公开的信息披露制度和严格、透明的财务管理制度。慈善会在慈善活动中，要对慈善资金的运作进行全过程控制与监督，并定期公布有关款物的信息，自觉接受社会各界的监督，定期公示各项财务支出与收入、财务审计报告、慈善活动效率指标数值等内容，这是取信于公众的必要举措，也是慈善组织的立身之本。

　　三是要加强慈善会从业人员的专业化和职业化培训。用新的理念和新的方法武装头脑，不断提升慈善会工作人员的政治素养、道德水平和业务能力，使慈善工作队伍从具有无私和奉献精神的退休老领导和爱心人士逐步变成以具有专业背景的专职人员主导、专职人员与志愿者相结合的人才队伍，使慈善事业成为政府与社会共同推进的社会事业。据我们了解，在我国港澳台地区及欧美发达国家，专职从事慈善事业的人士，都需要进行专业的社会工作性质的培训。我们以为，中国大陆也有必要建立一整套完整的培训系统，对在岗的慈善工作者进行专门的培训，不断提高工作能力和业务水平。同时，在队伍建设中还需要建立相应的激励机制，对内设机构进行定岗、定编、定责、定权、定酬，破除现有的职务界限，实行全员聘任制，真正形成有利于吸引优秀专业人才的体制和机制。经验证明，这是中国慈善事业获得发展的必要条件。

四是需要树立慈善项目的品牌意识。慈善事业是造福天下苍生的事业，但是只有满腔的爱心和热忱是不够的，慈善事业要健康发展，就必须有拿得出手、立得住的慈善项目作为支撑。只有通过项目化的发展，慈善事业才能保持生命力与创新力。只有具有吸引力，慈善项目才有可能争取到相应的社会资源。慈善会的社会效益和经济效益，都是通过实施项目来实现的。因此，慈善会虽然从事的是慈善事业，是非营利性质的，但是慈善会的慈善项目要经得住社会和市场的检验，要像营利组织或企业那样，打造并生产名牌产品，只有通过品牌项目，抓住社会需求的最大公约数，才能不断吸收社会资源，达到慈善效率的最大化。除了捐赠者自行确定捐款使用要求的以外，对由慈善会选择用途的非特定慈善捐款，在选择项目、确定善款用途上，必须坚持严格科学的程序，在科学论证项目运作及认真评估其社会效果的基础上再行决策。

六、慈善会的多重属性

随着中国现代慈善事业的快速、健康发展，慈善会进入到组织领导者人格魅力型与法理型、规范型并存的阶段。慈善会不断加强和优化自身组织建设，依照《慈善法》和相关法律、法规、政策及制度的具体要求，使其组织更趋自主性、理性和社会适应性。在这个问题上，我们以为应当特别重视如下几个方面。

首先，慈善会的社会化或自主化。慈善会不是事业或企业单位，也不是党委和政府部门，而是体制外的社会组织或社会团体。相对于政府部门而言，慈善会在创建初期就特别强调加强其自身的社会性、独立性和自主性。对慈善会而言，借鉴并优化企事业单位和政府部门的机构设置模式和运转模式，建立独立自主的管理体制与运作机制非常必要，也势在必行。我们这里所说的意思，恰恰是要更加紧密地团结在基层党组织的周围，紧紧依靠党的领导，依靠政府职能部门的管理与监督，保持与党和政府部门之间经常性的紧密联系，在《慈善法》和相关法律法规的支持、规范和促进下，确定慈善会的法律地位和慈善会的社会地位，以利于慈善会自身的独立运作。这就涉及如何搭建慈善会组织架构的问题。

其次，慈善会的合理性和法理性。《慈善组织认定办法》规定："第三条县级以上人民政府民政部门对其登记的基金会、社会团体、社会服务机构进行慈善组织认定。第四条基金会、社会团体、社会服务机构申请认定为慈善组织，应当符合下列条件：（一）申请时具备相应的社会组织法人登记条件；（二）以开展慈善活动为宗旨，业务范围符合《慈善法》第三条的规定；申请时的上一年度慈善活动的年度支出和管理费用符合国务院民政部门关于慈善组织的规定；（三）不以营利为目的，收益和营运结余全部用于章程规定的慈善目的；财产及其孳息没有在发起人、捐赠人或者本组织成员中分配；章程中有关于剩余财产转给目的相同或者相近的其他慈善组织的规定；（四）有健全的财务制度和合理的薪酬制度；（五）法律、行政法规规定的其他条件。"

事实上，就慈善会性质而言，它是以社会组织形式存在的独立个体，承担分配社会剩余财富的职能。如何高效实现其财富分配行为，为困难群众和社会公益提供必需的资源支持，以推动社会稳步发展，就要求慈善会既要从社会组织的法律等制度形式上和自身运行的逻辑上完善机构编制，又要在机构设计、组织职能上加强自身能力建设。也就是慈善会要建立一套高效、理性、法理化的运行机制，采用科学合理的法人治理体制开展业务工作。

再次，慈善会的责任性和志愿性。慈善会作为一种特殊的社会行业组织，拥有从社会上募集财富和剩余产品的资格，也拥有将募集的财富和剩余产品合法转移并分配给特殊需要者的功能。因此，慈善会的职能较多，其承担的责任更是巨大的。政府职能部门对慈善会进行管理、监督和社会公众包括媒体对其进行监督，也就特别严格。这是非常必要的。例如，慈善会募集资源的合法性，对善款和物资等资源进行分配的合法性、必要性和合理性等，这就明确要求慈善会予以高度重视，并向有关方面和社会公众作出说明或回应。这是慈善会的责任和义务，也是其内部建立责任机制包括惩戒机制的客观要求。慈善会作为社会组织，在这些问题上应当对政府主管部门负责，也需要对社会公众承担相应责任。集中在一点上，就是慈善会领导需对其所在慈善会的上述行为负完全责任。慈善会是社会组织或社会团体，同样必须接受党的领导，接受政府职能部门的监管，接受法律、法规的规范与制约，接受媒体和社会公众的监督与质询。

合理的组织结构和科学的管理模式，是慈善会自身建设的重要内容。一个科学的组织结构，不仅能实现各部门分工合作，提高工作效率，完成工作任务的主要目的，而且可以使慈善会增强其对社会的业务公开性和财务透明度，提高社会公信力和社会效益。

基于上述慈善会的诸种基本属性，我们建议慈善会同仁在具体工作中一定要谨言慎行，这是古代哲人早在两千多年前就告诫我们的处世箴言；实事求是更是我们党一贯的工作作风。慈善工作也是如此，在具体事务中，要做到踏实认真、实事求是。慈善工作在整体上要务实，以下，我们列举必须务实的四个方面的重要工作。

第一，慈善募集工作要务实，要特别谨慎细致，与爱心企业家和爱心人士联系，一定要态度真诚，要说真话，要让他们出于真心实意为困难群众和社会公益事业捐款捐物。在工作中绝对不说那些华而不实、空洞无物、令人费解的话语。也不要轻易对捐赠者许愿，例如可以给他们回报什么名誉地位之类。因为慈善会事实上没有这样的权力和能力。

第二，善款的支出要真实，在使用时一定要切合实际，要求真务实。财务工作必须特别谨慎小心，不仅要公开透明，而且要合法、合规、合情、合理。因为公开透明的支出不一定合法、合规；合法、合规的支出也不一定合情、合理。财务真实、准确、透明，这是慈善工作的生命线，失去了信任这条生命线，慈善会可能就会陷入舆论的漩涡，平时做再多的工作也就不值一提了。

第三，项目的设计、策划和实施、运作一定要谨慎，一定要符合实际，符合慈善会的性质和受助者的具体需求。我们看到，慈善会这些年来实施了大批有社会价值的慈善项目，为困难群众的生活提供了基本保障。事实上，慈善会在设计和运作项目时，一定要坚持实地调查研究，经过充分论证，保证项目所需经费足额并切实到位。在项目的运作过程中，一定要善始善终，取得较好的社会效益。切忌虎头蛇尾，不得中途随意改变。

第四，慈善宣传工作要谨慎准确，要重视对党和国家关于慈善事业的方针政策，关于慈善的法律、法规的宣传，对慈善工作成就和爱心人士事迹的宣传。在宣传工作中，要符合《慈善法》的规定和实事求是原则，不做任何偏离法律、法规的解释，不做任何夸大其词、无限拔高的宣传。慈善工作一定要坚持原则，要特别讲究求真务实。

当然，慈善会工作千头万绪，需要特别予以重视的不仅是上述四个方面。我们认为，慈善工作一定要细致认真，不能粗心大意，粗心大意往往搞错。慈善会工作的任何环节都马虎不得、轻视不得。

第三章 慈善会的能力建设

引 言

慈善会成立以后，首先是自身的组织建设。此后，便是慈善会的能力建设。一个在宣传推广、善款募集包括网络募集、项目策划与运作、与地方党政和社会各界密切联系、慈善志愿服务活动等方面能力较强的慈善会，就能承担为当地社会弱势人群谋福祉的重任；能胜任参与社会治理、助力乡村振兴、实现共同富裕的社会职能。在我们的认识上，慈善会的能力包括许多方面，不是本章所能够包罗的。但是，我们建议慈善会负责人和全体慈善工作者，在日常工作中，要勤于向慈善实践学习，向兄弟慈善会学习，向有经验的老同志学习，尽快提升各种工作能力，把慈善事业做得更好。

一、负责人的素质和能力

《慈善法》颁布并实施以来，各地各级慈善会组织的发展速度逐步加快，数量增多，规模扩大，组织建设陆续完善，工作能力逐渐提升，社会影响不断增强。特别需要强调的是，慈善会管理水平和工作能力得到较快提升，极大地推动了募集工作的开展和各类慈善项目的运作，实现了慈善事业应有的社会效益，有利于慈善事业健康、持续、稳步发展；有利于区域内困难群众的福祉，鼓舞广大公众捐款捐物奉献爱心。

毫无疑问，慈善会要想有较大的作为，产生更加广泛的社会影响力，首先要配备有素质、有能力，特别是有人格魅力的引领者和负责人；要有较强执行力、向心力的慈善会优秀核心层和积极热情且有实操能力的工作伙伴。在此前提下，慈善会就可以制定高质量慈善工作发展战略、严格而合理的管理制度与工作机制、切实可行的具体工作对象和任务。本节主要讨论慈善会负责人应当具有的人格魅力、基本素质和工作能力。

俗话说："火车跑得快，全凭车头带。"尽管慈善会每一位成员在很大程度上都有工作的主动性、积极性和创造性，在具体工作中表现出极大的热情和干劲，但慈善会负责人所发挥的主导作用是显而易见的。事实上，一个慈善会需要有极富人格魅力的负责人，而大多数慈善会负责人的人格魅力有许多相似之处。例如，人品善良、性格开朗；态度积极、热情洋溢；多才多艺，行动敏捷；思维严谨，能力超群；吸引众人、实效显著等。这是首先需要说明的。没有优秀的负责人，慈善会的任何工作都不大可能取得突出成绩，慈善工作在当地也不大可能产生重大的社会影响力。

作为慈善会的负责人，必须首先明确如下问题：本会的人员组成，包括年龄结构、性别结构、知识结构；本会成员此前从事工作的性质；每位成员的个人能力、工作特长和不足之处；本会的性质、内部设置与工作机制或办事程序、组织特色；本会与当地基层党委和政府之间、与当地企事业单位之间、与当地群团组织和慈善公益类社会组织之间的关系，以及本会在区域内的地位和影响力；本会善款募集的具体情况和潜在资源情况；本会如何帮助当地的困难群众，如何运作慈善项目并参与其他社会公益活动，在实务工作中如何与有关方面及服务对象合作；本会实务工作产生的经济效益和社会效益如何等。慈善会负责人只有充分了解上述情况，才能头脑清醒，工作得法，带领本会伙伴们卓有成效地顺利开展慈善公益项目和各类社会服务活动，让慈善活动更有价值、更有影响力。以上所说几条，其实是对慈善会负责人的基本要求，也就是对其工作素质和能力的硬性要求，或者是最低要求。慈善会的负责人如果对上述情况不了解，就很难提出正确的工作思路。

就一般情况而论，慈善会负责人应具备较强的独立思考能力，既乐于接受各种不同意见，集众人智慧于一身，又能准确判断各种意见和建议的是非优劣，明确有哪些值得借鉴和参考之处，并且可以果断拍板，做出选择。不仅如此，慈善会负责人还应该具备较强的社会交往能力、沟通能力和与人合作能力。这种沟通不是居高临下板着面孔地命令、指挥和要求，而是心与心真诚、平等地交流，是工作中相互合作的顺畅沟通。慈善会是社会组织或群众团体，不是党政机关，也不是企事业单位，没有行政属性，慈善会不可能对社会发号施令。慈善会能够发挥的作用，在很大程度上是一种道德影响力，是一种人格感染力。有一位慈善会的老领导说，自己担任行政领导的时候，在工作上是"万人求"，现在从事慈善会工作，就要去"求万人"。因此，要放下身段，要善于鼓动；不怕碰钉子，不怕风凉话；执着进取，必有成效。

以上所说慈善会负责人的沟通工作，至少涉及三个方面：一是负责人与慈善会核心层、与慈善会工作人员之间进行的内部无障碍沟通。在合作共事过程中，慈善会负责人要做到不与同事争名、争利，不随意指责同事，不在工作上出尔反尔、做事随意、喜怒无常。这其实也是作为党政机关和企事业单位领导干部的基本素质要求。不具备这种基本素质，就很难成为合格的领导干部。二是慈善会负责人与受助者或社会服务对象之间的合作与沟通。在与受助者或服务对象的合作中，要以同理心和同情心进行换位思考，切实解决他们存在的各类实际困难和突出问题。慈善会负责人要有悲天悯人的情怀，要对困难群众真心同情，富有同理心，愿意真心帮扶和救助，绝对不能高高在上地以说大话、空话、套话应付困难群众，而是要真心做事，做困难群众的贴心人。在慈善实务工作中，那种官场做派，打官腔、说官话，是很难行得通的。三是慈善会负责人与当地基层党政有关职能部门、与社会各协作单位之间的沟通、交流与合作。在这个过程中，慈善会负责人要善于与对方进行友好协商，彼此尊重，既要坦率真诚，又要不卑不亢，要经常向地方党政领导汇报慈善工作的概况，必要时也可对具体工作细节作出说明，然后充分征求党政领导的指导意见，为随后准备开展的慈善活动奠定良好基础。

前述这几类沟通，需要同样的爱心与诚意，也需要不同的业务话语和沟通技巧。与慈善会同事的沟通需要真诚,实话实说,坦诚相待,主动承担责任,绝不诿过于人,也不功归于己,以利于在今后工作上继续合作;与服务对象的沟通需要平等与友爱,以同情心和同理心待之,绝不虚情假意,也不必应付差事,能帮几分帮几分,尽力而为;与协作单位的沟通需要坦诚与互助,以真诚和善意打动对方,以信誉与对方合作,绝不亏欠对方,而是合作共赢。与社会各方面经常进行有效的沟通,有助于慈善会自身的良性运转和慈善工作的顺利进行。在某种程度上一个慈善会负责人的能力就体现在与社会交往、沟通与合作、打开局面、争取各类资源的能力上。

慈善会负责人把各项任务逐个分配给核心层和相关人员承担,而自己则应该仔细思考慈善会如何发展及未来目标,不断策划并理清已经制定和完成的各项计划及具体工作。事实上,无论计划和方案如何周到与具体,如何富有可操作性,如果不能有效地加以执行和督导,仍然无法产生预期的效果,甚至有可能虎头蛇尾、不了了之。慈善会负责人要审视核心层及同事们与各项工作的对应关系,考虑在具体工作中进行部署和指挥,采取妥善的方式和对同事恰当的言辞语气,说话的内容要充实,提出的目标应明确。在具体事务的构思、实施等整个过程中,要能够激发慈善会核心层和同事们的工作积极性,最大限度地提升慈善会全体人员的工作能力、责任心与使命感。

实际上,慈善会负责人在这个过程中,必须对所有工作实施过程管理与控制。但如果管理或控制过严,则可能使核心层和伙伴们失去工作积极性、主动性和创造性;反过来,如果管理或控制不力,则可能出现项目运作或具体慈善活动混乱的局面。最理想和最有效的过程管理与控制,就是要让慈善会核心层和同事们,通过目标管理方式,实现自我控制,自我要求;而不是依靠慈善会负责人的具体监督和匡正才能完成。调动核心层和全体工作者的工作积极性、主动性和创造性,是慈善会负责人的主要管理目标。任何工作,如能照上述要求展开,即制定完善的工作计划,再下达适当的工作指令,采取必要管理与控制,就基本上可以顺利完成。

对慈善会负责人而言,判断力也是非常重要的能力。在任何一个项目实施之前和实施过程中,在任何一项其他具体工作中,负责人应该有能力预判其基本走势、可能出现的突发情况和产生的社会效益。敏锐的判断力也是作为领导者的重要素质和能力。除此以外，慈善会负责人还要有强烈的创新意识。创新是推动慈善会事业发展与进步的重要动能，也是衡量其在区域社会发展中是否具有一定影响力的主要标志。同时，重视工作创新可以激发慈善会人员的新鲜感和巨大潜能，可以避免慈善会工作者和服务对象有可能产生的倦怠。事实上，参与慈善工作和具体服务活动的各相关方面，对于如出一辙的套路，在心理上必定感到厌倦，从而可能影响工作积极性的发挥。

事实上，每个慈善会的负责人都是经过较长时间行政或其他业务工作历练的领导干部，在实际工作中已经形成了比较成熟的思维方式和经验，具备完成慈善会工作的实际能力。关键的问题是，从过去的行政或企事业单位领导岗位转换到慈善会领导岗位以后，一定要善于学习、实践、思考，把过去的成熟经验加以优化、转化和灵活变通，应用到新的慈善工作当中。

二、决策力与执行力

慈善会的核心层，即会长办公会，要具备对重要工作的策划与决策能力，也要具备较强的组织力、协调力和执行力，这对任何一个慈善会都是非常重要的。例如，如何结合具体实际，策划并创意一个慈善项目；如何在具体执行或运作过程中，保证执行标准不降低、更不会出现歪曲或走样的情形；如何在有限的慈善资源前提下，使项目产生更大社会效益等。这些都是需要慈善会核心层认真对待的问题。

就一般情况而论，慈善会核心层应当具有较强的执行力，就是对会长办公会议决定的执行能力。核心层成员可以参与办公会议，对涉及慈善会的各项具体工作，能提出个人建议或意见；在决策过程中行使自己的权力，而不会人云亦云。经过讨论后具体事项一旦决定，则应充分理解并服从办公会的决定，分工负责、组织实施具体工作。核心层的工作定位是"按办公会要求具体落实"。在具体活动中坚持原则，认真做事，绝不马虎，绝不应付差事。

我们了解的某些慈善会，其部分机构领导及核心层都乐于布置任务，做决定，指挥别人。但实际上，真正有能力的核心层，要重视对办公会决定的事项进行安排布置，不打折扣，不随意更改，分工负责，相互协助，任务落到实处，工作切实做好。因此，要加强和改善核心层的执行力，就要把工作任务分别落实在每个人的身上，而不是靠一个人单打独斗去完成。一个优秀的核心层能完全落实办公会方案，而不会安排失当，造成工作混乱。

有的慈善会核心层执行力不强，其具体表现主要是在慈善会负责人面前表态比较坚决，而实际行动却相对迟缓，没有完成工作任务的思路，也没有完成任务的决心和勇气，在具体执行中缩手缩脚，底气不足。有的慈善会核心层对实施方案往往进行"自我取舍"，自己愿做的事情可以较好地加以落实，自己不愿做的事情则消极应付或加以弱化、忽略。我们认为，核心层在决策方案的执行中，不得降低应有高度，不得削减工作任务和内容，对于慈善会计划的执行，必须雷厉风行，具有一定的热度；还要有足够的信心，为完成艰巨的任务而不懈努力。否则，就会出现延误，导致有些工作不了了之，严重影响慈善会工作计划的执行。

慈善会核心层是所有工作和项目的具体执行者或操作者，需要分工负责地把自己分管的工作通过实际行动坚决完成。具体而言，核心层应注重提高以下几个方面的能力：提高对具体工作的认知或领悟能力，做任何项目或活动以前，要清楚这个项目或活动是什么，其具体内容和环节是什么；采用什么方式对该项目或活动进行运作；与哪些同事共同完成该项目的运作；在运作过程中遇到意外情况应当如何应对，要达到什么目的，实现怎样的社会效益；核心层希望同事们怎样发挥主观能动性和工作积极性。

慈善会提高完成任务执行力的过程，其实就是负责人提高核心层对慈善会工作人员组织力和协调力的过程，也是提高核心层合作力与执行力的过程，以及提高慈善会工作人员业务能力和具体操作能力的过程。因为慈善工作不是只靠负责人一个人或核心层几个人就能完成的。核心层要提升组织力和协调力，增强慈善会工作人员的服从力、执行力和操作力。

随着社会的进步，人们对慈善工作的形式、内容和质量都提出了更高要求。慈善会工作人员要对自身知识水平以及社会实践能力有清楚的认知，对制约具体工作进一步开展的能力短板要设法加以弥补。例如，学习从事具体工作所需的专业技能，即掌握包括专业技能在内的广泛知识和技能。从事慈善工作，不仅要将自己的能力体现在具体形式和内容上，还必须创造丰富多彩的工作形式与活动内容，以满足不同困难群众的不同需求，满足不同社会公益领域的不同要求，满足经济社会不断发展的要求。

慈善会工作人员还要在日常工作中注意了解这个问题：即有社会需要，就必然有慈善。尤其是那些需要救助或帮扶的困难群众，慈善会工作人员应主动进行走访了解，适时给予他们所需要的帮助。这是一个需要动脑筋的问题。有些人虽然存在某些困难，却不需要帮助和服务，而慈善会却热情地帮助了他们，没有起到应有的正面作用，反而有可能带来某些实际问题。有没有需要，首先要看当事人的说法和态度，这是对受助群众最基本的尊重。其次要靠慈善会工作人员的询问和判断。当然，在有些场合，当事人已经无法做出选择，慈善会也必须对其进行救助和帮扶。例如，在灾害现场和在医院里，对受伤害或罹患重病的人员进行救助和帮扶，也就是治病救人，这是人道主义的具体体现，大体上不存在需要或不需要救治的问题。

在具体工作中，慈善会工作者要注意控制自己的情绪，妥善处理因具体情境而产生的移情。例如，不能在遭遇不幸的人面前表现得过度悲伤，而是要学会在控制自己情绪的基础上帮助当事人纾解和缓和不良情绪所带来的负面影响。包括转移话题，谈论一些令人愉悦的轻松话题等，使人暂时从不幸中解脱出来，以免发生所谓"二次伤害"。可以劝说受助者，人生一帆风顺的情况并不常见，遭遇突发事件的情况也不罕见。不幸对任何人都是难以接受的，最好的态度就是要勇敢面对，坦然应对，设法解决，乐观地对待这些灾害和不幸，尽快从灾难和不幸中脱身而出。不必要渲染遭遇突发事件或不幸的震撼，也不要表现出过度的同情和悲伤。这里所说的不是什么"心灵鸡汤"，而是正常的心理抚慰。人处在困境或不幸中时，其实需要的就是抚慰与理解，经过一段时间的身体或心理上的治疗，一定会重新回归正常生活。

慈善会工作者要学会尊重自己所救助和帮扶的对象，充分相信他们的自我调适能力，尊重他们的个人意愿，不能把过度的热情强加到他们身上。有时候过于积极或热情的言行，反而是过犹不及，可能会使对方感到不适，也可能产生其他的负面影响。也就是说，慈善工作者要注意保持人与人之间的距离，与受助者之间过分亲热的言语，包括不适当的肢体语言，也可能引起不必要的误解。文明社会需要的是对人的尊重，以及人与人之间的适度距离，要学会用人们普遍可以接受的方式进行帮扶和救助。

总之，慈善会主要从事对困难群众的救助与帮扶。在某些方面，要承担政府购买社会服务项目，照顾鳏寡孤独残障者和重病、大病患者，以及其他需要提供特别服务的人群，因此责任重大。这就对慈善会工作者提出了更高要求。我们希望慈善会负责人、核心层和工作人员不断提高自身素质，增强业务能力，为参与社会治理、助力共同富裕、乡村振兴，以及实现中华民族伟大复兴贡献力量。

三、慈善工作者要走出去

慈善工作不是做纯粹的理论研究，不是文字工作者，也不是高深的学术研究。即使是文字工作者，也应当与社会实践相结合，而不应该闭门造车、纸上谈兵。例如，作家没有深入社会生活，就写不出传世佳作；新闻工作者不走进新闻事件发生地，就写不出有影响力的新闻报道、通讯或消息。慈善工作者更是如此，离开社会实践，慈善工作就一无所有。我们提出慈善工作者要经常下基层，响应党的号召，大兴调查研究之风。因为包括慈善工作在内的所有领域都与社会实践密不可分，社会才是慈善工作的"主战场""主阵地"。

慈善工作者下基层做什么？根据我们在各地调研了解到的情况看，主要做如下几项具体工作。

一是对辖区内困难群众情况进行调查摸排，有必要的话可以进行地毯式普查。可以到街办社区、乡镇村委进行调研，查看统计资料；也可以到贫困家庭进行实地走访。调研工作包括了解辖区内有多少户困难家庭；各类困难家庭的具体情况；困难家庭分布在辖区的哪些地方；困难家庭受到民政和其他相关部门的救助等具体情况；困难家庭需要慈善会提供哪些具体帮助。特别是在经济发展相对落后的地区，仍有少量生活困难的家庭，如家庭主要成员身体残障、大病导致返贫、养殖业或种植业突然遭遇自然灾害等意外事件，很可能使已经脱贫的家庭再次返回贫困状态，成为民政和慈善会的帮扶对象。基层慈善会是最接地气的单位，慈善工作者更是困难群众的贴心人。这句话就体现在具体的业务工作中。也就是说，在慈善会的所有业务中，扶贫济困是其最核心的工作。扶贫济困工作做不好，慈善会的工作就没有做到位，慈善工作者就没有尽到自己的职责。我们的这个认识应该没有疑义。

二是要对国资委、工商联和驻地商会进行走访，还要对辖区内的企业，包括各类性质和各种规模的企业进行调研走访。对于潜在的慈善募集资源要做到心中有数。现在，随着《慈善法》的广泛宣传，一些企业已经形成较强的社会责任感，他们自身也有进行慈善公益活动的愿望。慈善会工作人员与企业相关部门负责人进行沟通，协商并策划有需求、有价值和对双方都有意义的慈善公益项目。例如，不少企业家愿意资助家庭贫困的大学生、资助贫困家庭的母亲和儿童；援建或改建、修缮村里小学校舍或助教、助学等公益项目。慈善会工作者可以开动脑筋，为企业设计有较大吸引力并策划具有实操性的项目。慈善会还要用好捐赠免税政策，适时为企业提供免税、减税及其他力所能及的帮助。此外，用好《慈善法》里有关奖励的规定。慈善会一定要对爱心企业给予表彰，从税收和社会影响等方面，让企业得到较大的鼓励，并形成继续参与慈善事业的积极性和主动性，跟进后续捐款捐物，推动地方慈善公益事业的可持续发展。

三是要对当地的新闻媒体进行走访，包括电台电视台、报社、政府门户网站等。其一，可以与媒体合作开展公益传播活动，请媒体深度介入慈善公益事业。例如，对本地品牌慈善项目和重要的慈善公益活动的深度融合与报道等，从而使媒体实现其自身的公益传播效应。其二，可以请媒体对慈善工作和慈善项目、慈善人物、慈善活动等进行宣传报道，特别在"9.5中华慈善日"和"9.9腾讯公益日"期间，慈善会要携手媒体在当地营造全民参与慈善的氛围，鼓励各界人士踊跃捐款捐物，扩大慈善事业在社会上的影响，实现其应有的道德价值和社会效益。慈善会可以聘请当地有较大名气的电台电视台节目主持人担任本市、本县、本区的慈善形象大使，可以带动媒体人积极参与慈善事业。慈善会要重视媒体的力量，在很大程度上，慈善工作要依靠媒体介入并营造良好的社会环境。重视与媒体的合作，这是现代慈善事业与传统慈善的一个显著区别。其三，要走访与慈善相关的其他部门或单位，例如精神文明建设办公室、城市管理部门、退役军人事务部门、共青团、妇联、工会、残疾人联合会等。从另一个角度说，慈善工作也是为精神文明建设服务，对于那些慷慨捐赠善款的企业和爱心人士，对那些工作突出有社会影响力的慈善人物，包括优秀慈善志愿者，要联合当地精神文明建设办公室，以政府的名义对他们进行表彰，宣传他们的事迹，积极推荐慈善先进人物参选"中国好人"等荣誉称号，以鼓励更多的人参与慈善活动。慈善会与各类群团组织的联系与合作，很有必要。慈善会的工作本来也不是单打独斗的，需要与社会各界的沟通与联合。

四是要走访当地党委和政府，特别是对民政部门等相关政府机构进行走访，并直接向主要负责领导汇报慈善会工作，提出请党委和政府支持的具体事项。就我们了解到的情况看，哪个地方的慈善工作做得好，一般都是获得了地方党政领导的充分理解和大力支持。当地党委和政府对慈善工作的支持体现在多个方面，有政策支持、有项目支持、有款物支持等。例如，当地要开展"一日捐"活动，有没有党委与政府的大力支持，有没有公职人员的积极参与，其效果是大不相同的。这是个很简单的道理。

慈善会工作者要不断走上社会，走进各个部门或企事业单位的大门，走访各类相关人员，工作量确实很大，而且很有可能要碰钉子或受到讽刺挖苦。很早以前，有一位曾经担任过某县法院院长的领导干部，退休以后到县慈善会担任了负责募集工作的副会长。他对我说，他到企业去募集善款，经常碰钉子，也听到一些讽刺挖苦的话，起初面子上还有些下不来，后来时间久了，也就不大在意对方的态度了。企业领导们看到他很执着，又是为困难群众办好事、办实事，也就纷纷主动地为慈善会捐款了。慈善会会长的执着，感动了企业家，使慈善会的募集工作取得较大进展。

四、重视调查研究

我们在前文里提及，在正常工作时间，慈善会不能关门上锁，而是要实行全员坐班制，要真正做到正规化、常态化、日常化。但是，这并不意味着慈善会的工作人员，在任何时间都必须坐在办公室"喝茶聊天""守株待兔"，而对火热的慈善工作现实不闻不问。我们建议，慈善会要合理调配工作人员，有计划地外出，深入工作一线，进行细致的调查研究。众所周知，调查研究方法是我们党的优良传统，也是人们长期从事各项工作的基本方法和思路。尤其是当人们刚刚介入一项新工作之前，往往要下到最基层，开展深入、细致、全面和系统的调查研究。事实上，从具体工作实践而言，调查研究是常用方法之一。简单说，调查研究是所有实务工作中有目的、有计划、有系统地了解和搜集有关研究对象所需资料的主要方法。调查研究的方法多种多样，选择合适的调研方法，有助于调研工作有计划、有步骤、有成效地开展。对慈善会工作者来说，结合慈善工作实际，灵活运用调查研究的方法很有必要。

开展调查研究的慈善工作者，可以根据一定的工作目的，列出调研提纲或观察图表，采取召开座谈会、考察实际工作、与基层同志谈话等方式，用自己的视、听、触等感官和辅助工具，能动地了解那些处于真实状态下的慈善项目运作过程，了解或感受困难群众生活实际状况，了解当地的慈善资源和需要救助、帮扶的各类具体信息等，从而获得直接、生动、具体的感性认识和真实可靠、翔实而且有价值的第一手资料。在调查研究中，对自己观察到的事物的一般现象或外部状态，应当有清醒的认识，从这些表面性、偶然性和时效性的信息，引入对问题实质的认识，而且不能受自己主观因素影响。在这个基础上，对调研的成果做进一步理性分析和认定，或者结合其他调研方法，进行大样本观察或不定时抽查，保证真实可靠的调研成效。

在调查研究过程中，慈善工作者对那些不能够、不需要或不便于进行语言交流的具体情况，可以进行实地观察，保证调研资料的科学性、计划性和系统性。在实地观察中，可以着力扩大慈善工作者的感性认识范围，要善于提出问题，善于发现问题。慈善工作者掌握了实地观察方法的基本原则和主要特点，对慈善工作负有领导责任且工作繁忙者，可以通过实地观察方法，对整体慈善工作做实地的直观性观察，从而对当地的慈善工作，形成概要性认识。

慈善工作者在调查研究过程中，可以与对方进行交谈，即通过口头谈话等方式，向被访问者了解所需相关信息，并进行分析研究。口头交谈的方法使实地观察者能获得更多、更深、更全面、更有价值的信息，特别是对那些调研的问题比较深入，调研的对象差别较大，调研的样本较少，或调研的场所不易接近等情况。这种交谈方法包括个别交谈、集体交谈、电话交谈等不同类型。但由于交谈标准不一，人际交谈的信息难以进行定量研究，且交谈过程较长，人力成本较高，交谈的隐秘性和保密性较差，而且受周围环境影响比较大，所以很难进行大规模的人员交谈。在交谈中，慈善工作者要掌握谈话的基本技巧，不能刻意引导受访人员，不能偏听偏信，也不能对受访人员的谈话记录断章取义。

在调查研究过程中，召开相关会议进行调研，这种方法是人们通常使用的，也是调研工作的重要方法，而且简便易行。通过邀请若干被调研对象，以座谈会形式了解工作的基本情况，搜集相关资料，分析和研究具体问题。在参加会议人员的选择上，一定要有代表性，与所调研工作相关的各方面人士都应当有代表参加。这种方法最突出的优点是工作效率高，可以较快地了解到比较详细、比较可靠的慈善工作信息，节省人力和时间。但由于这种做法是当事人面对面接受调研，因而很难完全排除参加会议人员之间的心理因素影响，调研结论可能难以全面、准确地反映真实客观情况，而且受时间、地点、参加人员等具体条件限制，不易做深入细致的交谈与沟通，调查的结论和质量在一定程度上受慈善会工作者和参加会议人员主观因素的较大影响。如果慈善工作者在座谈会上遇到某些具体情况，可以另外再邀请少数人员进行私下和个别交谈，以获取更多、更真实的信息。

以上介绍的只是慈善工作者经常采用的调查研究方法。事实上，在调查研究工作中，调研者经常不拘泥于某种特定方法，而是相互交错、灵活运用这些方法。可以确切地说，调研者在具体工作中，一般都会根据具体情况，选择某种调研方法，而且在实践中有所创新、有所发展。在调研工作结束以后，一定要进行下一步的环节，即做好调研工作的总结，对调研所了解到的工作经验进行归纳，对调研中发现的问题进行分析，并提出切实加以解决的办法。

我们了解到，基层慈善会领导和工作人员经常下到基层，开展调查研究工作。他们对所运作的项目进行实时性调研，对困难群众的生活状态进行深度了解和帮扶，对当地经济发展及善款募集的潜在资源等，都有比较全面的掌握，这是基层慈善会在工作中取得成就的重要因素。做慈善会的工作，就是要吃苦耐劳，绝不是整天坐在办公室里，当一个不了解慈善工作的指挥家，一个不切合实际的理论家，而是要亲自动手，亲自参与具体工作，亲自把方案落实在实践中。调查研究工作虽然非常辛苦，却是最直接、最有成效的方法。

五、有为才能有位

一个慈善会要充分和善于发挥自身的重要作用，就必须切实加强其自身的能力建设。在这个过程中，慈善会还应当弄清楚自身所处的小环境和大环境，以及需要正确面对并解决的几个问题。这是三个不同的话题，但这三个话题之间有非常紧密的联系，即"有力"才会"有为"，"有为"才会"有位"。反过来，"有位"又能较为顺利地解决面对的问题，使自身能力不断增强。

第一个话题讨论慈善会的作用。众所周知，慈善会的作用很重要而且非常广泛，并呈现逐渐增强的态势。

首先，慈善会致力于促进社会文明与进步，推动社会生活的稳定、和睦、发展与完善，特别是助力乡村振兴、共同富裕和社会治理。慈善会作为协助政府联系民间的社会团体，有助于加强社会的沟通，以及群体之间、个人之间的联系，凝聚社会各界，弘扬传统美德，践行社会主义核心价值观。《慈善法》第五条规定："国家鼓励和支持自然人、法人和其他组织践行社会主义核心价值观，弘扬中华民族传统美德，依法开展慈善活动。"从这个角度讲，慈善会还具有如下社会作用：引领和参与社会道德建设，宣传和践行社会主义核心价值观；促进人际关系和睦与互助、关怀与接触；减轻、消除人际漠视和隔阂，缓解由于社会群体分化、利益诉求多样化和多元化所带来的矛盾与冲突，有助于国家、社会、团体、个人在互助基础上建立友好、和睦关系，从而促进社会的包容与整合，力争协调每个成员的合理诉求，从而推动社会的整体文明与进步。

其次，慈善会致力于帮扶与救助社会弱势人群，积极参与社会公益事业；扩大了社会保障的内涵，或者说扩展了社会保障的外延，为某些情况特殊的人们提供切实的生活保障，促进社会稳定和全面发展。从一般概念上说，社会保障的内涵有狭义与广义之分。狭义的社会保障主要包括失业保险、养老保险、医疗保险、工伤保险等。广义的社会保障是以社会保险、社会救助、社会福利为基本内容，以物资、服务、健康、心理等方面的保障为基本方式或载体。

慈善会通过扶贫助困、养老抚孤、大病救助及社区服务等具体工作，参与对困难群众的生活保障、服务保障与心理保障等方面的救助与帮扶工作。就目前情况而言，慈善会各项工作已经取得较大成绩，产生了较为广泛的社会影响。随着各类慈善活动进一步扩大与规范，慈善会在社会救助与帮扶等方面的参与度还将继续扩大和深入。可以说，慈善事业对社会保障的辅助作用是十分重要和必不可少的。也可以说，慈善的帮扶和救助职能，其实是包括在广义的社会保障范围内的。

我们在实际调研中看到，各级慈善会围绕政府中心工作，为经济社会发展提供周到服务，已经成为城乡困难群众的贴心人。慈善会充分发挥自身优势，深入社会各相关领域，广泛开展鳏寡孤独残疾者和失智老人和失能、半失能老人的救助与帮扶；关爱务工人员随带子女和留守儿童的助学、助教以及亲情关爱服务；在文化、教育、科技、农业、科学、卫生、防灾救灾等公共领域发挥了重大作用，为经济和社会发展提供应有保障和精神动力。慈善会的作为是有目共睹的。

第二个话题讨论慈善会的境遇和需要正确面对与解决的主要问题。

由于中国现代慈善事业起步较晚，发展的时间较短，与国外发达国家和地区的慈善机构比，尚处于发展的初级阶段，远不能满足经济社会发展的需要。具体而言，慈善会面对社会快速发展中出现的某些实际问题，需要妥善加以解决。问题较多，仅举一例如下。

慈善会需要获得社会各界的进一步理解、认同和支持，需要有更宽松与友好的舆论及环境。虽然目前各级慈善会的慈善活动开展得有声有色，其影响和作用在社会上日益扩大，已经获得绝大多数民众的理解和支持。但在少部分人的认识中，慈善会还是一个相对陌生的对象，尚未被公众所关注、认同和支持。在进行救助与帮扶活动时，有少数人对慈善会非营利和利他行为表示疑惑不解，甚至当着慈善会会长的面质疑："慈善会能给你多少钱，你这么拼命地工作？""现在都市场经济了，怎么还有不要报酬的人？"等等。在我们接触到的慈善志愿者当中，也有人遇到如此挖苦、嘲讽，心里感到很委屈。

我们注意到，这些年来，基层党委和政府对慈善事业重要性的认识程度不断提高,给予了慈善会较大的支持和鼓励,提升了当地慈善事业的影响力,提高了慈善会的工作积极性。从社会上看,各界群众对慈善会的认识参差不齐。社会上少数人在思想认识上存在某些不够到位之处,认为慈善会在社会上的影响较小,对困难群众救助与帮扶的能力较弱,不可能为经济社会的发展做出多大的贡献。对此种情况,慈善会应当积极做好自我宣传和推介工作,广泛宣传慈善会的工作亮点,使社会各界对慈善会形成正确认知,消除可能存在的某些偏见,从而使慈善会得到社会各阶层的广泛响应和大力支持。行善环境的改变,当然主要依靠自身努力,依靠自身为社会做出突出的贡献,并产生较大的社会影响力。

到目前为止,国家已经出台并实施了《慈善法》等多部推动慈善事业发展的法律、法规和制度、政策等规范性、促进性文件,对慈善会工作具有指导性和可操作性。各省市县区政府职能部门也陆续制定并实施了推动慈善事业发展的地方性法规和政策性文件。此外,我们建议有关部门尽快完善或制定慈善会从业人员的劳动关系、福利待遇、医疗保险、养老保险、税收减免,以及职称评定等方面的政策,使慈善会能够吸引更多的优秀人才,不断充实和稳定队伍,使慈善会工作人员的年龄和专业结构更加合理,更有专业性和战斗力,更有工作积极性、主动性。

我们还建议,各地慈善会之间可以增加彼此的沟通与合作。截至目前,我们所调研过的慈善会,发展状态良好,不仅有规模上的扩大和组织能力的提升,而且形成一种凝聚力量;总体实力增强,职业化程度提高,专业人才增多,社会地位突显,专职人员热情工作;负责人和部分人员陆续经过系统培训,专业水平较前有很大提高。慈善会的运行已经完成由业余向专业过渡的阶段,社会团体的角色扮演逐渐到位,适应市场、服务社会的能力进一步增强。我们希望,逐步实现职业化、专业化的慈善会,仍然要紧密团结,通力合作,凝聚人心,取得更多、更大的成绩。

慈善会的组织管理趋于科学化、专业化和非政府化。尽管慈善会事实上并不存在所谓"去行政化"问题,在成立之初就与上级主管单位实施"政社"分离管理;在工作制度、经费筹集、事务管理以及组织运转上,实行了科学管理制度和规范运作机制,改变了过去薄弱、杂乱和松散状态,慈善会在善款募集和项目运作等方面能力不断增强,包括内部治理、自律机制、财务管理、民主监督等制度健全，组织效率提高，运行效果良好。慈善会的凝聚力和号召力有较大提升，社会公信力也更加显著，得以有效调动某些社会资源，直接增强了慈善会的可持续发展能力。可以预见，随着经济社会不断进步，慈善会也必将发挥越来越重要的社会作用，产生更加广泛的社会影响。

六、慈善会工作的着力点

我们研究团队在基层慈善会学习和调研中发现，慈善同仁从事慈善工作的积极性很高。尽管慈善会工作人员数量较少，工作量较大，募集和救助难度较高，办公条件比较有限，生活补助很少甚至没有，但同志们仍然热情高涨，不知疲倦，不怕困难，长年累月地活跃在慈善工作第一线，这是非常值得敬佩的慈善精神和敬业精神。我们相信除了慈善会等非营利性质的社会组织外，社会上没有任何一个机构或人群愿意在没有报酬的情况下，从事如此繁重的工作，而且乐此不疲。完全可以这样说，慈善是太阳下面最崇高的事业，慈善工作者和慈善志愿者是全社会最无私、最可爱的人。在当今社会形势下，有这样一群人执着于为弱势人群的福祉而辛勤付出，任劳任怨，他们应当受到全社会的高度赞扬。

我们在调研中也了解到，部分基层慈善会同仁在工作中遇到的困境与迷茫。有的慈善会领导反映，基层慈善会的组织建设、人员配备、环境营造等方面遇到一些困难，尤其是善款募集困难较大，在某些经济欠发达地区，需要救助和帮扶的人口数量很大，而地区经济的相对落后，使得善款募集量也受到限制。他们希望省慈善会在项目分配上向经济欠发达地区有所倾斜。对基层慈善会领导的境遇，我们感同身受，我们也通过其他途径，把他们的希望和建议反映给了省慈善协会领导同志，有些问题应该可以很快得到解决。下面，我们提出慈善会在具体工作中，应当在几个着力点上狠下功夫，我们的建议还不够成熟，提出来与基层慈善会的同志们共同探讨。

首先，在慈善宣传、动员和引导上多做工作，要在所有适宜的场合，大力弘扬"人人皆可慈善"的理念。《慈善法》第八十八条规定："国家采取措施弘扬慈善文化，培育公民慈善意识。学校等教育机构应当将慈善文化纳入教育教学内容。

国家鼓励高等学校培养慈善专业人才，支持高等学校和科研机构开展慈善理论研究。广播、电视、报刊、互联网等媒体应当积极开展慈善公益宣传活动，普及慈善知识，传播慈善文化。"第九十一条规定："国家建立慈善表彰制度，对在慈善事业发展中作出突出贡献的自然人、法人和其他组织，由县级以上人民政府或者有关部门予以表彰。"

在大数据、信息化的互联网慈善背景下，慈善会在综合运用宣传方式、灵活确定宣传层次、精准确定宣传范围和创新推广宣传主题等方面还存在较大的提升空间。我们建议，要充分发挥传统主流媒体如报纸、广播、电视、杂志和新媒体如网络、微信、微博、抖音等各类新闻媒体的作用，对社会各界的慈行善举进行广泛宣传。同时，大力做好慈善氛围营造工作，在社会上弘扬、推广慈善理念；要从具体工作着手，规划、设计和摆放好慈善标识，依据《慈善法》相关规定，把慈善广告悬挂、张贴在公共场所，使慈善文化深入大街小巷。要继续加大对重点群体的引导，把慈善与党风廉政建设结合起来，与各级各类学生的思想品德教育结合起来。尤其是要将慈善宣传与企业文化创建结合起来，使慈善成为扩大企业知名度的重要平台和渠道，增强企业参与慈善的积极性、主动性。将慈善活动与大型晚会、体育赛事、重大庆典、会展活动等文化体育艺术活动有机结合起来，努力使慈善成为其中的重要内容或者显著标识，实现丰富文化体育艺术活动内涵与弘扬慈善理念互促双赢，真正使"人人皆可慈善"的理念深入人心。

其次，在搭建善款募集平台、培育募集资源上多做工作，将社会各界的目光凝聚到慈善事业上来。《慈善法》第二十三条规定："开展公开募捐，可以采取下列方式：（一）在公共场所设置募捐箱；（二）举办面向社会公众的义演、义赛、义卖、义展、义拍、慈善晚会等；（三）通过广播、电视、报刊、互联网等媒体发布募捐信息；（四）其他公开募捐方式。"慈善会主要工作之一，就是为社会各界搭建行善载体和平台。尤其是在立足本地的基础上，要放眼全国、放眼世界，广结善缘，为那些乐于捐款捐物、出力出人的境内外慈善机构、企业和爱心人士搭建慈善捐赠平台，简化和优化捐赠程序、规定及相关制度，提供安全、可靠的服务，让捐赠人放心。

再次，在组建和管理慈善志愿者队伍上多做工作，吸引更多爱心人士加入慈善志愿服务行列。慈善志愿者是弘扬慈善文化的爱心使者,也是为群众提供服务、奉献爱心的重要力量,组织好、培训好志愿者队伍有十分重大的意义。陕西省12个市慈善会普遍建立了慈善志愿者管理部门,组建了人数众多、涉及社会各行业的多支志愿者队伍,绝大部分县区也成立了志愿者服务队。需要重视的问题是要以服务社会和困难群体为宗旨,加强对慈善志愿者队伍的管理,并对优秀慈善志愿者进行表彰。在慈善志愿者团队建设、人员管理、能力提升、工作机制、活动开展、社会影响等方面逐项进行完善。要以慈善会为主导,以服务社会和困难群体为宗旨,以健全制度、完善机制、壮大队伍为重点,坚持以志愿者服务队为平台,坚持项目运作、品牌化服务、社会化推进,进一步拓展慈善工作内涵,使慈善志愿者队伍不断发展壮大,慈善志愿服务工作质量不断提升。要注重对各类社会志愿者与慈善志愿者队伍进行整合,使慈善志愿者队伍成为展示慈善事业风采、促进社会和睦及参与社会治理的重要力量,成为志愿服务的表率。

最后,在加强慈善会公信力建设上多做工作,切实提高慈善工作规范化程度和社会公信力。在发展壮大市县区等基层慈善会的基础上,可以论证在乡镇和街道办事处成立慈善分会,或成立慈善工作站的必要性和可行性;不断扩大和延伸区县慈善会的组织网络。通过不断加强内部管理制度建设,使慈善会成为社会各界普遍认可、信得过、靠得住的机构。加强对慈善分会或慈善工作站募捐工作和项目运作的指导、管理、推动,使慈善活动遵循法治化、科学化、合理化原则。加强慈善信息披露工作,使包括慈善财务、慈善项目运作在内的各种慈善活动公开透明,切实提高和维护慈善组织的社会公信力。

慈善会的工作千头万绪,林林总总,但必然有核心工作或重点工作、次要工作或边缘工作之分。我们惯常的思维,一定是首先抓住重点工作,然后带动一般工作,解决工作中的主要矛盾,次要矛盾就会迎刃而解。当然,每个慈善会都有自己的特殊情况,究竟哪些工作是核心或重点,哪些工作是次要或边缘工作,可能不是完全相同的。要在工作中灵活处理面对的工作,争取处理好所有的工作,推动慈善会工作整体进步、全面发展。

七、诚信是慈善会的底线

在当今社会，任何人或组织要想事业有成，要想实现存在价值，就一定要重承诺、守诚信，树立自身良好的信誉和形象。因为人们已经认识到，信用或诚信是现代社会发展与运行的根本道德保证，也是慈善事业得以存在并实现其功能的核心价值理念。或者说，诚信是慈善会的道德底线。一个慈善会要想在社会上立得住，就要不折不扣地奉行"信"字道德。在本节里，为更好地理解信用伦理问题，有必要从诚信义理上做进一步阐述。

从字面意义上看，诚者，真诚、诚实、真实无欺也；信为人言，表示信用、信任、信誉之意。许慎在《说文解字》中，将诚与信互为诠释。可见，诚与信是对人类的一种特定行为真实性的两种具有等值意义的解释。不过，在另一种意义上，也可说"诚"与"信"相比较，"诚"更为根本，"信"往往是其表象。在一些人的理解上，"诚"与"信"具有互为表里、互为体用的关系。也可以理解为"诚"为内在的品质，是内心深处真诚的状态；"信"是一个人的一贯行为表现及其给他人形成的印象，或使他人得出的对于行为者及其行为品质的评价。对以上诸种解释，如无矛盾之处，我们均表示基本认同。一个人待人接物，出乎天然，真诚而无伪无欺，自然就会守信用，从而受人信任，获得信誉。如果把"诚信"比作一棵大树，那么，"诚"是根本，"信"是花叶，"用"是果实。因此，"信用"是以"诚"为前提的。

在中国传统哲学中，"诚"有一种根本性地位，《中庸》把"诚"置于本体性地位。《中庸》说："诚者，天之道，诚之者，人之道也。诚者，不勉而中，不思而得，从容中道，圣人也。诚之者，择善而固执之者。"为何说"诚者，天之道"？先哲们从生活经验中感悟到，与人相比，自然虽不言语，但只有自然诚实无欺。春天过了，一定是夏天，夏天过后，一定是秋天，秋天过后，一定是冬天。春天到了，万物复苏，一派盎然生机；太阳每天自东方升起，至西方落下。自然的运行如此有规律，日复一日，年复一年，人们不得不惊叹，大自然何以如此守时令？如此守规矩？这就是人们所说的"诚"。

正因诚信具有本体性，是自然规律，所以在孔子看来，信是最基础的，又是必要的，是个人立身之本。孔子说："人而无信，不知其可也。"（《论语·为政》）孔子还从道德意义上，提出"信"为最低层次的道德。在这里，孔子讲了个人道德的三个层次，认为言信行果是最低层次，也就是最低限度的道德。众所周知，在儒家伦理中，信是五常（仁、义、礼、智、信）之一，而在这"五常"中，信又是最低层次的。这是说，"信"是最起码的道德要求或道德底线。

然而，对于一般人而言，要使自己时时处处做到诚实守信绝非易事。人何以会表现出不守信用的言与行？从信用或不守信用的现象看，在于人类的心理、言语，有着与行为相分离的可能性。大自然的活动虽然没有言语来公告，但它以反复出现的规律性表明它的诚性。人类行为的诚性，从言语现象看，是其所说的与事物（或人类行为）的本身相符，这就是我们所说的"信用"，即以信为用。

首先，从人性讲起。人是一种社会性动物，一方面人要正常生活，就必须遵守法律和道德。另一方面，人具有生物性，具有趋利避害、满足自我的本能，人有诸欲，喜怒哀乐爱物欲等，这些就是人之常情。人生活在种种利益关系之中，而这些利益、物质或精神条件，都可能形成对人的诱惑，使人口是心非、背信弃义。就是说，生活中到处都充满了诱惑，这些诱惑随时可能令人把信用置之脑后。这是以利益为驱动的行为，符合人的心理变化的特征。在个人利益亟待满足的情况下，就有可能放弃内心的诚而表现为失信的言行。

其次，信用讲的是一种最普遍的人际契约关系。古今中外历史上许多人都把包括信用在内的道德规范，看成是一种契约，是人类社会为了集体利益和种族生存而订立的契约，每个人都必须遵守而不得违背。在蒙昧时期，人们为了自己的利益而不惜牺牲他人利益，人对人就像动物一样，社会长期处于混乱的战争状态中。这必然使整个社会动荡不安。为解决这个问题，法律和道德应运而生。人们的态度应当是合作而不是争斗，是共存而不是消灭对手。所以，法律、道德对整个社会是最佳选择，而在法律和道德框架下，信用是以利己亦利他形式实现合作共存。背信弃义、口是心非，从短期看可能是利己的，但从长远利益看，显然是自毁的。

不讲信用的社会是没落的，不讲信用的组织是无法存在的。在市场经济条件下，没有信用就不可能在社会上立足，更不可能在竞争中获胜。在当代社会，个人正常生活不能离开信用。人们的生活消费有许多是超前的，大件消费多为贷款消费，如购买房子、汽车、大型电器、手机等，银行可提供贷款。贷款是有前提条件的，这就是个人的信用。在银行里，保存着人们的信用记录，如不能及时如约还款，个人信用度将大打折扣，甚至再没有银行会给失信者提供贷款。当今社会的人们非常重视信用，在完善的金融市场化的社会，不讲信用者，就将会寸步难行。社会现实将有力证明：一个人，一个组织，必然是无信不立。从这个意义上，诚信就是慈善会的底线。反过来说，失信于人、失信于社会的慈善会是不可能在社会上立足的，更不可能成就什么慈善事业。

八、慈善会的资源整合

在过去的日子里，慈善会同仁以极大的热情和努力，不断募集善款和物资，积极运作各类项目，从事慈善救助和帮扶以及社会公益，在慈善的诸多领域都取得了不俗成绩，受到社会的广泛赞誉。面对基层少数群众生活困难的境况，各位同仁又增添了强烈的使命感和社会责任感，他们不辞辛苦，不惧艰难，努力做好各方面慈善实务。如前所述，慈善会是长期从事慈善工作的社会组织，救助与帮扶工作也是长期的、常态化的，这就需要有长期的、常态化的资源供给。这些资源所涉及的不外乎政策、善款、物资、场地、人员。那么，怎样获得这些不可缺少的资源呢？

第一是政策支持。《慈善法》出台并实施以后，慈善事业有法可依，在法律的规范和促进下，可以广泛开展慈善工作。有了《慈善法》的"保驾护航"，慈善会还需要得到基层党委和政府的领导与监管，并获得较大的政策支持力度。我们看到一些慈善事业发展迅速的地方，基层党委和政府对慈善会的工作给予了经常性、多方面和有力度的指导与引领，从政策、制度、经费、办公用房、用车以及基本设备耗材等多个方面入手提供了较大支持。我们以为，慈善会的领导一定要明确这样的概念，从事慈善事业，必须得到当地党委和政府的重视与领导，有了这一条，许多困难就可以克服，许多问题就可以解决。慈善会负责人要经常性地向当地党政领导汇报慈善会的工作，包括以往取得的成绩，对地方经济社会特别是对解决民生问题起到的重要作用；今后还要开展哪些具体慈善工作，这些工作能够达到的目标，以及产生的社会效益；慈善会希望党和政府的相关部门提供哪些政策和其他资源的支持。以上所说，我们在前面的章节里也多处提及，此处再加以强调。慈善会领导要牢牢把握这项工作的主动权，持之以恒，尽量通过正常行政途径和领导个人的影响力，形成经常性或定期汇报工作的机制。我们在调研中听到一个说法。现任的党政领导是自己过去的同事，慈善会领导向曾经的下属汇报工作，多少感到有些难为情。这种心情可以理解，但为了获得社会资源的支持，就要放下身段，主动汇报和请示。这是为了慈善会的工作和当地慈善事业的发展，为了当地社会弱势人群的福祉。其实，现任党政领导是曾经的同事，反而有利于慈善会工作的开展，因而是一种优势。

第二是环境支持。在慈善会领导的思路上，需要思考的一项重要工作，就是环境对慈善事业的理解和支持。这就对慈善会的宣传工作提出了更高的要求，即如何利用主流媒体和网络等新媒体，创新慈善文化宣传平台。就以往的情况来看，慈善活动需要媒体的宣传报道，慈善氛围需要常态化、可持续地营造，通过慈善与媒体的高度融合去推动工作，而不是"两张皮"。有的慈善会没有投入精力去考虑与媒体的关系，这可能是一个疏漏或失误。做慈善的人不能总是自说自话，在自己那个较为狭小的圈子里做事情。这其中包括两个问题，一个是媒体对慈善的宣传报道，一个是媒体深度介入慈善，二者融为一体。可以动员媒体人组成慈善志愿者团队，做好宣传鼓动工作，争取得到更多群众的支持和参与。

第三是善款的资源。我们在其他部分里提到，善款的募集是慈善会的核心工作，募集工作需要下功夫，需要放下身段，放低姿态。为困难群众募集善款，就是要甘于求人、敢于求人；不怕丢面子，不怕碰钉子。但同时也需要动脑筋，哪些企业或哪些先富起来的人，有为慈善事业做贡献的愿望，慈善会一定要做到心中有数。因为自己选择了慈善工作，所以就要不怕困难，用"跑断腿、磨破嘴"的精神，积极争取善款捐赠。有的慈善会领导说，为恓惶人募集善款救助，是功德无量的事情，募集不是为了个人，如果为了个人就不一定这样做事了。这样的态度，我们深受感动，也是予以高度赞赏的。

第四是常态化工作和创新性工作，都要做好。在慈善会有一些常态化的工作，比如每年的"三大节慰问"，就是常态化工作，在六一儿童节、九九重阳节、春节三个重要节日，基本上是全省联合大行动。这项工作一定要有专人负责，积极争取善款和物资，动员社会力量积极参与，组织慈善志愿者参加慰问活动。常态化慈善工作是"规定动作"，慈善会还要有属于自己的特色项目，也就是"自选动作"。要做出自己的特色，那就要主动创新，与众不同的项目如何创意和策划呢？我们的建议是，一定要紧密结合当地经济社会发展的基本特点，发挥慈善事业的长处。例如，杨凌区慈善会创新的科技支农项目，就很有特色，而且是其他地方很难做到的。有个县民间流行儿童穿虎头鞋，慈善会就动员当地妇女参与制作智能童鞋，把妇女就业创业与扶贫结合起来，与科技转化为产业结合起来，与慈善工作结合起来，于是就形成这个县慈善工作的特色之一。创新慈善还要结合互联网的迅速发展，结合慈善会工作人员的特长，以及志愿者团队的创造能力。

第五是慈善宣传与实务工作的紧密结合。慈善会领导需要思考的一个问题，是将慈善宣传与具体的慈善实务工作相结合，用宣传带动工作，用工作助力宣传。慈善宣传工作不是纸上谈兵，不是空对空说大话，慈善实务是生动鲜活的，几乎每项具体实务工作都给慈善宣传提供了新鲜素材和新的方面。慈善宣传必须与实践相结合，否则就是闭门造车，很难出门合辙。慈善宣传工作一定要注意避免说大话、空话、官话，避免过于理论化、学术化，让人听不懂，看不明白，不知所云，这样就达不到宣传的目的。这是慈善会从事宣传工作的同志们一定要特别注意的。

九、要做慈善的内行

慈善从业者在具体工作中应做的工作林林总总，不一而足。这就需要具备敬业精神和勤奋意识，努力把工作做好。要做好工作，就要重视学习，重视思考，重视交流。慈善会负责人经常性召开专题会议，研究具体慈善工作，就是在理论上探讨，在工作实践中学习和研究，在具体实务中整理思路，针对工作中出现的具体情况集思广益，寻找解决问题的办法。如果不学习、不思考、不讨论，慈善工作者就不大可能了解慈善事业发展变化的新问题和新情况，成了行业中的外行。

从实际情况来看，绝大多数人在参加慈善工作之初，大概也不懂什么是慈善，怎样做慈善。尽管民政、扶贫、残疾人工作等具体行业与慈善有较为密切的联系，在某些工作方法上与慈善接近或类似，但它们其实并不是一回事。慈善是一个社会行业，是一个专业和职业。如果在此前没有做过慈善专业的实务工作，就不是慈善的内行。面对一个新的工作领域，首先要有谦虚谨慎的态度，把自己从外行变成内行。这就要求慈善会同仁踏踏实实做事，认认真真做人；知之为知之，不知为不知，绝对不要不懂装懂，自以为是内行而不学习、不思考、不探讨。我们以为，慈善会同仁要有这样的工作研究计划。

其次，慈善会的工作要有执行力，要把工作做实、做好、做到位。慈善会是务实的组织，是要具体做事情的，宣传、募集、项目、服务、联络等，都不是耍嘴皮的事情。慈善会要做实际工作，因而要有较强的执行力。慈善会领导安排了各方面工作，那就要加以贯彻落实，不能把事情耽误了，或者把事情推后了。慈善会与体制内组织有很大区别，例如，慈善会不是"铁饭碗"，不可能在这里任何事情都不做。慈善会不允许出现"干与不干一个样，干多干少一个样"的局面，而是"能干的进来，不干的出去"。对出去的人，不是给了什么处分，也不涉及评价问题，就是干不了或者不愿意干，或者不适合干。现在社会上可以做的事情很多，不愿意干的人就不一定非要在慈善会做事情。慈善会负责人要集合那些愿意做慈善的人，同时又是非常负责任的人，并且有一定能力的人，一起做慈善的事情。要有执行力，就是集体讨论后通过了的事情，就要坚决贯彻执行，没有讨价还价的余地，没有拖着不做的机会。慈善会是做事情，不是绘画绣花，不是请客吃饭，而是要有雷厉风行的精神，说做就做，绝不拖拉。因为拖拖拉拉耽误的事情和机遇，永远也弥补不了。希望慈善会同仁养成这样的工作作风。

慈善工作者要敬业，就要从具体慈善实务着手，对慈善工作的具体过程、环节和方式、方法进行思考和设计。从实践上说，慈善就是救济穷人和需要帮助的人，以物质和钱财为主要救济方式，没有钱物的帮助不是慈善的主要工作，那些食不果腹、衣不遮体的人，绝不会听你在那里滔滔不绝地给他们讲什么大道理。慈善不是什么事情都要做，否则就成了"大杂烩"，就会介入到甚至取代其他社会行业，丢失了自己的本分。也就是说，慈善是有边界的。没有边界的专业，不是一个真正的专业；没有边界的行业，也不是一个真正的行业。"大慈善"不是无所不包、什么都可以做的意思。社会上的任何专业或行业都要有边界，如果没有了边界，三百六十行就变成一个行业了。这就涉及我们要真懂慈善，做专业的慈善，做慈善的行家里手。

从实践上说，慈善有多种类型。例如，救助和帮扶只是慈善的一种类型，慈善还有其他类型或表现形态。无论如何，慈善还是要有规则的，要围绕党和政府中心工作开展活动，助力社会进步与发展，通过募集社会善款，资助、兴办和推动各类慈善事业和社会公益事业，广泛开展与国内外慈善机构以及与社会各界的合作和交流，组织热心慈善的志愿者服务队伍，策划并运作多种形式的慈善项目和社会慈善活动。这些慈善工作都是具体的，需要务实、敬业的精神和专业的工作技能才可完成。

十、慈善会工作需要创新

慈善会应树立开拓创新、奋发有为的信念，并贯穿整个慈善工作全过程，不断推进慈善事业稳步发展，基本满足社会特别是困难群众对慈善事业的需求。事实上，慈善会只有通过不断创新实践，才能为慈善事业健康发展，提供源源不竭的智力支持。下面，讲三个问题。

第一个问题，要特别注重项目创新，为慈善捐款的科学运作创造有效途径、社会关注度和最佳效益。慈善项目是救助工作和社会公益的重要载体和形式，是服务困难群众和弱势群体、连接社情民心的重要渠道。慈善项目如同企业产品，只有通过精心打造、不断创新，使其成为叫得响的、有效益的"精品"和"品牌"，才能更好地被社会接受，从而达到扩大慈善事业影响力和社会效益最大化的目的。在项目设计和内容选择上，应当将重点放在政府社会保障政策尚未覆盖到的民生问题上，优先选择困难群众急需救助的项目和那些社会效益显著、影响面较宽的项目。在捐赠形式上，可以借鉴市场化策略，对各类项目进行精心策划与包装，像推介商品一样去推介慈善项目，吸引企业家和基金会的捐赠。同时，根据募捐市场的不同情况和捐赠者的不同意愿，采取"合同认捐""留本付息"

"冠名基金"等多种资金募集形式，不断满足不同捐赠者的需求，促进捐赠方式的个性化和多元化。在救助模式上，由单纯"输血型"救助向"输血造血复合型"救助拓展和转型，由单次突发性困难救助向经常性生活困难救助拓展和转型，努力实践和探索幸福家园等最新、最有效益的综合性救助与帮扶项目。慈善项目与社会的发展紧密结合，不断推出有时代特色、有社会效益的慈善项目，惠及更多困难人群。

第二个问题，要特别注重慈善与慈善文化的宣传创新，为提升全民慈善热情和参与意识而营造良好环境和文化氛围。我国慈善公益事业正处于从传统向现代过渡的关键时期，不是少数人的精英慈善，也不是多数人的大众慈善，而是全民慈善，包括每一个有自立、自理、自助能力的人。那么，如何将中华传统慈善文化与现代慈善理念相结合，如何借鉴西方国家现代慈善理念与方法，兼收并蓄古今中外的慈善文化，走具有中国特色的现代慈善事业发展之路，这是慈善会面临的一项重大战略任务。我们应当始终将宣传工作作为慈善事业的重点，在慈善会任务繁重、人手偏少的情况下，积极探索创新宣传形式，努力扩大舆论阵地，唱响慈善主旋律，为慈善事业的发展奠定坚实的群众基础和良好的社会氛围。对此，我们有三点建议。

第一点建议是要积极争取各级党委和政府部门的支持，而不是将政府的好意拒之门外。慈善事业是全民族的事业，政府与民间积极合作，或者互相补台，尤其是慈善会不必过多考虑自己的组织是什么背景的问题，草根机构照样可以成长，不要切断官方与草根之间的联系，也不要将二者对立起来。在中国要想成就一件大事，政府的积极推动可以起到非常重要的作用。对此，慈善会必须保持头脑清醒。

第二点建议是要加强慈善专业学习与培训。慈善会工作人员的业务培训很必要、也很重要，对提高工作人员的能力和水平有直接帮助。在条件允许的情况下，可以通过参加慈善论坛、邀请专家对慈善会人员举办培训班、与兄弟省市同行交流、研讨等多种形式，加强理论和实务知识的学习，用理论指导实践，在实践中不断探索慈善事业发展规律，提高开展项目运作等具体工作的技能。因此，要跟上慈善事业的时代潮流，就必须重视慈善专业学习与培训。

第三点建议是要整合各类有效资源，搭建工作平台。这是说，慈善会要尽力克服管理体制下的地域、部门、机构、条件的局限，把全社会作为慈善事业发展的工作平台，与财政、宣传、民政、教育、卫生等有关部门建立良好的合作机制，与高校、科研院所、文化部门等建立广泛的协作关系，学习借鉴政府部门购买服务的运作模式，积极整合社会资源，吸收高校师生、专家学者、文艺工作者加入慈善会的宣传队伍，既可以充实机构宣传力量，又可以营造"大慈善"理念，增强社会公众的慈善意识。

第三个问题，要特别注重慈善的体制、机制创新，为全社会慈善事业发展提供制度保障和政策支撑。从世界各国慈善事业发展历程看，建章立制、规范管理非常关键。对这个问题，政府和慈善会都可以有所作为。例如，陕西省慈善从业人员应当有共同遵守的"行业伦理守则"，以此约束慈善工作者的行为，对社会负责，对人民负责，也对自己负责。几年前，在《慈善法》颁布并实施不久，陕西省人大也出台有关推动和规范陕西省慈善事业发展的地方性法规，以立法的形式对慈善事业进行法规和制度规制。毫无疑问，体制创新、机制创新非常重要，这涉及慈善事业发展的方向和水平，应当引起慈善会的特别重视。

慈善会有些项目的运作方式，可能是与市场紧密相关，也有的项目与市场并没有直接或间接的关系。很多慈善人并不希望把慈善项目通过市场进行运作，也不希望从慈善事业中获利，这是一种高尚行为，任何人都没有理由对他们横加指责。否则，我们的社会就没有了公平正义，困难群众的生存空间就会越来越局促。慈善是全社会的大事业，能否实现共同富裕，不断推进小康社会进步，与慈善事业密不可分。慈善会同仁任重道远，要努力为慈善事业腾飞做出自己的贡献。

第四章　善款募集与项目举例

引　言

　　慈善募集和项目运作是慈善会工作的重中之重,体现在宣传、组联、志愿服务、网络信息以及产业等各部门工作的慈善会组织建设、能力建设等方面。事实上,慈善会的工作都是围绕着善款募集和项目运作展开的。没有善款,也就无法开展项目运作,慈善会的职能就无法发挥,其存在的价值更是无从谈起。回顾传统社会,经济匮乏,物资有限,民生凋敝,需要救助和帮扶的对象数量很大,慈善家做慈善可以说是困难重重,每逢大灾之年的赈灾,或对鳏寡孤独残疾者的日常救助,他们或者把自家钱财作为善款,或者采用沿门劝捐等方式募集善款,其难度可想而知,于是导致慈善事业始终处于发展与不发展的状态。从一个角度而言,传统慈善基本上不以项目运作的方式开展慈善,绝大多数情况下采用的是"输血式"救助方式。传统慈善的善款募集和救助方式,为现代慈善留下了创新发展的较大空间。特别是现代社会的科技与经济比传统社会有了极大发展,网络募集等方式为善款募集工作开辟了新的途径。

一、拓宽募集渠道

当代慈善事业的发展,仍然以善款募集为工作龙头或事业发展基础。没有善款,救助和帮扶困难群众的项目就无法运作,慈善工作的整体开展也会受到很大局限,这是不争的事实。在中国式现代化建设中,作为党领导下社会工作组成部分的慈善事业,如何发挥在第三次分配中的主渠道作用,巩固脱贫成果,促进共同富裕?如何参与社会治理,助力乡村振兴?对此,发挥慈善组织公募资质作用和广泛联系社会各界的优势,动员有意愿、有能力的企业、经济成功人士参与慈善公益事业,践行第三次分配,补充民生保障,改善社会收入和分配格局,是实现共同富裕的重要途径。

本节所讨论的主题是善款募集渠道应当不断拓宽,善款募集秩序需要理顺,善款募集工作需要加强。对善款的募集,慈善会应努力提高全社会参与度、特别是社会富裕人口和爱心企业,重点培育善款捐赠资源,同时增强普通市民的经常性捐赠意识。慈善组织要规范募集秩序,改变多头募集、重复募集的状况,合理募捐,保护募集资源,实现慈善救助效益的最大化。这就需要慈善会对募集资源进行梳理、培养和保护,防止竭泽而渔的非理性募集行为,对募集工作应做明确规定。不仅如此,慈善会还应当创新募集方式。在传统募集形式基础上,注重搭建社会公众普遍参与慈善活动的平台,充分发挥移动网络、手机微信群、抖音、微博等虚拟社交平台在慈善募集工作中的重要作用。

(一)陕西慈善募集工作的基本做法

1. 立足大数据时代,大力发展网络募捐

随着信息技术的飞速发展,各类电子信息技术平台已经"飞入寻常百姓家"。慈善组织要紧跟大数据的时代潮流,助力自身发展,推动募集方式创新,突破募集资源约束,这是数字化时代对现代慈善事业发展带来的重大考验。在实际生活中,以移动互联网用户终端、手机 App 等为主要代表的电子平台,已经影响到人们生活的方方面面,不仅成为社会经济发展的新增长点,也成为助力公益慈善事业发展的重要引擎。网络慈善已经成为现代慈善事业最突出的发展业态之一。因

此，作为慈善事业发展"先行军"的慈善募集工作，也要因势而变、因时而变，主动作为、大胆创新，从而助推慈善事业的快速和健康发展。

陕西省慈善协会立足网络募集发展现状和乡村振兴发展背景，大力推动慈善幸福家园建设项目、产业帮扶、就业帮扶、养老帮扶、慈善助学、大病救助、关爱儿童、"慈安桥"项目等品牌项目，并以此为主要抓手，开展万企兴万村行动，以"乡情"为纽带，倡导回馈社会，不断创新工作体制、开拓募集渠道、丰富募集方式，开创了网络慈善背景下募集工作的新局面。陕西慈善募集工作以线下项目推动为基础，结合线上募集渠道与信息反馈，在不断提升募集能力的同时，也扩大了品牌慈善项目的影响力。陕西省慈善协会在陕西省政府原常务副省长徐山林的发起和组织下，于1996年7月成立，积极开展救助弱势群体和参与社会治理的慈善活动，奠定了陕西现代慈善事业的基础，开拓了陕西慈善事业发展的新局面。在省委、省政府和各方领导的关心和支持下，陕西慈善募集工作追求卓越、创新发展，取得了前所未有的佳绩。每年利用陕西"慈善周""9.5""9.9"慈善公益日，动员社会各界积极参与，开展网络筹款，收到良好的社会效果，募集到大量善款善物。特别是在2022年，陕西省慈善协会经过两个多月的积极组织和协调，在各市、县（区、市）广泛宣传动员，大力组织发动各界人士，于2022年7月27日至29日，历时三天时间，开展"乡村振兴·陕西专场"互联网募捐善款活动，吸引了全省各地、各行业的356万人次参与爱心捐赠善款，通过381个助力乡村振兴网络公益慈善项目参与善款捐赠，全省线上网筹善款达35067万元，开创了陕西历次互联网公益慈善捐款活动的新高。陕西省慈善协会成立26年来，募集善款善物价值70多亿元，实施慈善项目2万多个，帮扶困难弱势群众1500多万人次，巩固了脱贫成果，助力了乡村振兴，践行了第三次分配，促进了共同富裕。陕西各市、县（区、市）慈善协会以大爱无疆的慈善情怀、大爱无界的工作思路，不断创新发展网络募集的工作观念、工作方法以及工作内容，汇小流而成大河，集烛火而成曙光，充分利用互联网信息技术的优势，开拓慈善募集善款的新路径，创造了慈善募集善款的新经验，实现慈善发展的新跨越。

2. 立足大社会体系，大力推动全民慈善

陕西慈善募集工作，立足社会发展的治理体系，将慈善募集与社会发展结合起来、将慈善募集与企业发展结合起来、将慈善募集与个人发展结合起来，形成了推动社会发展、助力企业经营和实现个人成长的新模式。如何引导慈善事业从传统模式的精英慈善、少数慈善转向现代模式的大众慈善、全民慈善，是新时代陕西慈善发展的重要任务，也是新时代陕西慈善募集工作发展的重要使命和方向。

陕西省慈善协会以全民慈善的理念为引导，以重点品牌项目为依托，制定短期、中期、长期发展规划，完善各类激励政策、奖励制度，发动一切愿意参与慈善活动的爱心企业及爱心人士，最大限度调动社会成员参与慈善活动的积极性，通过提升社会大众的关注度与参与度，倡议大家伸出慈善之手，广开募集渠道，逐步走向大众慈善、全民慈善，取得了可喜的慈善募集成绩。笔者在调研走访中了解到，韩城市慈善协会为全市每一家民营企业建立了留本捐息基金共8.6亿元，其中1亿元以上基金的有陕西黄河矿业集团、陕西海燕新能源集团、陕西韩城西韩工贸集团，还有多家企业建立了数额不等的留本捐息基金，另有多家企业捐赠物资价值达411万元。推动慈善文化活动进校园，开展义卖活动，有2万余志愿者全程参与；志愿者在城里募捐衣服、收衣服，进行消毒处理，整理好后送给有需要的困难群众，深受困难群众欢迎。在安康调研中笔者了解到，安康市多方筹措资金130万元，用于"脱病忧"项目，对农村贫困人群治病未报销的20%资金全部予以资助，调研时已有398人得到70万元的救助，把善款用到了实处，解除了病人的后顾之忧，受到广大人民群众的称赞。每一个慈善故事，都是全民慈善背景下每一个个体的辛勤奉献凝结而成的，既推动了慈善事业的发展，又更好地服务了人民群众。

陕西省慈善大会项目也谱写了全民慈善的生动画面。2022年1月27日，陕西省慈善协会发动咸阳市淳化县委、县政府召开了全省区县第一场慈善大会。这次大会开创了县区举办慈善大会的先例。会后，省慈善会总结推广其经验，印发文件，发动全省市县区以召开慈善大会为驱动，打造党政支持并推动、社会广泛参与、慈善事业促进共同富裕的新模式。

随后，韩城、镇安、旬阳、临渭、潼关、神木、长安等8个市县区委和政府陆续召开慈善大会，出台推动慈善事业高质量发展的实施意见。把慈善事业作为动员社会力量帮扶困难群体、巩固脱贫成果、助力乡村振兴、促进共同富裕的重要力量，建立推动工作机制。在慈善大会上，党政主要领导主持并发表讲话，市县区四套班子领导带领慈善协会工作人员，深入省内外商会，动员民营企业家、经济成功人士奉献爱心，自愿捐赠善款。

由于地方党政的全力支持，在已召开慈善大会的县市，其慈善募集实现了井喷式增长。淳化县慈善大会募集款物价值4485万元、韩城市5611万元、镇安县5696万元、旬阳市6924万元、神木市15.82亿元、长安区8000万元。一场慈善大会的募集额度，比该市县区慈善协会成立二十年来募集的总量还多。目前，还有二十多个市县区的慈善大会正在积极筹备。

市县区召开慈善大会的作用主要有五点。一是慈善公益生态环境得到很大提升，党委、政府印发红头文件，建立推动机制，把慈善事业摆在了重要位置，提到一个新高度。二是慈善文化理念的大传播，激发了社会慈善热情与活力。三是社会爱心的大汇聚，为促进共同富裕汇聚了慈善资源。四是第三次分配的社会大实践，为经济成功人士搭建了奉献爱心的平台。五是构建了社会力量参与乡村振兴的大格局。实践证明，召开慈善大会是党委、政府动员社会力量践行第三次分配、促进共同富裕的有力抓手，对于改善一个地方慈善公益生态，推动慈善事业高质量发展具有里程碑意义。

我们可以看到各慈善会在慈善活动中募集善款的能力比过去有了很大提升。有的县区慈善会一年募集总额达到数百万元，甚至突破1000万元；而通过慈善大会平台，更达到七八千万元甚至上亿元、十几亿元，这是十分令人振奋的。尽管募集工作难度较大，但是慈善工作者群策群力，团结一心，想方设法，任劳任怨。由于慈善会较强的公信力，吸引了企业、富人和社会公众踊跃捐款。基层慈善会的募集渠道主要是企业、社会组织、富人、社会公众捐款，以及港澳台同胞、海外侨胞及国际友人团体捐赠。一个新的变化是，基层慈善会以企业、富人捐赠为主，同时广大民众捐款的积极性比过去有了很大提高，在更大范围内吸纳社会慈善资源，使得慈善组织募集资金来源不仅依靠国有企业和民营企业，而且呈现出国有企业、民营企业、富人、名人、社会公众与境外、海外慈善机构陆续捐款百花齐放的大好局面。

3. 立足大慈善格局，大力扶持重点项目

陕西省慈善协会秉持"全省慈善一盘棋"的系统理念，有序统筹各市、县（区、市）慈善协会在当地党委、政府的正确指导下开展各项工作。在各级党委、政府、人大、政协的大力支持下，在各部门均建立慈善联络点、在基层建立慈善工作站，把慈善根系延伸到各个部门及社会最基层的村（社）等组织，形成了慈善工作网络化全覆盖，为开展慈善工作提供了组织保障。在省内各级慈善协会的有力推动下，各市、县（区、市）慈善组织体系逐步健全，形成了大慈善工作格局，创新并拓宽了慈善募集渠道和方法，创新了募集平台和形式，丰富、整合了慈善资源。陕西各市、县（区、市）慈善协会始终争取当地党委、政府的领导和大力支持，工作具有显著的创新性，底子清，工作实，能够发挥自身的优势，创造性地开展慈善募集工作，采取重点项目推进的专业化形式，设计符合当地实际的慈善项目精准化服务，如运作的慈善幸福家园项目、慈安便民桥项目、关爱儿童项目、大病救助项目、助医、助残、扶贫济困等项目，主动、积极下功夫争取爱心企业、爱心人士捐赠善款、善物。各慈善机构均做了周密部署、安排，以重点项目为引领，狠抓业务培训，广开慈善门路，拓宽资源渠道，抓好常态化募集工作，丰富项目化救助形式，最大限度地救助弱势人群，探索项目宣传、募集、救助的新途径，努力在争取政府购买服务的同时，引入中华慈善总会等大型全国性慈善组织的项目资金等，积极开展慈善募集，不断发挥并扩展慈善组织的职能优势，形成了区域内量力而行、区域外努力争取，既要开发资源，还要保护资源的慈善募集做法与特点。

我国经济不断发展，人民生活水平有较大幅度提高。人们的道德观、价值观尤其是新的慈善观逐步建立，公众对慈善募捐活动参与度大大提高。慈善组织的财务比过去更加公开透明，增强了捐款者对慈善组织的信任感，提升了公众参与慈善募捐的积极性。当前慈善会募集资金的方式多种多样，不仅有号召行政单位、企事业单位及个人捐款捐物的形式，还出现慈善信托、义卖、义演和街头募捐等多种募捐方式，特别是网络募捐呈现井喷状态，线上募捐已经与线下募捐并驾齐驱，甚至大有后来者居上的势头。这是令人感到欣喜的大好局面，对慈善工作者是一个很大的鼓励。

（二）陕西慈善募集工作的主要经验

1. 党政领导及职能部门大力支持

陕西各级慈善协会在开展募集捐款工作时，都取得了当地党委、政府及其职能部门的大力支持，畅通募捐工作机制和建立社会支持体系，这是陕西慈善募捐工作的重要经验。

陕西各级慈善协会和公益组织在成立之初，就与当地党委、政府及其主管部门进行沟通联系，以期获得党委、政府及其主管部门的支持和帮助，在良好的体制、机制下，由党委、政府职能部门出台支持慈善事业发展的相关政策和文件，在社会治理层面强调慈善事业的重要性的同时，进一步提出相关要求，并建立了立体工作机制和全覆盖慈善网络，打造慈善组织和党委、政府部门合作的工作格局。在党政推动下，全面动员，重点发动，借助各种工具媒体推介慈善公益项目，精准帮扶，提高项目的知晓率和影响力。同时，各地党委、政府部门领导同志也发挥先锋模范带头作用，通过宣传动员及当地主要领导干部、模范党员、先进个人带头捐款捐物、动员群众等方式宣传慈善公益的价值和意义，激发广大人民群众内心深处的善端，启发人们对弱势群体的同情，对慈善工作的参与和支持，让全社会家喻户晓，进而激发人们的爱心和真实情怀，引领激励广大群众慷慨解囊，推动慈善事业的发展。如"党委领导，政府推动，民间运作，社会组织参与，各方协作"的工作机制，就是陕西省慈善协会募捐工作的重要经验。值得一提的是，咸阳淳化由党委、政府主持召开的全县慈善大会，动员发动爱心企业、爱心人士，现场捐赠善款善物价值 **4485.18 万元**。之后，韩城、商洛镇安、安康旬阳也相继由当地党委、政府主持召开了慈善大会，现场捐款捐物，效果甚佳，陕西慈善工作以慈善大会为抓手，慈善募集工作出现了井喷式增长，开创了陕西慈善事业发展新格局。据了解有的县（区、市）已经募集到 2 亿元以上，目前在陕西呈现出一个由"党政搭台，慈善唱戏"、助力慈善募集、帮扶弱势人群、助力乡村振兴、践行第三次分配，促进共同富裕的新气象。此外，政府部门还对《慈善法》等相关法律、法规的贯彻落实情况进行了督导检查，为慈善募集工作开展提供必要的法律支持和法律援助。

2. 募集方式不断创新

在慈善募集活动得到党委、政府部门大力支持的基础上，慈善组织因时而行，积极响应党委和政府号召，充分利用相关政策，在募捐善款善物活动中，有条件地选择那些适应社会需求的募捐方式，运用现代慈善募集的新方法和新手段，大力宣传动员，提升慈善募集工作的广泛性和参与度。

一方面，慈善组织在募捐善款善物的方式选择上，结合各地实际，做好线上募集和线下募集相结合，有组织、有目的地加强人员培训工作，使一大批熟悉业务的专业人员有较强的能力进行网上募捐操作，利用网络、手机等传媒工具，进行宣传动员和开展募集，效果非常显著，现已走向常态化善款募集。2021年，陕西省慈善协会募集善款善物达到 8.64 亿元，其中线上众筹募集善款 4.42 亿元，名列全国第三名，进入全国第一方阵，线上募集已占到募集总量的 40% 以上，线下采用冠名、微型基金、定向捐助项目等方式进行募集，救助困难弱势群众。另一方面，在募集主体作用发挥上，坚持抓典型、树榜样。发动企事业单位、爱心人士、网红、社会组织、民间组织等主体，争取政府购买服务、中华慈善总会的项目资金等，形成较大的合力，引领慈善事业发展，纵向积极和各省、市等慈善组织联系，横向与本地爱心人士、社会组织等联合，充分发挥互联网优势，推进传统慈善向现代慈善发展。

3. 募集团队的专业素养

实现募集工作的创新，不仅要有创新的理论和方法，还要有具体实践行动，这个过程就体现了慈善募捐团队的重要作用。陕西各级慈善组织都非常重视慈善人才的培养，尽力实现慈善从业人员的职业化、专业化和规范化，着力打造高素质、高水平、高效率的慈善募集工作者队伍，有组织、有计划地开展专业化培训，不断提高慈善募集人才专业化水平，并制定相关政策、措施，稳定高质量的现代慈善募集工作者队伍。陕西各级慈善协会的募集团队，坚持公益至上、扶贫济困的宗旨，以爱心为动力，以募捐为手段，以助困、助老、助残、助学、助医和精准扶贫为工作重点。笔者在调研中发现，各级慈善会都制定了发展规划，悉心了解社会公众的捐赠认知、捐赠动机、社会人士的心态等因素，研究如何主动出击以激发捐赠的积极性，如何争取政府购买服务等问题。一方面项目团队人员分工合作、责任到人、重点督办；另一方面制定激励政策、制度并严格实施，最大限度地调动各方积极性，保证募集工作落实到位。募捐团队成员有爱心、有情怀，对于慈善事业有无限热情，具有前瞻性和开拓精神。

还有一个突出特点，就是各级慈善会会长具有超强人格魅力和大爱情怀，团结慈善协会一班人，积极寻求慈善资源，主动上门，找善贤，结善缘，一心扑在慈善事业上，埋头苦干，工作上有章法、有创意，思路明确，富有责任感和使命感，既挖掘资源也保护资源，问题出现时反应迅速、处理及时，同时带动一批批会员和志愿者参与其中，尽心尽力做慈善，抓住慈善工作的基础和难点，聚焦重点，整合资源，破解慈善瓶颈，善于开辟慈善新路，不断推动慈善募集工作，传播温暖和正能量。

总之，陕西的慈善募集工作得到了各级党委、政府部门的大力支持，同时不断进行募集方式的创新，并由认真负责的慈善募集团队加以运用和实践，环环相扣，将慈善募集工作开展到位，实现募集效能最大化。

（三）新时代慈善募集工作的发展路径

1. 政社合作：形成慈善募集的共同目标

促进慈善事业发展需要加强政社合作，构建新型的政社关系。一方面，政社双方合作的基础是满足人民尤其是困难群众的现实需求，无论政府还是慈善组织，其开展社会活动的出发点，都是民生需求。因此，政府和慈善组织在慈善募集工作对象和方式选择上具有一致性。在此基础上的合作，能够做到资源共享、优势互补，更高效地为慈善事业提供保障。另一方面，政社双方在职能作用的发挥上各自都有明确定位。政府在此过程中起到支持、引导和监督管理的作用而不是管制，允许慈善组织在合法范围内发挥自主权、开展募集工作；慈善组织应当自觉遵守行业规范，在政策引导下开展工作，承担起社会责任，提供满足人民群众需求的服务。

2. 项目优化：实现项目开展的同频共振

为了提高慈善组织运行效率，减少不必要的开支，最大程度节约成本并改善活动开展效果，应当实现同类型项目的协调化、合作化。比如，陕西省慈善协会在全省实施的作为慈善事业强基固本、助力乡村振兴、践行社会主义核心价值观的一号项目"慈善幸福家园"建设,要把慈善的根系延伸到最基层的村(社)组织,就可以和之前建立的"慈善老年大学"项目的教育教学融合在一起,实现慈善老年大学与慈善幸福家园相互促进、共同发展,慈善老年大学开展的各类活动可以与慈善幸福家园相结合,实现资源互通和人员流通,积极组织各类活动来丰富老年人的精神文化生活。

3. 文化赋能:凝聚慈善募集的广泛力量

弘扬慈善文化,做好募集宣传,依托新时代新媒体矩阵,凝聚起社会慈善力量。首先,要做好对党和政府制度和政策、国家法律和法规的宣传与介绍,让慈善工作者和慈善志愿者有全面、深入和准确的理解,让社会各界有基本、简要或初步的认识。其次,要做好对慈善文化、慈善理论和业务知识的宣传与介绍,宣传慈善文化、慈善理论,营造浓厚的慈善社会氛围。再次,要做好对慈善募集等其他慈善实务工作的宣传与介绍,做好慈善动员和推广,扩大慈善组织的社会影响力。最后,要做好对各级各类慈善组织的宣传、对慈善志愿者的宣传、对爱心企业家和爱心人士的宣传、对社会各界参与慈善事业的宣传。弘扬慈善文化,做好宣传工作是慈善会工作不断推进的重要保障,也是营造浓厚慈善氛围的重要途径。

二、善款募集与项目策划

慈善会的工作林林总总,涉及社会生活的方方面面。但在基层慈善会具体工作中,有两方面的工作应当是重中之重。一是善款募集,二是项目策划与运作。这两个方面的工作其实是紧密联系的,甚至有时是合二为一的。慈善会募集善款的主要目的是项目策划与运作,而项目策划则是善款募集的重要一环和前提动因。持续稳定获得善款捐赠,是慈善会得以正常运行的基础和保障,也是实现项目运作的根本条件和必要基础。没有经常性善款的支持,日常工作运转和项目运作都必然出现困难,甚至导致整个慈善会工作都无法继续下去。然而,当前一些地方的善款资源相对有限、慈善机构之间对资源存在竞争,导致慈善会善款募集出现两极化趋势。有的慈善会每年可以获得数以亿计的善款捐赠，并出现连年迅速增长的态势；有的慈善会则相形见绌，仅有数十万至数百万善款的捐赠入账，长期处于善款短缺、捉襟见肘的状态。这种状况也使得慈善会整体工作举步维艰。

就我们调研的情况看，慈善会的募集工作，主要渠道有如下几个。其一是常态化募集工作获取的善款，一般情况下呈稳步增长态势，幅度或大或小。如果经济形势向好，常态化募集的善款额度就可能不断增长。常态化募集是慈善会所有募集工作中最稳定的渠道之一，无论发生任何情况，都不能放松对这个渠道的疏通和维护。其二是以项目号召和吸引善款的捐赠。有些比较好的项目，可以获得捐赠者的支持，他们愿意在这些项目上投入资金。例如，有的企业家就要求给家乡的幸福家园项目建设捐赠善款，以奉献自己对故乡的一片真情和爱心；有的企业家也愿意为家乡的道路修建工程捐款，希望家乡修好路，从而快速致富。其三是有些企业家或主动捐款，额度一般比较大，有的有具体捐赠目标，如捐资助学、帮扶贫困家庭大学生等。有的企业家曾经从军，对战友们十分牵挂，专门捐赠善款，帮扶和救助生活困难的退役军人、伤残军人，尤其是老革命军人。也有的企业家修建慈安桥，解决山区群众出行难的问题而捐赠善款等。其四是网络募捐获得善款。每年的"9.5慈善日"和"9.9腾讯公益日"，各地慈善会广泛开展动员和组织募捐活动，吸引了大量网民奉献爱心，捐赠的善款额度逐年攀升，仅陕西省慈善协会就已经连续三年突破亿元大关，甚至超过了数亿元。网络募集的渠道不可小觑。其五是其他特殊情况的捐款，这个部分一般不够稳定，但也属于慈善募集工作的一个组成部分。我们看到有些市县区无论哪个渠道的募集，近几年来都取得了令人振奋的成绩，但有的市县区慈善会募集到的善款额度升幅不大，需要认真总结，加以改进。

何以出现如此两极分化的局面？我们认为，其原因主要有如下几点：

一是某些地方经济相对落后，企业效益不佳，难以支撑其对公益慈善事业的参与愿望。尤其是某些山区县域经济发展长期处于滞后状态，盈利企业不多，有些中小企业还需要政府减税、免税等政策支持。当地的居民生活普遍不够富裕，愿意捐赠善款的人数不多，捐款的额度相对较小。

二是慈善会的募集工作还有进一步深入拓展的空间，对地方上潜在捐赠善款的企业和爱心人士等具体情况，还缺乏准确和全面的了解。这就要求慈善会的同仁们做耐心细致的调研工作，对有可能成为慈善会善款捐赠潜在资源的企业和爱心人士，也包括当地的广大民众，进行广泛而切合实际的宣传动员。

三是慈善会可以用项目引领善款募集工作的开展。这就需要在项目的策划和创意上狠下功夫。当然，好的项目是从实践中来的，而不是坐在办公室里拍脑袋想出来的。要进行深入细致的调查研究，还要有很好的创意与策划能力，有思路，有点子，有设想。一个好的项目一定可以带动地方善款捐赠的势头，唤醒企业和爱心人士的社会责任，让广大民众意识到对他人的救助不仅是在行善积德，而且是为了自己在需要帮助的时候，也有他人为自己提供帮助。

慈善工作的基本形式是项目运作，善款的募集也是为了运作有价值、有意义的项目。传统慈善那种把募集来的现金或者善主个人捐赠的善款直接交到需要帮扶和救助的人们手中的做法，已经不是现代慈善工作的主要方式。慈善项目的设计，应当考虑到在帮扶受助者生活中的可持续性，用救助款实现造血功能，从而彻底改善自己的生活。例如，对于贫困家庭大学生的资助，应该采取项目运作的方式，而不是直接把现金发到他们的手里。这样通过项目运作方式，可以让受到资助的人们切实感受到人间的温暖与大爱，让他们始终保持对社会的一颗感恩之心；可以使许多人行动起来，参与帮扶和救助他人的慈善活动，成为社会爱心的传递者，而不是仅仅享受社会的关爱和救助，却不为社会和其他困难群众付出基本的回报。这样的项目运作有一个很大的益处，就是一旦人们走上社会，也会毫不犹豫捐出善款帮助他人。通过实施帮扶贫困家庭的项目，达到多个目的，或实现多重社会效益，使帮扶和救助困难群众的社会氛围更加浓厚。

在慈善会开展的全部救助和帮扶活动中，除那些完全丧失劳动能力，必须由慈善会给付现金和物资，才能维持基本生活的人员以外，一般不应当以现金交付的方式完成慈善活动。因此，慈善项目的策划与创意就显得至关重要。事实上，一个好的慈善项目，完全可以吸引大众的注意力，动员社会力量参与慈善，让人们积极主动地参与其中，捐款捐物，奉献爱心。一个成熟的慈善项目，缺乏的往往不是资金支持，而是将受助者与助人者的需求相统一。我们看到，每年的"9.5中华慈善日"和"腾讯9.9公益日"，各地慈善会都要开展善款募集活动，绝大部分项目都是收获满满。但客观地说，并非每个项目的募集都可以取得很好的成效。

有些项目在设计的时候比较平庸，有的项目是老旧项目，没有新意的项目，就会使人们失去兴趣，募集到的善款也就寥寥无几；有的项目很接地气，不仅有十分重要的社会意义，而且文本也设计得好，能抓住捐款者的心，使他们面对这样的项目时爱心萌发，很快就可以捐出善款，表达自己的一份心意。

基层慈善会的日常项目运作，一是承接上级慈善会安排的品牌慈善项目。例如，陕西省慈善协会常年坚持运作的"慈安桥""幸福家园""关爱儿童之家""慈善老年大学""救急难""三大节慰问""退役军人关爱""慈善健康扶贫""爱心惠民""帮扶农民工"等项目。但是在承接这些项目后，也要在具体活动的创意、设计中，既实事求是，灵活多样，又选择打动人心的切入点。有些网上募集的项目也要做到接地气，聚焦网民普遍关注的社会现象，这些项目在网络募集中就吸引了很多人的关注，也会获得较好的募集效益。我们建议基层慈善会的领导和慈善同仁，能够经常性地开动脑筋，策划有价值的慈善募集项目，而且对省市慈善会安排的品牌项目的运作，也有独特的创意，并应用到项目运作之中。只有做好善款募集和项目运作，才能推动慈善会整体工作不断进步。

三、加快网络慈善发展

随着经济发展、社会文明和科技进步程度的不断提升，移动互联网对社会生活各个领域所造成的巨大冲击，早已经是势不可当了。互联网与各行各业紧密结合，即所谓"互联网+"，可以在短期内创造一个又一个令人难以置信的业界奇迹。有位企业老总说，如果没有互联网，我们这个企业集团很可能已经破产了。但是，我们通过网络销售的产品与去年相比实现了翻番。

其实，与经济社会的现代化发展同步，我国慈善事业也进入新的历史阶段。慈善会利用网络这个万物互联互通的巨大平台和网络，创建了"网络慈善"的新模式或新业态，弥补了传统慈善在传递速度、传播广度、发展形态等方面的不足，加快了传统慈善的转型和现代慈善事业的创新发展，使慈善由部分有能力者或称之为社会精英所主导的社会事业和社会行为，发展为人人皆可参与的全民慈善，无论男女老少、城镇乡村、各行各业，在互联网的时代背景下，都可以成为慈善的参与者或受助者；其传播速度和范围更加广泛且不受时空限制，也为慈善公益事业增加了公开透明、互动分享、便捷新颖等崭新元素，让人们耳目一新，兴趣盎然。

这些年来，移动互联网的迅猛发展，让慈善的深层理念、结构体系、运作模式及参与方式等，也发生了空前的深刻变化，这个变化是革命性的、划时代的。我们建议，慈善会要通过各种有效途径，大力推广网络慈善的基本知识和操作技能，号召社会各界通过网络参与慈善活动，使广大民众的爱心善意得以彰显，善款善物得以汇聚，让慈善讯息传递到网络所及的每个角落，让慈善公益成为每位网民的自觉行动，成为时代新风尚的重要内容。

毫无疑问，慈善事业借助网络的传播力而快速发展，引发更多爱心人士加入网络慈善，促使更多网络运营机构为网络慈善事业发展营造良好舆论氛围和爱心平台，也必将在全社会激发更多崇德向善之心与乐善好施之行，让爱的光芒映照我们的社会，照亮人类前行的道路。可以看到，现代慈善事业在互联网技术的推动下，已经不可避免地发生了巨大的变革，并将继续推动慈善新业态的不断形成与发展。可以肯定地说，网络慈善不仅仅是技术手段的创新，更是慈善理念的进步，是人们表达爱心善意的广阔平台。

自古以来，人们的慈心善举已经在自己身边的亲朋好友、邻里乡党和更广泛的人群里产生了深刻影响。例如，除家人以外，人们都会善待朋友、同学和同事，关照邻居街坊、亲戚熟人，但这种爱受限于血缘、姻缘、地域和人际关系的亲疏远近，毕竟受到慈善理念和时空的局限。近年来，互联网在我国获得迅速发展，但在最初阶段，人们还无法预见互联网会催生如此巨大的社会风潮，特别是在移动支付和慈善公益领域。例如，数百万人捐款捐物，共同参与推动某个慈善项目的活动，使其成为一项巨大的社会事业。这样的事例可以说是屡见不鲜，不胜枚举。

"网络慈善"，顾名思义，就是借助网络平台，以快速、便捷、裂变式的环境为依托，及时有效地帮助困难人群，同时也给公众奉献爱心和发挥作用的机会。过去说，一传十、十传百，现在可以说一传万、十万、百万都不止。网络慈善的出现，让慈善出现在每个人的身边，大大降低了慈善的参与门槛，也可以看到"水滴石穿""聚沙成塔"等社会景观的震撼。事实上，我们在现实慈善活动中经常看到，难以计数的爱心人士踊跃捐赠善款，这些或多或少的款项汇聚起来，经过慈善会的精心设计，用于困难群众的救助和帮扶，就会有千千万万鲜活的生命被及时挽救，有千千万万处于困境的家庭解除衣食之忧，有千万里崎岖不平的道路变为通途，有千千万万无助的老人、儿童和残障者得到帮扶。网络是一个双向乃至多向的传递、交流平台。"网络慈善"还可以使更多需要帮助的人们，通过网络平台发布求助信息，使爱心人士更快地了解事件真实情况并参与其中。这已经不仅是为了钱款的汇聚，而是人类真情大爱的集中表现和高度融合。

在网络慈善蓬勃发展的今天，我们欣喜地看到，慈善更多地步入人们的日常生活中，"大慈善"和"微慈善"的新时代已然到来。网络传播打破了信息壁垒，过去人们难以获知的许多资讯，已不再受到时空的隔离，而瞬间就会变成现代人在工作、生活、娱乐中的必需品或娱乐品，为人们的社会生活提供了极大便利，也为人们提供了精神消费的产品。

人类的慈善事业是基于爱、正义、美好的愿望而发动的。在信息时代，每个人都可以很快学会使用智能手机、网络的基本知识和操作技能，让互联网把无数人的慈心善举汇聚成爱的海洋，滋润困难群众的心田，浇灌慈善事业的土壤。如今，随着移动互联网信息化进一步加快，以及大数据、云计算、区块链、5G 技术的使用，各类智能手机或平板电脑等移动互联网终端，为网络慈善捐助提供了新的渠道和工具。网络慈善的新业态将进一步成熟。

互联网技术促进了慈善事业的进一步社会化，逐步实现社会力量主动参与慈善的全民行动，互联网慈善平台也成为全体网民汇聚与释放爱心的所在。在这种状态下，数亿网民的爱心善意通过网络慈善平台，源源不断地汇聚在一起，这种力量是极其巨大的，也必将使现代慈善事业发生更加深刻的变革。

互联网给慈善提供了全新渠道和平台，人们在了解了慈善公益项目的真实情况以后产生捐款捐物的愿望，也不必亲自到实体金融机构去办理捐款手续，完全可以通过一部手机，在线实现微信支付、支付宝支付等移动支付。慈善会可以在网络平台发布慈善项目、资金筹集额度和具体用途等，并及时收取善款、公布账目，所有环节公开透明、有据可查、令人一目了然。通过移动支付、社会劝募和多向互动，极大地唤起社会公众关心、支持和参与慈善活动的积极性，网络慈善将进一步把慈善事业带入一个新的时代。

我们建议，基层慈善会要重视网络慈善这项新的工作，并立即行动起来，认真学习相关计算机和网络知识，掌握一种或几种具体的网络技术，参与"互联网+"慈善活动，推动慈善会工作再上新台阶。

四、推动慈善信托实务

自从《慈善法》颁布后，慈善信托作为一种慈善事业的新业态，呈现出井喷式的发展态势，对于促进慈善事业的创新发展具有重要意义。那么究竟什么是慈善信托？慈善信托的参与主体都有哪些？慈善信托的种类和运作模式又是怎么样的？这都是我们这节需要探讨的问题。

（一）关于慈善信托的相关概念

第一，慈善信托的定义。根据《慈善法》第五章第四十四条规定："本法所称慈善信托属于公益信托，是指委托人基于慈善目的，依法将其财产委托给受托人，由受托人按照委托人意愿以受托人名义进行管理和处分，开展慈善活动的行为。"这里我们可以清楚地看到慈善信托定义的三个要素：慈善目的、进行委托和开展慈善活动。一是慈善目的。根据《慈善信托管理办法》第二章第七条规定："设立慈善信托，必须有合法的慈善信托目的。以开展下列慈善活动为目的而设立的信托，属于慈善信托：（一）扶贫、济困；（二）扶老、救孤、恤病、助残、优抚；（三）救助自然灾害、事故灾难和公共卫生事件等突发事件造成的损害；（四）促进教育、科学、文化、卫生、体育等事业的发展；（五）防治污染和其他公害，保护和改善生态环境；（六）符合《慈善法》规定的其他公益活动。"我们可以看到，在《慈善法》颁布以前，由于对慈善活动的认识和行为存在的偏差，一定程度上大家关于慈善活动或者慈善目的的定义可以说是各执己见。但是《慈善法》颁布以后，慈善活动或者慈善目的便有了法律上的定义，而慈善信托管理办法中关于慈善信托的目的就完全采用了《慈善法》中的定义，这让慈善信托与慈善事业在法理上和实践上都具有了一致性。只有基于上述目的所设立的信托，才能被认定为是慈善信托。二是进行委托。委托人作为慈善信托参与主体的重要构成,只有当受托人实施了委托行为以后,慈善信托最关键的互动主体才正式形成,因此只有委托人进行了委托,慈善信托才能够正式设立,受托人才能基于委托文件约定的内容,名正言顺地开展相关活动。三是开展慈善活动。慈善信托最核心的内容就是从慈善目的出发而开展的慈善活动。如果慈善信托设立的出发点不是慈善目的,那么该信托便不能被称为慈善信托,如果慈善信托设立并没有完成委托过程,那么该信托也不能被称为慈善信托。更重要的是,如果完成了上述两点要求,而慈善信托的设立并没有开展相应的慈善活动,那么该信托仍然不能被称为慈善信托。慈善信托最重要的内容之一,就是在委托人的委托下,由受托人根据相关的法律、政策和文件开展慈善活动,所以慈善活动是慈善信托的最终落脚点,只有通过开展慈善活动,提高了信托对象(受益人)的福利水平,让受益对象获得了最终的成长和发展,该信托才能被称为慈善信托。

第二,慈善信托的参与主体。了解了慈善信托的基本定义和构成要素以后,我们来简单认识一下慈善信托的参与主体。根据慈善信托的设立和执行过程,我们可以将慈善信托的参与主体归纳为:委托人、受托人、受益人和监察人。

根据《慈善信托管理办法》第二章第八条规定:"慈善信托的委托人应当是具有完全民事行为能力的自然人、法人或者依法成立的其他组织。"由此可知,凡是具有完全民事行为能力的自然人、法人或者依法成立的其他组织都可以成为慈善信托行为中的委托人,委托人是慈善信托行为的发出者,是慈善信托的缘起,也是慈善信托中最重要的主体,而与委托人相对应的便是受托人。《慈善信托管理办法》第九条规定:"慈善信托的受托人可以由委托人确定其信赖的慈善组织或者信托公司担任。"中国自古以来便有"受人之托,忠人之事"的说法,受托人是慈善信托行为的承接者,是慈善信托中起主要作用和桥梁作用的参与主体。与委托人最大的不同之处在于,受托人只能够是慈善组织或者信托公司中的一方,或者双方同时接受委托,成为共同受托人。在这里需要注意的是,自然人是无法成为受托人的。在委托人与受托人之外,接下来便是慈善信托行为的接受者,即慈善信托文件中选定的受益人。关于慈善信托受益人的含义,《慈善法》和《慈善信托管理办法》中都没有给出明确的界定,结合实践层面的认知,我们在这里参考委托人的定义进行理解，即"慈善信托的受益人可以是自然人、法人或依法成立的其他组织，并在法理上具有不特定性。"关于受益人的不特定性有两个衡量标准，一是慈善信托的目的必须具有公益属性，不能是为实现个人的私人利益而设立的信托。这要求慈善信托必须是以公益目的作为出发点，不能因为其他自然人、法人或依法成立的其他组织的私人利益的满足而成立。二是受益人与委托人不能存在私人利益上的关系。《慈善信托管理办法》第十条规定："慈善信托的委托人不得指定或者变相指定与委托人或受托人具有利害关系的人作为受益人。"因为如果受益人与委托人或受托人具有利害关系，那么慈善信托的公益性则会被打破，该信托则会成为满足相关利害关系人的私人利益的手段，与慈善信托的公益性和价值中立的要求相悖。正因为慈善信托对其各个主体有着严格的要求，因此慈善信托中的监察人角色是举足轻重的。《慈善信托管理办法》第十一条规定："慈善信托的委托人根据需要，可以确定监察人。监察人对受托人的行为进行监督，依法维护委托人和受益人的权益。监察人发现受托人违反信托义务或者难以履行职责的，应当向委托人报告，并有权以自己的名义向人民法院提起诉讼。"监察人是监督受托人履行慈善信托设立文件中相关要求，保障受益人利益的重要角色，可以说是保证慈善信托可持续发展的关键环节。慈善信托的委托人可以根据自身需求选择性地设立监察人，在实践层面我们可以发现大多数监察人由个人、律师事务所、政府相关部门担任。

第三，慈善信托的种类和基本模式。慈善信托的可以根据慈善目的、财产类型、委托人数量、是否动用本金、是否有特定的目标等多个标准进行分类，在我们的研究中，为保持前后的一致性，选择以《慈善法》中认定的慈善活动对慈善信托进行分类，即以下六大类："（一）扶贫、济困；（二）扶老、救孤、恤病、助残、优抚；（三）救助自然灾害、事故灾难和公共卫生事件等突发事件造成的损害；（四）促进教育、科学、文化、卫生、体育等事业的发展；（五）防治污染和其他公害，保护和改善生态环境；（六）符合《慈善法》规定的其他公益活动"。慈善信托的主要模式有两种，分别是单独受托模式和共同受托模式，单独受托模式可以由慈善组织或者信托公司的一方作为受托人，而共同受托模式则可以选择慈善组织和信托公司共同作为受托人。两种不同的信托模式各有优点，也存在不足。在单独信托模式下,通过查阅慈善中国(民政一体化政务服务平台)的慈善信托备案信息我们可以发现,在单独信托模式的备案信息中,信托公司作为受托人的比例是高于慈善组织的,这可能是由信托公司的专业性所造成的,但是慈善信托的公益特点决定慈善组织是慈善信托发展过程中绕不开的关键环节,因此共同受托模式慢慢成为委托人的选择。在共同受托模式下,信托公司与慈善组织相互协作,既能实现专业分工不越位,发挥二者的优点让专业的人干专业的事,又能够保证慈善目的不走偏,让受益人的利益最大化,得到实实在在的帮助。

(二)慈善信托设立与备案

了解了慈善信托的相关概念和基本内容后,接下来我们继续探讨慈善信托的设立和备案等相关环节的内容。

首先,是慈善信托的设立环节。慈善信托设立的第一步是选择信托目标,确定信托财产。根据《慈善信托管理办法》第十二条规定:"设立慈善信托,必须有确定的信托财产,并且该信托财产必须是委托人合法所有的财产。前款所称财产包括合法的财产权利。"所以当委托人确定了慈善信托的设立目标,并准备好保障此目标所需要的信托财产之后,慈善信托才能继续进行。慈善信托设立的第二步是确定信托主体要素。《慈善信托管理办法》第十三条要求:"设立慈善信托、确定受托人和监察人,应当采取书面形式。书面形式包括信托合同、遗嘱或者法律、行政法规规定的其他书面文件等。"此条要求的书面形式的慈善信托文件,应当载明下列事项,包括:"(一)慈善信托名称;(二)慈善信托目的;(三)委托人、受托人的姓名或者名称、住所,如设置监察人,监察人的姓名或者名称、住所;(四)受益人范围及选定的程序和方法;(五)信托财产的范围、种类、状况和管理方法;(六)年度慈善支出的比例或数额;(七)信息披露的内容和方式;(八)受益人取得信托利益的形式和方法;(九)信托报酬收取标准和方法。除前款所列事项外,可以载明信托期限、新受托人的选任方式、信托终止事由、争议解决方式等事项。"

其次,完成并签订了慈善信托文件以后,按照《慈善法》要求,"受托人应当在慈善信托文件签订之日起七日内,将相关文件向受托人所在地县级以上人民政府民政部门备案"。那么如何进行备案呢，根据《慈善信托管理办法》第十八条："慈善信托的受托人向民政部门申请备案时，应当提交以下书面材料：（一）备案申请书；（二）委托人身份证明（复印件）和关于信托财产合法性的声明；（三）担任受托人的信托公司的金融许可证或慈善组织准予登记或予以认定的证明材料（复印件）；（四）信托文件；（五）开立慈善信托专用资金账户证明、商业银行资金保管协议，非资金信托除外；（六）信托财产交付的证明材料（复印件）；（七）其他材料。以上材料一式四份，由受托人提交履行备案职责的民政部门指定的受理窗口。"

虽然不同地区的慈善信托备案过程可能存在一定的细微差异，但是总体来说主要流程大致相同。

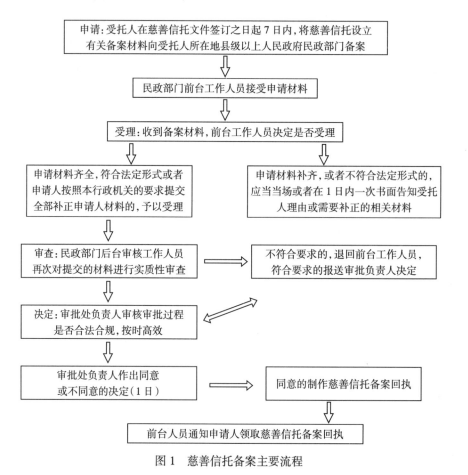

图1 慈善信托备案主要流程

(三）陕西省慈善信托发展现状

《慈善法》颁布以来，陕西省慈善信托快速发展，备案数量大幅上升。从2016年9月1日到2023年7月31日期间，陕西省在全国慈善信息公开平台备案的慈善信托数量达到100项，信托目的涵盖慈善活动的各个领域，备案期限从1年到永续，慈善信托财产规模达到10573.78万元。受托人也从以信托公司为主的单一受托模式逐渐向"信托公司＋慈善组织"的共同受托模式转换。呈现如下特点：

一是陕西省慈善信托的发展速度不断增快，无论是备案数量还是备案规模都大幅增长；二是陕西省慈善信托的发展质量不断提升，在委托执行和资金保障方面都有了显著的改善；三是陕西省慈善信托的社会效益不断增加，在受益人的利益和整体社会福利水平的提升方面都产生了良好的效益。总的来看，慈善信托与传统的慈善捐赠相比，慈善信托更能体现委托人的意愿和倾向，在以专业的形式最大限度保障慈善资产的同时，能够进一步促进社会资源的合理分配和高效应用。因此慈善信托的发展对于推动陕西省慈善事业创新发展具有重要意义。

五、项目运作注意事项

在各行各业的工作中，都有项目运作的具体任务。慈善会的核心工作或基本工作之一，也是对项目的运作。一个慈善会工作做得好与不好，项目效益是主要评价标志。我们考察过部分市县慈善会正在运作的几个慈善项目，总体感觉比较规范和高效。这些项目在社会上产生了较大影响和良好效益。事实上，慈善项目在实际运作中与其他行业某些项目有相同之处，而更多的是相异之处，慈善会不能照搬其他行业的项目运作方式和程序。本节内容基于对实际工作的考察，对慈善项目运作提出一些建议，包括运作的程序、运作中应注意的问题等，供慈善会同仁在实务工作中参考。

首先，什么是慈善项目？慈善项目是慈善会通过创意与策划，制定有明确目标的救助与帮扶困难群众，或开展社会公益活动的相对完整和独立之工作事项。慈善项目的运作比较复杂，但首先离不开款物的支持。通常情况下，慈善会采用线下和线上等具体方式，募集项目实施所需款物，并把款物及人力等资源协调、组织和调动起来，通过项目运作的模式，进行相关环节的安排，并实施单独性（一次完成）或连续性（较长期限）的慈善事项。需要强调的是，在实施慈善项目之前，必须制定包括数量、质量、效益等具体评估指标的短期或中长期目标。

  一个慈善项目在策划、论证与审定等程序完成后，就要进入实施阶段，慈善会相关部门负责人开始实际推进项目运作。一般的程序是，首先召开项目启动会，主管领导亲自进行动员，对项目的重要意义进行说明和具体安排。通过项目启动会，参与项目运作的全体人员，都应当明确慈善项目的基本内容、具体方案或计划步骤、项目运作方式、时间进度、运作过程各个环节的衔接（彼此关联）、项目将要达到的阶段目标和最终目标、项目的社会效益和经济效益等具体情况。在项目运作之前，这些情况必须落实到位、认识清楚。

  其次，对项目组成员的分工要具体、细致、明确，即彼此职责划分要清晰，避免出现责任不明、相互推诿等"三不管"情况，也就是要按项目组统一的责任目标和任务总量，分解全部任务，并一一落实到人；在总任务和总责任分解时，尽可能做到项目组成员的任务与责任大致均衡，并确定相应权责，既有分工、又有合作，互相搭手、互相补台，使每个人在项目运作中都尽可能做到心中有数。这个过程就是要确认该项目究竟是什么、做什么、谁来做、怎样做、做成什么样等五个基础问题；整个项目组在精准确认既定目标和执行方法之后，进入到运作阶段。项目负责人要与项目组每位成员签署任务书，以书面形式保证每位成员对该项目和本人承担的责任都有准确了解。这一步至关重要，不可轻视，不走过场，不是可有可无。一旦发生问题，就要按照责任书的规定进行追责。

  再次，确认项目组成员完成本人承担任务或环节的时间、互相衔接的环节及其顺序，不能在环节变换交接任务时出现差错。项目组成员接到任务后，项目负责人要与每位成员逐个确认各项任务和环节完成的时间，项目运作完成的总时间必须保证不被拖延。在此前的项目规划时，要按项目运行的时间先后、因果衔接或逻辑关系等，确定项目总体运作的程序，尽可能做到环环相扣，无缝衔接，不能出现项目运作中无人负责的真空状态；项目下半程的负责人要盯紧上半程的进度，做好承上启下的准备工作。

接着，在项目运行过程中，按照项目自身相对独立的单元，设置几个单元节点。在每个独立的单元完成后，项目负责人要及时召集所有成员进行盘点或复盘式沟通与交流，对项目进展情况及出现的意外事项，迅速调集人力、财力、物力，解决具体问题，消除可能存在的隐患，保证随后项目运作环节的正常进行。

最后，项目整体完成后，项目负责人应当召集项目组成员，对项目整体运作进行回顾总结，系统复盘项目运作过程并展示项目取得的成果。慈善项目是项目组成员共同努力完成的，每个人都有了解项目运作过程的整体情况和项目取得成果的权利，这有利于项目完成后的效益跟踪、反馈和经验总结。在项目运作过程中，项目进度监督是保证项目有序推进，最终达成目标的重要制度性因素，是比较复杂且有一定难度的工作，需要项目负责人认真对待。

下面再强调一下项目运作中应当重点注意的问题。

其一，慈善项目在开始运作时一般比较艰难，即所谓"万事开头难"。其实，慈善项目的收尾工作也不容易。我们看到有的慈善会运作某个项目时出现"虎头蛇尾"的情况，项目启动时大张旗鼓、声势浩大，最后却把项目做成了"烂尾楼"，使项目不了了之。具体原因可能是这些慈善项目在运作前准备不够充分，比如有可能是项目的设计出现问题，不符合当地的实际；也可能资金不到位，物资支持不充分，人员能力不够；或是在项目运作中出现了一些扯皮之事，项目组成人员之间可能出现矛盾，彼此在项目运作前的那种协同、配合、补台的工作热情，几乎丧失殆尽。我们建议，慈善会在运作项目前和运作过程中，一定要慎之又慎，不能出现此类状况。

此外，项目验收的要求很规范，也很严格，一旦出错，项目组就可能前功尽弃。在这种情况下，项目负责人必须保持对该项目的高度重视，对项目的收尾工作给予强力监督和严格管理。尽管收尾工作本身的技巧和努力很重要，但收尾工作做得如何，其实也是项目组成员一贯工作作风与能力的体现。这是说一个项目的负责人及其工作能力对完成该项目的重要性。

其二，要有完善的专人负责制、严格的运作计划性。慈善项目的运作比较繁杂，每个环节都必须指定专人负责，他们直接对项目总责任人负责。一般应当选择那些在此前其他项目运作中表现出较强能力、作风扎实、善于合作者担任各环节负责人。参加项目运作的人员也应选那些从事项目运作工作时间较长，责任心强，熟悉情况者。项目运作计划，应由项目总负责人根据实际运作情况，结合项目实施方案拟定，经由项目组全体成员讨论后确定，所有人员必须严格执行。为保证计划的执行，建议制定项目运作"定期研判会制度"，定期审查进度，及时发现并解决存在的问题。也可以采取项目推进会的方式，对实施项目的各地方慈善会负责人进行督促和检查。

其三，项目组成员的协同配合要做到无缝衔接，不得彼此推诿、互相扯皮，尽可能互相补台、协同作战。除人员之间的配合外，还要做好款物、技术、文案和现场的配合，所有项目组成员都必须积极、坚决、认真、严格地按项目计划书行事，不得擅自调整。在实际运作中，协同配合的各个方面要积极主动、耐心细致。实际上，只要项目组每个成员都做到恪尽职守、以诚做事、以情动人，就能够使慈善工作实现较好的社会效益。

慈善会运作慈善项目，就是为了救助和帮扶困难群众，以及社会公益事业。这里有一个基本要求，就是要把善事做好，做成困难群众真正需要、迫切需要的好事，正如雪中送炭一般。在社会生活中，有些地方或领域出现了浮夸风气，也有的行业或部门出现了浮躁现象。这些问题客观存在，慈善组织和慈善工作一定要加以警惕，切不可使其侵染了慈善的纯洁。慈善项目有其持续性和阶段性，针对困难群众的不同需要，可以做成长期项目，也可以做成短期项目。但是，无论项目持续的时间长短，都不能虎头蛇尾，而是要善始善终。慈善项目不能只做表面文章，而是要做实，要切实接地气，要有实际成效，要让困难群众满意，要产生应有的社会效益。

六、幸福家园项目

（一）幸福家园项目现状、特征与重大意义

近几年来，陕西省慈善协会紧紧围绕党和国家经济社会发展的中心工作，助力乡村振兴和共同富裕，创建村社（区）慈善幸福家园。围绕乡村振兴总体要求，省会响应省民政厅号召，与中华慈善总会发起的"村社幸福家园互助项目"相结

合，在已开展五年之久的"农村慈善互助会""慈善社区"创建活动基础上，创新设计了"陕西村社慈善幸福家园工程"（以下简称"工程"）。在农村行政村和城镇社区开展以建立一个慈善工作站、募设一支村社互助金、创建一个慈善关爱中心、建立一个慈善公约、组建一支慈善志愿服务队等"五个一"为内容的村社慈善幸福家园创建活动。

这一"工程"从 2020 年 10 月开始在全省 38 个市县区试点，截至目前，全省注册创建村、社区慈善幸福家园 4438 个；线上、线下募集村社慈善互助金 6.1 亿元；幸福家园创办爱心餐厅、老年大学、儿童之家、村民活动中心 4400 多所，直接关爱孤独老人、留守儿童 30 余万名；村社注册慈善志愿者 20 万名。2021 年 10 月以来，省慈善协会先后在榆林市和西安市召开了两场全省"村社慈善幸福家园工程"观摩推进会。总结经验，典型引路，推动这一"工程"实施。中华慈善总会命名我省 60 个试点村社（区）为全国"慈善幸福家园示范村社（区）"。这一"工程"以互联网为驱动，以促进共同富裕为宗旨，以乡情为纽带，突出众筹、互助特征，传播慈善文化，实施慈善项目，巩固脱贫成果，助力乡村振兴。从而在村社（区）打造一个居民参与、社会帮扶、文明自治、互帮互助的新时代幸福家园，成为慈善参与社会治理、助力乡村振兴和共同富裕的有力抓手。下来我们从以下三个方面进行论述。

第一个方面，慈善幸福家园工程建设的核心内容是"五个一"。

建立一个慈善工作站。创建镇、街办、村、社（区）慈善工作站（同时为村社互助金监督管理委员会，以下简称"监管会"），推进慈善组织向基层延伸。镇、街办工作站站长由分管民政工作的领导担任，村社（区）工作站（监管会）由村社（区）"两委会"、监委会、乡贤代表、志愿者队队长、村财务负责人等 5 人组成，慈善工作站站长由村社党支部书记兼任。

募设一支村社慈善互助金。互助金由村社居民和在外创业、工作人员奉献爱心自愿众筹。互助金用于本村社扶贫济困，巩固脱贫成果、慈善助学、助医、助老、助残、助困等方面；加强医疗卫生防控能力建设和抗御自然灾害；维护和改善村社公共设施。

创办一个慈善关爱中心。利用村社"五社联动"机制和现有公共场所，创办慈善老年大学、老年人幸福院、儿童之家等慈善服务机构，实施关爱"一老一小"项目，开展文化娱乐活动，丰富居民文化生活。

建立一个慈善公约。在乡规民约的基础上注入慈善元素，培育友爱互助、孝亲敬老、扶贫济困的慈善精神，倡导乡贤文化，料理村民婚丧嫁娶红白事务，践行社会主义核心价值观，助力村社乡风文明建设。

成立一支志愿服务队。在村社内或联系社会志愿队网上注册成立村社慈善志愿者服务队，在本村社（区）开展慈善义工服务。

在幸福家园建设的"五个一"内容里，建立一个慈善工作站是基础，是"工程"建设的组织保证；众筹村社互助金是关键，是建设幸福家园的物质保障；办好一个关爱中心是核心，是集约慈善服务的阵地和载体；建立一个慈善公约是慈善参与社会治理的具体行动；组建一支志愿者服务队，是"工程"实施的人力资源保障。

第二个方面，慈善"幸福家园"工程建设的体制机制是"六个规范"。

1. 慈善工作站工作规范

（1）制定、实施工作计划。每月召开一次例会，研究解决具体问题。

（2）募集村社互助金。根据实际需求，发起慈善互助金在网上筹款项目，动员热爱家乡在外创业、工作的经济成功人士、干部职工和本村（社区）居民，自愿线上、线下爱心捐赠。

（3）管理村社慈善互助金。民主决策慈善互助金善款的使用；工程建设运行规范。

（4）管理关爱中心。负责慈善关爱中心（老年大学、爱心餐厅、留守儿童照料中心等）的建设运行。

（5）负责爱心超市的建设和运行。

（6）公示资金使用。负责所筹村社慈善互助金使用在网上、线下公开公示，网上所筹资金必须在所筹款的网上进行财务信息披露、结项。

（7）管理慈善志愿服务队活动。

（8）网上展示村容村貌、建设成果。推介销售优势农副产品，增加群众收入；及时在网上发布幸福家园信息，宣传报道工作成果。

（9）总结、报告工作。每年度总结幸福家园创建工作，向镇、县民政部门、慈善组织报告。

2. 村社互助金管理规范

（1）依法募集：本村（社区）慈善工作站作为县区慈善协会的分支机构，以县（区）慈善会的公募资质依法募设村社慈善互助金。

（2）募集方式：村（社区）慈善工作站根据本村（社区）乡村振兴的实际需求，在网上或线下发起筹款项目，发布募集倡议书，采取召开动员会、发微信、短信等方式，倡导本村（社区）居民和在外创业的经济成功人士、干部职工奉献爱心，自愿在网上或线下捐赠，以"乡情"为纽带，共建村（社区）幸福家园。

（3）资金用途：慈善互助金用于本村社扶贫济困、慈善助老、助学、助医、助残，关爱老人、儿童，防疫救灾，改善村社公共设施等，巩固脱贫成果，助力乡村振兴。

（4）资金使用：村社互助金属于慈善资产。所筹善款必须进入县区慈善协会账户，由县区慈善协会根据村社慈善互助金使用申请拨付村（社区）在镇、街办管理的财务对公账户，使用由村（社区）监管会民主决策，超过半数以上投票同意方可使用，具体使用严格按照《村社互助金管理、使用规范》执行。

（5）公开透明：慈善互助金使用必须公开透明。使用后，需在网上、线下向网民和村民公示，网上筹款资金需在网上作财务披露、公示结项（线下募集的慈善互助金也要在"公益宝"网络平台展示）。

3. 慈善关爱中心运行规范

（1）慈善关爱中心按照党政领导、慈善组织实施、社会参与、村（社区）运行、共建共享的原则创办。利用村、社区现有公共场所和公共设施实现村社、社工、村社自治组织、社会组织与慈善资源"五社联动"共建共享。

（2）关爱中心设爱心餐厅、慈善老年大学、老年人幸福院、儿童之家、图书阅览室、健身房、文化文艺活动中心、休闲娱乐室等（根据实际需求和能力选择）。

（3）老年大学主要面向城镇社区有一定文化基础的老年人开办，为老年人提供文化、娱乐服务。根据老年人实际需求和兴趣开设相应的课程，使老年人老有所乐，老有所学。

（4）老年人幸福院（爱心餐厅）是关爱本村（社区）老年人的场所，凡到达一定年龄、生活能够自理，能自觉遵守院规的老年人（具体年龄由村社自定），经本人或赡养人申请，慈善工作站研究同意，均可入院活动，入院老年人承担一定比例的生活费用，老年人入院前，其本人及赡养人（代表）应同幸福院签订协议。

（5）留守儿童之家（日间照料中心）关爱本村（社区）父母在外打工的留守儿童，主要提供双休日、节假日学业辅导、心理疏导、开阔视野、帮助留守儿童健康成长。

（6）村（社区）图书阅览室、休闲娱乐室、文化活动中心、健身房面向全村（社区）居民开放服务。

4. 慈善公约运行规范

爱党爱国、遵纪守法；乐于助人、慈行善举；以诚为本、与人为善、语言文明、礼貌待人；扶贫济困、友爱互助；孝亲敬老、耕读传家；热爱集体、爱护公物；房前屋后环境卫生；睦邻友好，关系和谐；维护社会治安，保护生态环境；不宣扬封建迷信，不参与非法组织和邪教；不吸毒、赌博，不搞宗派活动；不打架斗殴，不酗酒滋事；不诽谤他人，不造谣惑众；喜事简办，丧事从俭；艰苦创业、勤劳致富；共建共享幸福家园践行慈善公约开展下列具体活动：

（1）孝亲敬老：开展大孝子、好媳妇、贤惠公婆评选表彰活动。

（2）爱党爱国：开展道德模范评选表彰活动。

（3）移风易俗：成立的红白理事会，按统一标准帮助村（居）民家庭料理红白事务，喜事简办，丧事从俭。

（4）慈行善举：建立爱心超市，倡导村民学雷锋做好事，参与慈善公益活动，以做好事计积分，用积分到爱心超市换取物资，促进文明乡风建设。

5. 爱心超市建设、运行规范

慈善爱心超市以做好事计积分，用积分换物资，建设文明乡风，助力乡村振兴。

（1）超市创办。利用村公共场所、或村（社区）原有爱心超市创办。也可利用村上交通便利的现有商店、超市、村电商服务站等经营场所创办。

（2）物资来源。爱心超市物资争取爱心企业、爱心人士和社会各界的爱心捐赠；争取包村单位帮扶捐赠；村社集体经济采购；慈善组织捐赠。超市物资以日常生活用品、生产资料物资为主。

（3）积分评定。村（社区）慈善工作站建立爱心积分评定制度，以村（社区）居民扶贫济困，参与公益活动做好事的次数、时长、贡献大小计积分。爱心超市实行积分卡兑换物资的管理模式，超市内物资标注不同分值，村（社区）居民凭积分卡兑换爱心超市物资。

（4）组织管理。慈善爱心超市由村社慈善工作站负责管理，村（社区）志愿服务队具体运行。村（社区）设立爱心超市爱心积分卡管理工作小组，设组长、管理员和监督员各一名，由村干部兼任或村民推荐产生。管理员负责本村爱心超市积分卡的管理、发放、登记和日常记分工作；监督员负责本村爱心超市积分卡积分监管工作，并及时对积分情况予以公开。志愿者要积极参与爱心超市服务工作。

（5）可持续运行。着力提升农村爱心超市的自我发展能力，支持鼓励帮扶单位、工商企业、社会组织、个人积极捐助。建立共同参与、共同建设、共同使用的可持续运行机制。

6. 慈善志愿服务队组建与活动规范

（1）慈善志愿者的基本条件：有爱心、有奉献精神；具有参加志愿服务的身体和能力素质，具有相应的民事行为能力，自愿无偿参加慈善志愿者服务活动；根据自身愿望和条件选择志愿服务项目，经常参加一定时间的义务服务活动。

（2）慈善志愿者队工作任务：志愿选择服务项目，为有困难的弱势群体提供慈善志愿服务，根据村（社区）慈善工作站的安排参与慈善宣传、善款募集、人文关爱、救助项目实施等义务服务。如：扶孤助老，志愿者与孤独老人、残疾人结对服务；扶贫济困，对困难家庭、大病患者上门服务；每月集中开展一次慈善公益志愿服务活动；管理运行爱心超市；救急救难；承担村（社区）突发性、临时性事件等志愿服务。

第三个方面，建设慈善幸福家园的重大意义。

慈善幸福家园工程围绕延伸慈善事业根系、践行第三次分配、开发大众慈善动能、推进乡村乡风文明建设、开展慈善志愿服务五个维度开展，紧密配合党在农村的中心工作，有效助力乡村振兴。

首先，创建村（社区）慈善工作站，把慈善的根系延伸到社会最基层的组织。慈善幸福家园工程的创建，首要工作就是在镇、街道办事处和行政村、城镇社区建立慈善工作站。这就把慈善的根系扎到社会最基层的行政组织，改变以往村、社区慈善组织建设薄弱的状况，建立纵向到底的现代慈善体系。同时，由于工作站长由村（社区）党组织负责人兼任，便于慈善工作在党组织的领导下开展工作，保障村社互助金公平公正使用，有利于慈善事业健康规范运行。

其次，聚焦开发"乡情"慈善资源，践行第三次分配。慈善幸福家园工程募设互助金，倡导村（社区）居民奉献爱心志愿捐赠，开发大众慈善动能。尤其倡导从家乡走出去的经济成功人士、先富起来的人和党政机关、企事业单位干部职工自愿捐赠，以"乡情"为纽带，为家乡建设幸福家园。这就为热爱家乡的人士搭建了回报乡亲的平台，打开了慈善募集的第三扇门，有效地激发了"乡情"慈善活力。

例如，商洛市山阳县漫川关镇南坡村慈善幸福家园网上注册创建后，从村上走出去的民营企业家，为村上捐赠善款近2300万元，其中300万元用于本村村民的农厕改造；1800多万元筹建村上老人幸福院，为村上70岁以上的老人提供免费食宿集中供养；200多万元建设村民文化、娱乐广场。王先生在捐赠仪式上说："我是村上的娃，喝村上的水长大，现在我创业成功了，理应帮助乡亲们共同富裕。"他还把女儿叫到家族祠堂，叮嘱供养村上老年人的善事要一代一代做下去，将此作为家风传承子孙后代。据初步统计，陕西慈善幸福家园所募集的6.1亿元村社互助金中，90%来自热爱家乡的经济成功人士的爱心捐赠。无疑，这是践行第三次分配、乡情慈善资源开发的成果，为陕西的慈善募集打开了"第三扇门"，拓展了慈善募集的新领域。

其三，创办关爱中心，拓展、巩固脱贫成果，助力乡村振兴。面对农村青壮年外出打工，村（社区）里只有空巢老人、留守儿童的状况，村（社区）慈善幸福家园创建活动聚焦关爱"一老一小"，面向村上的空巢老人、留守儿童，创办爱心餐厅、老年大学、关爱儿童中心，集中供养丧失劳动力的老年人，为留守儿童提供生活照料服务和学业辅导，尤其是为生活困难的老人提供免费食宿。

榆林市榆阳区牛家梁镇城大疙堵村的民营企业家赵家兄弟二人投资650万元，

建起了建筑面积1500平方米的老年人幸福院，免费集中供养村上70岁以上的老人。幸福院设有文化娱乐室、图书室、医疗室、监控室，入住老人每人一间房，房内有电视机，生活用品配备齐全，27位70岁以上的老人在这里幸福地生活。富平县宫里镇大樊村老年人幸福院集中供养53位70岁以上的老人，老人们一日三餐，顿顿有食谱，生活很幸福。商洛市商州区杨峪河镇楚山社区慈善幸福家园创办了老年大学、老年人幸福院和留守儿童照料中心，关爱30名老年人和45名留守儿童。

其四，践行慈善公约，参与社会治理，践行社会主义核心价值观。在慈善幸福家园工程建设中，各地坚持将社会救助与社会治理相结合，在每个试点村社都建立了慈善公约，建立爱心超市，设立红白事理事会。把友爱互助、孝亲敬老、帮贫扶困的慈善精神，作为村民互相约束的行为规范而自觉遵守，促进居民自治。目前已创建的村、社（区）慈善幸福家园普遍开展了评选、表彰好媳妇、好儿子、贤惠公婆活动，并按统一标准料理居民家庭红白喜事，移风易俗，促进文明乡风建设。

其五，组建村（社区）志愿服务队，开展慈善义工服务。在慈善幸福家园工程实施中，各村（社区）都组建了志愿服务队，志愿队由党员、干部、村社乡贤、退休干部职工等爱心人士组成，有的还联系社会上的志愿服务队结对服务。志愿服务队主要开展急难救助、扶贫帮困、关爱老人、日间照料儿童等服务活动，为老人幸福院打扫卫生，洗头理发；为留守儿童辅导功课、心理疏导、心灵慰藉；料理村社居民红白喜事，开展慈善义工服务。

总之，慈善幸福家园是陕西省慈善协会近年来实施的主要慈善项目，也是一项较大的慈善工程，在全省各地产生了广泛而深远的影响，各级党委和政府对该项目十分重视，各级慈善会积极推进项目建设进程，不断充实项目内容，使项目陆续建成到位，造福当地困难群众和"一老一小"等弱势人群，为助力党和政府的乡村振兴、共同富裕等中心工作做出较大贡献。

（此部分内容由陕西省慈善协会赵浩义副会长撰写）

(二)幸福家园的宗旨及功能

村社慈善幸福家园项目是中华慈善总会在部分省市推广的惠民慈善项目。陕西省慈善协会对此项目给予积极响应。目前，各市区县正在紧锣密鼓地进行幸福家园项目的实施。从我们了解到的情况看，几年来，在陕西各级党委和政府的领导与支持下，各慈善会广泛动员社会各界力量，在城乡开展村社慈善幸福家园的慈善项目建设，取得了很大成效，受到全社会的关注和响应。截至2023年上半年，各级慈善会已经在全省各地建成村社慈善幸福家园5000多个。这是一个庞大的数字，但相对全省的31537个行政村而言，这个数字不到总数的六分之一，慈善幸福家园建设还有很长的路要走。不过，在短短的数年时间内建成这5000多个慈善幸福家园，还是令人振奋的。那么，怎样能够把这些幸福家园真正建成让党和政府放心、让社会各界关心、让当地群众舒心、让老人儿童暖心的生活平台，的确不是一件轻而易举之事，其难度还是较大的，各级慈善会应当高度重视、认真运作、切实推进这个造福百姓的宏大项目。事实上，幸福家园建设的目的只有一个，就是能够解决群众急、盼、难等问题，让广大群众生活衣食无忧、幸福安康。

我们认为，幸福家园不能没有经济的支撑，否则就会成为"烂尾楼"，或徒有其表，或成为用作应付上级检查的"面子工程"。我们呼吁爱心企业家和爱心人士，特别是那些成功人士，在力所能及的情况下，为家乡的幸福家园建设出一份力、尽一份责。在现实中，我们欣喜地看到，有一些企业家给家乡的幸福家园捐款捐物；有的企业家提出在企业经营顺利的前提下，可以负责65岁以上老人每天一顿免费午餐；有的企业家给家乡的幸福家园捐赠娱乐设施、体育用品。这都表现了他们对家乡的关爱。

陕西省慈善协会已经对幸福家园建设的内容做了明确清晰的规范，各级慈善会和基层组织在项目建设中，要切实做到项目的目标要求和实施规范，把人员、经费、场地、设备等硬指标落到实处，把制度、文化、人文关怀等软指标落到实处，更要把幸福家园的根本宗旨——幸福感落到实处。幸福家园绝不是面子工程，更不是形象工程，泛而论之，一切慈善项目的宗旨都是为了人们摆脱困境，过上幸福美好生活。

既然如此，慈善幸福家园就必须做到名副其实。幸福家园建设的速度比较快，形势大好，成绩令人振奋。在此情况下，我们以为，在重视建设数量的同时，还要格外重视所有慈善幸福家园建设质量的提升。也就是说，幸福家园不应当徒有其名，而是要把各项建设指标落到实处。据调查，我们了解到有些地方的慈善幸福家园可以为困难老人提供一日三餐或一顿午餐，在本村居住的老年人，如行动不便，60岁以上或半失能的老人，都可以到幸福家园来免费或低价就餐；有的幸福家园不能为困难老人提供餐食，但可以提供文化娱乐活动的场所，唱歌、广场舞、乐器演奏、书画、布艺、插花、乒乓球、羽毛球、门球等；也有的慈善幸福家园处于初期建设阶段，暂时没有开展常态化活动，但逢年过节或重大事项，幸福家园就会召集村社演出队汇演文艺节目，或请村社的老年人去吃一顿泡馍、饺子或老碗面。

幸福家园项目的建设，造福百姓，任重道远。因而，一定要实事求是，不可操之过急，不能揠苗助长，不能违背事物发展的规律，应当本着既要重视速度，也要重视质量，特别是要重视效率，还要根据当地群众的意愿，制定切实可行的办法，设计符合当地实际的运行方案，真正做到急群众所急，想群众所想，所有设施一定要符合建设幸福家园的初衷，能解决群众需要解决的急盼难问题。反之，凡是不符合项目建设要求的，应当立即进行整改，必须达到目标要求。各级慈善会和村社负责人必须高度重视这项振兴乡村的重要工程，把慈善幸福家园建设成困难群众喜闻乐见并生活其中的美好家园。

办好慈善幸福家园，需要做的事情很多。要做好这些事情，应当有如下三个保障。省慈善协会对幸福家园项目的指标要求是"五个一"，即成立一个慈善工作站、募设一支村社互助金、创建一个慈善关爱中心、制定一个慈善公约、组建一支慈善志愿服务队。这是慈善幸福家园的五个组成部分，而幸福家园能否持久运行，关键是经费保证、制度建设和文化引领，三者缺一不可，各级慈善会领导和各村社慈善幸福家园项目负责人对此应予以高度重视。特别是作为幸福家园灵魂的文化引领更是刻不容缓的。显而易见的是，幸福家园的文化要义是慈善文化，即友善、和睦、平等、文明等社会主义核心价值观。从一个角度讲，幸福家园的文化可以起到凝聚作用和引领作用，维护幸福家园的长期运行。

慈善幸福家园的具体要求是如上所说的"五个一"，其中关爱中心是幸福家园的核心或关键，也是实现其功能的载体。其余"四个一"都是围绕这个关爱中心运作的。换言之，如果没有关爱中心，幸福家园就会残缺不全，以至于失去其实际功能和存在价值。这个关爱中心是关爱村社里最需要关爱的人，即老年人和儿童，以及残障人士等。慈善幸福家园就是要解决这些生活能力有限的弱势群体的基本生活问题。从实际情况看，这既是要解决其家庭生活困难，更在于提高居民抗击天灾人祸的能力，享受小康社会的幸福美好生活。所以，一定要格外重视慈善幸福家园里关爱中心的建设和运转，真正让困难群众和全体居民都享受到幸福家园的幸福生活，衣食无忧，老有所养，幼有所教，残障人士各得其所。

毫无疑义，慈善幸福家园工作的核心是关爱中心，这是其基本功能。事实上，养老是面对将来的自己，育幼是为了祖国的未来，关爱残障人士是帮扶自己的同胞。

此处主要说养老的问题。养老是一个热门话题，也是党和政府以及社会各界着力解决的重大社会课题。慈善幸福家园实际上就承担了社区养老和家庭养老的部分职责。具体而言，养老事业有三个要点，需要幸福家园负责人进一步明确。目前，养老事业在党和政府高度重视下，取得了突出成就。为了进一步做好养老工作，我们应当明确养老事业的要点，与慈善幸福家园从事养老工作的同志们共同讨论。

要点一，养老事业的健康发展首先取决于党和政府的正确领导，取决于健全的法律法规、制度政策。这是养老事业取得成功的必要保证。在此前提下，还要依靠幸福家园的从业者，不怕辛苦不怕困难，努力工作，坚定信念，极力推进，赡养老人。

要点二，养老事业的健康发展还要取决于必要的财政和社会资金的支持，没有足够的资金支持，养老事业的发展就会受到阻碍。幸福家园的场地、设备、人员聘用、老人待遇等，都离不开资金和物质的支持，这是显而易见的。

要点三，养老事业需要良好的社会大环境，需要全社会的共同努力，不仅要改变观念，还要从各个方面大力支持，要努力提高幸福家园工作者的思想道德素质、业务工作能力和技巧，提高他们的社会地位，包括薪资水平，给养老事业发展创造一个良好的社会环境。

要点四，养老事业需要不断创新体制机制，创新养老模式，在保留原有养老模式的基础上，幸福家园如何创新养老模式，需要相关人员认真思考，大胆实践。如近年来出现的医养结合、智慧养老、社区+家庭养老等，都可以做进一步的探索。

此外，还有关爱中心的"一小"，即需要关爱的主体是儿童，当然首先是要对留守儿童、问题儿童、流浪儿童，特别是对孤儿的关爱，要解决他们的吃饭穿衣问题，要解决他们接受正规教育的问题，解决他们的文化和精神需求的问题。儿童是祖国的未来，社会上有许多爱心人士常年在做儿童关爱的工作，他们为儿童付出了很多，受到社会和儿童家长的称赞。在幸福家园的关爱中心，这些爱心人士如何进一步发挥自己的作用，是一个值得探讨的问题。

残障人士在社区占有一定数量的比例，其中一部分可以自食其力，为我们的社会做贡献；一部分身体残疾的程度比较严重，需要家庭、社区和全社会给与帮扶。要重视解决残障人士的日常生活，包括衣食住行和精神文化生活，他们当中的绝大多数人都有自立自强的愿望和基本能力，幸福家园要为他们的自立提供必要的条件和具体帮助，使他们能够尽快解决自己的基本生活问题，并为社会做出自己的贡献。

慈善幸福家园是一个重大的惠民项目，得民心、顺民意，也是建设慈善社区的系统工程，更是慈善参与社会治理、助力共同富裕和乡村振兴的重要平台。慈善组织应当对幸福家园进行精心设计，精心实施，精心打造，把养老、抚幼、助残、人文关怀、文化生活、社区管理、邻里互帮互助、环境治理与优化等方面作为幸福家园的基本内容，使各个方面做到整体协调、相辅相成，真正让老百姓感受到幸福家园就是自己赖以生存的地方，是享受美好生活的依托。

七、慈安桥项目

慈安桥是陕西省慈善协会实施的品牌慈善项目之一，于 1997 年开始实施，至

2023 年已经长达 26 年之久。该项目主要针对陕南秦巴山区及秦岭北麓部分地区因山大、沟深、雨丰、河多等不利自然环境和居民居住比较分散而导致交通非常不便的状况，由陕西省慈善协会联合社会爱心企业和爱心人士，通过在村内、村际的河道或沟壑上，修建平板桥、石拱桥、钢管桥、吊桥等便民小桥的方式，解决当地群众过河难、上学难、农用物资和农副产品运输难等突出问题。整体上看，慈安桥项目涉及陕西境内的西安、安康、咸阳、宝鸡、汉中、商洛、榆林、延安、渭南、韩城、铜川等多个市、县、区，共修建各类慈安桥 6340 座，惠及人口超过 320 万人。这个项目的实施与省慈善协会"安老抚孤、济贫解困"的宗旨相吻合，是陕西省慈善协会的品牌项目之一。

相关资料显示，陕西省慈善协会为保证资建村级公路网慈安桥规范化实施，专门制定了《联结村级公路网慈安桥项目实施办法》，并发放至各项目市县。该文件对慈安桥选址荷载、资金来源、组织施工、上报项目等，提出明确规定和要求。具体确定慈安桥选址的流程为：由项目所在县慈善会与当地交通部门会商，按照陕西省各市的分配指标和要求严格筛选，上报材料由各市汇总，并将申报材料（包括慈安便民桥建设项目资金申请汇总表、县乡镇村项目申请报告、项目"一事一议"筹资筹劳会议记录、市县财政部门出具配套资金落实证明等）上报给省慈善协会，省慈善协会在此基础上拟定考察内容和重点，并邀请省公路局派工程技术人员共同组成考察小组分别前往各县，通过听汇报、看现场、开座谈会和个别了解村民等形式进行实地考察，最终合理确定建桥地址。考察慈安桥选址坚持"三不三优先"原则，即不在规划搬迁地选址，优先在移民安置点安排；不搞平均分配，优先在人口集中地区安排；不在管理差的地方选址，优先在群众积极性高、管理规范的地方选址。考察内容包括四个方面，一是桥址是否在村级公路网上，二是设计包括桥型等是否合理，三是自筹资金能否落实到位，四是建桥受益辐射面是否相对较大。例如，在 2011 年资助陕南安康、汉中、商洛三市修建慈安便民桥的考察选址过程中，陕西省慈善协会考察组赴 3 市 26 县 55 乡联合考察了 56 个桥址，历时 40 天，本着尊重基层意见、三级协商一致的原则，最后确定建桥项目 50 个，其中一类属于地震、洪灾损毁需恢复重建的桥，约占 40%，另一类属于新建桥梁，大都在联结移民村、规划新村、旅游景点、学校附近的村级公路网上，约占60%。由此可知，陕西省慈善协会所进行的复杂而规范的桥址考察工作，为慈安桥项目实施的准确性提供了重要保证。

慈安桥的建设对项目村来说，是雪中送炭，而非锦上添花。我们选取了安康市平利县老县镇的贾家梁村、木瓜沟村、万福山村和汉滨区毛坝村以及西安市长安区抱龙峪村进行实地访谈。在实地访谈的过程中了解到，贾家梁村的慈安桥建立在一户人家的门口，虽然看起来这座吊桥只服务于一户人家，但事实上每天通过这座吊桥的人数，包括了生活在山区中的所有村民。据了解，在建桥之前，村民都是蹚水过河，遇到汛期就尽量避免过河，后来为了方便出行，村民曾集资建桥，但河水反复冲击使所建桥梁处于断裂状态，村民依然是靠游泳过河，在这样的情况下，很容易出现安全事故。由此可见，陕西省慈善协会修建慈安便民桥是非常及时且有必要的，能够在很大程度上保障村民的生命安全和生产、生活的便捷。

陕西省慈善协会在近30年的时间里，持续实施慈安桥项目，得到了省委、省政府以及中华慈善总会的充分肯定和表彰，得到了地方各级党委和政府的积极配合，获得爱心企业、爱心人士和市区县慈善会的鼎力支持，获得了社会各界的充分肯定和一致赞誉。慈安桥在很大程度上改善了山区多雨地区农民出行难的局面。雨天特别是受洪水阻隔的日子里，农民因生产、生活必须涉水渡河的危险情况基本消失，减少了因渡河而导致的伤亡事故。特别是中小学生上学、放学必经的河道沟渠，慈安桥完工以后，不仅方便了学生通行，而且保护了学生的人身安全，减少了因大雨或洪水阻隔不能上学的现象。

慈安桥在改善出行条件，助力脱贫攻坚和推动乡村振兴中发挥了名副其实的桥梁作用。基层慈善会的同志告诉我们，过去村里的老乡去赶集，靠的是手提、肩扛、背驮自产的土特产品和农副产品去销售，一天下来也赚不了几个钱。慈安桥修好以后，老乡们就可以用架子车、三轮车甚至农用拖拉机装满货物运到集市上出售，一天赚的钱比过去几个月赚的还要多。可以说，慈安桥帮助当地群众扩大生产经营，拓宽了对外销售产品的渠道。有些地方的慈安桥直接联结农民的生产基地，使农副产品的生产和销售更加顺畅，促进了区域经济社会发展。

慈安桥受到当地政府和农民群众的欢迎，他们感谢慈善会为他们做了一件大好事、大善事，让他们能走出大山，去看更加广阔的世界，不仅长见识、增能力，而且为改变贫困落后的生活创造了良好的条件。所以，很多地方的农民称慈安桥为便民桥、爱心桥、幸福桥、致富桥。我们相信，慈安桥在乡村振兴的伟大事业中，也将发挥越来越重要的作用。

（此部分内容由裴晓宁撰写）

八、关爱留守儿童项目

精准扶贫的伟大工程已经结束，贫困地区的留守儿童数量有很大缩减，与其相关的社会问题得到很大缓解，这是令人振奋的现象。但进城务工人员中没有把子女带在身边的情况仍旧存在，他们中的一些人无奈地把子女留在了家乡，少量留守儿童依然需要地方政府和慈善会协助解决某些具体问题。从20世纪80年代中国的改革开放初期开始出现的留守儿童现象，至今已经40多年了，进城务工人员目前已是第三代。城市建设需要进城务工人员，他们的子女留在家乡，也就成为留守儿童。只要留守儿童这个群体还存在，慈善会就应当把这个项目坚持做下去，而且一定要做好。

其实，在各级慈善会成立以后，社会上的爱心人士就已经开始密切关注和关爱留守儿童，这项工作至今持续了20多年。那么，我们需要弄清楚留守儿童现象是个什么问题？经过较长时间的调查研究，我们以为，这个问题涉及两个理念：其一，留守儿童不是贫穷的代名词，也不表明他们的心理有多么不健康。他们的父母外出务工，可以获得一定的经济收入，也就大致解决了家庭贫困问题；但如果其父母不出去务工，其家庭就会重新返贫。这是一个简单的道理。其二，留守儿童问题的关键是亲情暂时缺失，核心问题是家庭教育暂时缺位。孩子的成长是一个过程，这个过程错过了就会永远成为过去，而父母也就错过了孩子成长的过程。因此，对留守儿童的关爱，不能等同于扶贫或传统慈善的那些理念与方法。在具体工作中，不能给留守儿童"贴标签"，不要以同情的心理、悲伤的表情和怜悯的语言对待留守儿童，不能用欠妥当的言行暗示他们是一些需要同情和怜悯的孩子。否则，就会给孩子造成一定程度的心理伤害，他们可能会产生误解，以为自己出现了多么严重的问题。

陕西省慈善协会实施的这个项目名称是"关爱留守儿童项目",不是"救助或帮扶留守儿童项目",道理就在这里。我们了解到,在留守儿童人数较多的地区,已经建立关爱儿童之家的家长、老师以及慈善会的同仁们,要带给孩子阳光、快乐、健康和自信、自尊、自强的信念,让他们既能感受到社会的关怀和温暖,也要逐渐养成努力克服各种困难、乐观向上的生活态度和独立自主、自我管理的生活能力,把留守家乡当成成长过程中的磨炼,而不是孤独、悲伤或不幸。

长期以来,陕西省关爱留守儿童工作取得很大成效并形成独有的地方特色。各级党政领导和各界爱心人士对留守儿童无比关爱;各级慈善会、企业和社会机构采用立体化、联动式、多层次的项目运作方式,努力做到"四个结合""四会联动"并由此形成特色鲜明的工作范式。所谓"四个结合",就是广泛的社会调研与专业需求评估相结合;理论研究、专业培训与工作实际相结合;儿童服务与儿童心理咨询相结合;儿童医疗卫生与少年司法矫正相结合。所谓"四会联动",就是充分发挥中央、省、市、县慈善会的网络与联动作用,对所有"关爱儿童之家"进行有效选址、培育、指导、监管和评估,责任落实,成效落实。如此,形成陕西省关爱留守儿童工作的基本特色。下面简单讲四个问题。

第一个问题,理论与实践相结合、社会调研与专业需求评估相结合。在各级党政领导下,慈善会、企业家、社会机构和各界人士广泛开展关爱留守儿童活动,取得显著成效。事实上,陕西部分地区的有关部门和爱心人士早在20世纪90年代,就已经开展了关爱留守儿童的活动,积累了丰富的实践经验。许多慈善志愿者经常利用节假日走进山区,探访大山深处的留守儿童,跟孩子们谈心、做游戏,帮他们做饭、洗衣服,开辟小微课堂,辅导他们写作业,给留守儿童过生日,为精神紧张的孩子进行心理抚慰,给他们带来了久违的亲情关爱,孩子们感受到了社会的温暖。

我们的团队也组成专题调研组,前往留守儿童相对集中的山区学校和村镇,进行深入细致的调查研究,了解到大量关爱留守儿童的感人案例。实际上,留守儿童面临的首要和关键问题是亲情缺失和教育缺位,是孩子在身体与心智发育的关键期,缺少父母的指导与关爱,有可能导致学习成绩下滑和社会融入困难,甚至有个别孩子出现自闭症状和攻击型人格等问题。慈善会工作人员与高校和心理机构的专业教师合作，采用需求评估的科学方法及其他相关研究方法，对关爱留守儿童项目进行准确的需求评估，为项目运作提供了理论依据和现实指导。在进行了大量实际调研后，慈善会同仁从理论高度，结合实际状况进行深入分析，掌握了留守儿童的基本状况。因此，在项目启动前已经形成了"两个结合"，即广泛的社会调研与专业需求评估相结合；理论研究、专业培训与工作实际相结合的立体化工作特色。

第二个问题，确立"四会联动、逐级报告"的工作机制和管理体系。根据前期实地调研与考察，省慈善会决定在专业理论指导下选择适宜地点，合理设置关爱儿童之家。拟设置的关爱儿童之家或留守儿童服务站，必须严格依照中华慈善总会的总体要求和具体标准，在任何环节上都不能放松要求、不能降低标准。尤其是对存在安全隐患和卫生隐患的场所，要逐个进行排查与整改，无论是否由省慈善会给予支持的关爱儿童之家，都要以高度负责的精神、严谨的工作态度、切实有效的措施和严格的制度加以规范，坚决杜绝任何危害人身安全和引发疾病的事件发生。要求拟设置关爱儿童之家的所在县慈善会，实行每季度自查一次，并向市慈善会汇报；每半年由市慈善会对关爱儿童之家检查一次，并向省慈善会汇报；每年由省慈善会检查一次，并向中华慈善总会汇报的制度。即所谓"四会联动、逐级报告"的制度。

关爱儿童之家每年按照新的评估标准升级一次，进行流动式管理和目标责任管理，全面提高管理水平和人性化关爱。对长期存在问题而无力解决的儿童之家，将令其退出项目运作，重新选址和实施项目。"四会联动、逐级报告"，就是要充分发挥中央、省、市、县慈善会的网络作用，对关爱儿童之家进行有效培育、指导和监管，责任落实。

第三个问题，关爱儿童之家将儿童服务与儿童心理咨询相结合、儿童医疗卫生与少年司法矫正相结合。省慈善会对所有关爱儿童之家的家长或留守儿童服务站负责人以及当地心理咨询师，进行职业道德和专业培训。全省关爱儿童之家项目名单确定后，省慈善会与慈善研究院合作，按照中华慈善总会和相关专业的要求，对全省关爱儿童之家家长和留守儿童服务站负责人，进行职业道德教育和儿童社会工作、儿童心理学、儿童行为学、个案社会工作和小组社会工作，以及相关方法与技巧等课程的培训。这样的培训共举办了 4 期，收到了很好的效果。关爱留守儿童这个项目的培训，统一标准，传授专业技能，提高学员的爱心、责任心和教育能力，为运作项目做好准备。

与此同时，省慈善会安排各市、县、区有心理咨询师资格证的人员，参加"关爱留守儿童心理健康"的专题培训，并在实际工作中有计划地安排他们对留守儿童进行心理咨询和心理抚慰，在关爱留守儿童心理健康方面，发挥心理咨询师的作用，尤其是对山区初中女生进行心理和生理咨询与抚慰。

第四个问题，继续跟踪关爱儿童之家项目的运作，继续举办儿童保护论坛，出版关爱留守儿童方面的书籍，持续进行留守儿童问题的理论与现实问题研究。在我们团队与关爱儿童之家和留守儿童服务站负责人交谈时，了解到他们面对一些需要解决的问题。尽管他们的工作还有很大提升空间，但他们有爱心、有信心、有耐心，有建设儿童美好家园的愿望和能力。他们没有自我吹嘘，没有沾沾自喜，更没有消极应付，而是很低调、很谦虚、很热情、很有办法，愿意与孩子们一同成长。这是省慈善会选择投资支持建立关爱儿童之家的重要前提。

关爱留守儿童的工作已经迎来属于自己的春天，我们需要做的事情就是坚守自己的阵地。我们的团队愿意跟各位慈善会同仁一起，坚守这个使命光荣、责任重大的阵地。

九、退役军人帮扶项目

退役军人是国家的宝贵财富，重视退役军人的安置和发展，特别是对生活困难的退役军人给予切实关爱和帮扶，可以稳定军心，促进军队建设，维护社会安定。习近平总书记在"纪念中国人民抗日战争胜利 70 周年大会"上宣布裁军 30 万人，大批退役军人重返社会，这一新闻在当时引起社会极大关注。

随着我国改革开放政策以及经济政治体制的变化，政府对社会资源的控制有所调整，对退役军人的安置也相应做了调整。由政府安置的退役军人主要集中在干部和服役满 12 年及以上的士兵这两个群体中，可以说这个群体是我国军队的基础。在以经济建设为中心的政策方针指引下，在和平年代里，军队积极支持国家经济建设，为国家提供战略保障。有人比喻说，军人如桥边的护栏一样时刻守护着桥上的行人却不曾被行人过多注意。

近年来，党和政府针对退役军人群体相继出台了很多政策。2018年退役军人事务部发布的文件中指出，要帮助退役军人顺利融入社会，在社会主义现代化建设事业中再立新功，赢得全社会尊重。习近平总书记在2019年新年贺词中指出："要关爱退役士兵，他们为保家卫国作出了贡献。"2020年11月11日十三届全国人大常委会表决通过了我国第一部关于退役军人的法律——《中华人民共和国退役军人保障法》。

事实上，在实际生活中如果曾深入体验过正规的军事训练，或是有过军营生活经历，就会深深感受到军营文化与地方文化，军人行为方式与普通群众的行为方式存在着巨大差异。笔者曾作为大学生士兵在陆军野战部队服役两年，深知一些退役士兵从军营过渡到地方的过程中，在角色变化和心理适应、社会互动和职业选择、价值表达和自我发展等方面所遇到的困难。就如美国社会学家奥格本所说，人们的思想变化跟不上社会体制的变迁，从而出现了"文化失调"现象。这种"文化失调"现象也是影响我国退役军人社会融入的重要因素之一。因此，如何增强退役军人的社会适应能力，如何帮助他们更快地融入社会，成为一个急需解决的问题。我们建议，慈善会在对退役军人关爱工作中，可以重视如下问题。

（一）支持退役军人提升资本存量

慈善会对退役军人的帮扶，主要集中在参战老兵群体，而每年数量巨大的退役军人大部分退役时不到30岁，正是一生中体力、精力最旺盛的时候。他们满怀激情地回到地方，不能让身份问题成为限制他们发展的壁垒。退役军人经过国家长年投资形成的军事技能不能白白浪费。慈善会可以通过成立"老兵之家"，建立帮扶退役军人的平台，同时引导一些军事化管理的单位，或者军工企业接纳退役军人，帮助退役军人更好地实现就业。要充分重视退役军人在城市融入过程中的社会资本建构，加强与街道、社区的对接，将慈善志愿者、社工引入社区退役军人服务站，更好地整合社区资源，提高社区促进社会融入的功能。只有实现心理层面的社会融入，退役军人才能发挥自己的军事才能，利用自己过硬的军事素质，参与到城市管理和社会建设中，才能更积极、有效地参与公共事务的决策和管理，从而实现建立和谐社会的目标。可以说，退役军人是参与社会智力创造的重要力量。

（二）要尊重退役士兵所做的贡献

军队是社会和谐稳定的基石，为国家提供了对抗外部威胁的战略威慑。习近平总书记也曾强调："不要让英雄既流血又流泪。"因此，各级各类学校、社会各行各业可以邀请退役军人开展国防教育讲座，退役军人可以结合自身经历，让地方群众更全面地了解军营，从而提升退役军人的荣誉感和自信心。

（三）充分发挥退役士兵的优势

军人退役后分布在社会的各个单位，社会各界应主动发掘退役军人的潜在优势，比如聘请退役军人担任高校的校外辅导员，对高校学生进行国防教育；担任户外拓展训练教员，使退役军人的军事技能得以发挥；担任中小学生活老师，把军人气质融入每一名学生身上。通过上述环节，使退役军人通过自己军事技能的展示，获取社会各界的认可，得到应有的归属感和成就感，也可以帮助退役军人更好地融入社会。

（四）要协助退役军人尽快实现就业

党政机关、企事业单位和慈善会等社会组织，应当挖掘退役军人的潜力，探索适合自身发展的新路径。《中国网约车新就业形态发展报告》显示，滴滴平台中，退役军人司机占比为12%，且五星服务订单占比超过95%；2019年12月17日，保利物业、万科物业承诺在未来3年内，将每年拿出1万多个岗位，帮助退役军人就业。特别需要放宽对年龄的限制，尤其是服役8年的退役军人，退伍年龄集中在28岁左右，而当前地方对于员工的选择，大多数会选择在28周岁以内，导致许多服役8年的士兵会因为年龄而难以找到合适的工作。

（五）做好未来职业规划

对退役军人来说，认清自身优势，并对未来做长远规划非常重要。有些退役军人对未来职业要求的标准过高，认为自己在部队经受的磨炼足以胜任任何工作，以至于盲目乐观；有的则充满了忧虑，认为自己在部队所学难以匹配地方需要。我们建议，退役军人在择业时应结合自己的兴趣爱好，参与社会各种活动，在社会参与中深入了解和认识自己的优势和劣势，以及即将回到生活地的习俗和文化，通过对自己能力的评估，合理制定职业目标和职业规划。

（六）做好迎接崭新生活的准备

军人在部队的主要生活内容是训练和工作，地方的主要内容是工作和生活。军营里军人时时操练、日日战备、甘于奉献，地方的生活却有更大的个人空间、更多的选择机会、更多与家人相处的时间。当然，回归社会以后，退役军人在生活中并不是一味地退让和迁就，对于丑恶、腐朽的思想，仍然要加以抵御和回击。退役军人要提前预想可能发生的事情，才能够保证在遇到困难时顺利予以克服，从而迎接美好的新生活。

2019年1月31日，陕西省慈善协会与陕西省退役军人事务厅共同设立"陕西省退役军人关爱基金"，为营造全社会关心国防、尊崇军人、热爱部队、敬重英雄的浓厚氛围。帮扶援助困难退役军人、军属解决生活困难和扶智资助，褒扬奖励先进典型。同年，陕西省慈善协会联合陕西省退役军人事务厅共同发起"关爱退役军人行动"网络筹款项目。助力退役军人关爱基金发挥深度效益，联合市县慈善协会共同进行网上募集，由当地"退役军人关爱基金"管理小组，根据《陕西省退役军人关爱基金管理办法》和项目执行预算和标准严格进行项目执行，由省、市、县三级联动进行使用。目前受益人群已覆盖全省。

（此部分内容由曹松撰写）

十、关于项目评估

慈善会的主体工作是善款募集和项目运作，即募集到的善款主要用于运作慈善项目的费用。一个项目一般要经过创意策划、论证审批、开始实施等几个环节，这些具体环节，都需要进行不同类型的评估，包括需求评估、过程评估、效益评估等。评估工作和监管工作一样，可以有效防止各个环节走过场、应付差事、违背项目规划及其运作路径、草率结项等情形的发生。在这一节里，我们给慈善会同仁介绍有关慈善项目评估的基本知识，也欢迎各位同仁分享自己在项目评估中的经验和做法。

首先，我们提出一个问题——什么是项目评估？项目评估就是用科学方法对项目的创意、设计、策划、实施、运作和效果等方面进行的观察、诊断和评价活动。当然，在项目评估中，除了科学方法以外，也可以同时采用人文学科的某些方法。下面，我们主要介绍社会科学普遍采用的评估方法。

项目评估从表面上看，是对某个慈善项目进行全过程和全方位评估，即用科学方法对慈善项目的各个方面，在设计、策划、实施和效果等方面进行的观察、诊断和评价活动。但实质上，是对慈善会工作的观察、判断和评价。只是由于目前地方政府购买服务大多是以项目方式进行的；某些基金会或爱心企业对慈善会提供的资助也是以项目形式进行的，而慈善会开展慈善活动，也主要采取项目方式进行运作。从另一个角度说，慈善项目的运作情况，其实是对慈善会工作的集中检验。因此，我们在这里讲的主要是对慈善项目的评估。

具体说，慈善项目评估包括慈善项目策划和启动运作之前的需求评估；项目运作的过程评估或阶段性评估；项目结束后的效益评估。在目前所见慈善项目评估的实践中，更多的是对慈善项目结束后的评估，即项目效益评估或绩效评估。这几个环节的几种类型评估都非常重要，应付出同样的时间和精力，而不可有所偏废。换言之，项目实施之前的需求评估，可以确定项目实施的必要性和可行性；项目运作过程评估，可以确保项目按计划推进，而不至于出现较大偏差；项目结束后的效益评估，可以对项目进行总结评价，了解项目取得的社会效益。

从另一个角度看，对慈善项目进行评估，可以了解慈善项目的实现程度、专业运作效果及项目资金的使用情况。通过评估，可以总结慈善项目的运作经验，提高项目责任人的运作能力，提升慈善工作专业化、规范化、科学化水平，评估结果可以作为慈善项目结项的重要依据。

慈善项目评估依据的原则是专业性、客观性、系统性、全面性和可操作性等。慈善项目评估主要涉及四方主体——项目出资方、项目执行方、项目受益方、项目评估方。慈善项目的出资方，一般是购买服务的各级政府，或出资捐赠项目的基金会、企业或个人，也可以是慈善会。项目出资方负责选择和确定该项目的评估方，及其评估方式和评估能力，支付评估所需经费，统筹项目评估过程中的各类相关事宜。项目执行方是接受项目出资方委托来执行项目运作的一方，他们是接受评估的一方。项目评估方是由项目出资方直接组建的专业评估团队，或者受委托的其他专业评估机构组建的专业评估团队。评估团队人员的组成有一定要求，具体条件因项目的不同情况，或项目评估方的不同要求而有所不同。也有的评估是由慈善会聘请社会第三方评估机构进行的项目评估，或者由慈善会负责人主持项目评估工作并聘任有评估经验的本会专业人士参加。这种项目是由慈善会预算所需资金，其下属的项目组或基层慈善会负责进行运作，慈善会成为出资方而非执行方的代表。

从慈善实务的角度来说，评估团队应具备以下条件：不少于5人的单数人员；取得中、高级职业水平证书或受过硕士研究生及以上社会工作专业或相关专业教育，且具有3年以上慈善工作实务经验的人员不低于30%；不少于1名熟悉社会组织财务工作、具有中级及以上专业技术职务的财会人员。评估对象为由各级政府部门资助、补助及购买的社会工作服务项目。

那么，评估方接受评估聘任工作以后，主要评估什么，如何评估呢？一般来说，主要对项目完成情况、项目运营管理、财务状况、人力资源、服务成效、相关方满意度及社会效益等进行评估。首先是对项目实施方案的评估。其次，评估专业人员的配备与使用、物资配置和资源统筹、专业服务价值理念的运用、专业服务规范化运用和专业服务方法应用等内容。再次，项目管理层面对项目行政管理、专业规范性管理、项目进度管理、服务质量体系与督导、风险管理与应急预案、项目资金管理等进行评估。最后，在项目成效层面，主要考察目标实现程度、相关方满意度、所取得的社会效益等。评估程序包括如下环节：制订评估方案、组成评估人员、给项目组发送评估通知、具体实施项目评估、出具评估报告。评估方法包括资料分析法、观察法、会议法、问卷法和访谈法等。

评估工作主要是对项目出资方负责，评估报告可以作为是否继续委托或中断委托项目的决策依据；可以作为与项目执行方协商对未来项目方案、项目实施、项目管理、项目效益等方面改善的参考依据；可以作为优秀项目评比、资金投入等方面的参考依据。对项目执行方，评估报告可以作为向项目出资方申请新项目或申请项目延续的参考依据；可以作为对项目经验的总结和对项目进一步改进的参考依据。

第五章 慈善宣传推广与外联

引 言

慈善宣传推广与外联工作在慈善会整体工作中占有举足轻重的地位。现代慈善与传统慈善的重要区别点之一,就是非常重视宣传和推广等工作,重视慈善会与外界各方面的沟通、联络工作。慈善宣传推广要面向全社会,包括各行各业、家家户户,要把党和政府对慈善事业的高度重视,把《慈善法》及各种相关法律法规、制度政策,把慈善事业发展的大好形势,包括慈善工作和志愿服务活动中出现的感人事迹、先进人物和慈善家,把慈善会的主要项目和各方面工作等具体内容,传播到社会的每一个角落,让人们更好地了解慈善、了解志愿服务、了解慈善会的具体工作。慈善会要密切联系地方党政各部门,尤其是主管职能部门,要密切联系当地企事业单位和社会各界人士,营造浓厚的慈善氛围,让慈爱和友善成为大众文化,把慈善做成全社会的共同事业。

一、慈善宣传工作的作用

从我们在实地调研中了解的情况看,陕西的省市区县慈善会,一般都设置有宣传部或宣传组、宣传干事。这表明各级慈善会非常重视慈善宣传和推广工作。

慈善宣传工作要做好对党和政府制度、政策、法律、法规的宣传和介绍，让慈善工作者和慈善志愿者有全面、系统和准确的理解，让社会各界人士有基本或初步的认识。慈善宣传工作要重视对慈善文化、慈善理论和慈善专业知识的宣传与介绍，包括自古及今的慈善文化、慈善理论、慈善事迹，以营造浓厚的慈善社会氛围，宣传慈善业务知识，让慈善工作者和志愿者能够掌握基础的工作能力，使社会公众都能按照《慈善法》的规范参与慈善活动。

慈善宣传要重视对慈善组织实施的慈善项目和其他慈善实务工作的宣传与介绍，做好慈善动员和推广，扩大慈善组织的社会影响力。在慈善会所有具体工作中，宣传工作必须走在前面，为慈善募集、项目运作、网络慈善、志愿服务、对外联络等做好宣传动员和推广工作。根据调研，我们发现凡是募集工作、项目运作、网络慈善等具体工作做得好，一定是宣传工作发挥了重要作用。反过来，如果这几个方面的工作做得不好，那就要首先检查慈善宣传工作是否到位。需要注意的是，慈善宣传工作必须伴随慈善工作的各个环节，保持持续不断的节奏，而不是断断续续、欲言又止。慈善宣传要做好对各级慈善会的宣传，对慈善志愿者的宣传，对踊跃捐款捐物的爱心企业和爱心人士的宣传，对社会各界积极参与慈善事业和开展志愿服务活动的宣传。

如前所说，慈善宣传工作贯穿慈善项目实施的全过程。从慈善项目的策划、创新到项目实施和项目总结，宣传工作担任着十分重要的角色，发挥着不可或缺的作用。一个慈善组织的工作做得好，首先是宣传工作做得好；一个慈善项目做得出色，一定是宣传工作比较到位。慈善会应当为宣传工作提供一定的人力、财力和物力，聘任那些在理论上有较高水平，在业务上有较强能力，在社会上有一定影响的同志组成宣传部或宣传组，把宣传工作做得扎扎实实，有声有色，为慈善会的整体工作创造良好的外部环境。

慈善宣传工作要在新时代背景下开创新局面。慈善宣传要与慈善和慈善文化研究紧密结合。据我们所知，宝鸡市慈善会在2012年就成立了宝鸡市慈善文化研究中心，是由市慈善会与宝鸡市社科联、宝鸡文理学院、宝鸡市委党校共同创建的。这个研究中心成立以后，做了大量的研究和宣传工作，结出了诸多研究硕果，对宝鸡市的慈善事业起到较大的积极推动作用，也在全省产生了广泛和深远的影响。榆林市慈善会与市民政局、榆林学院合作，在2017年11月成立了榆林市慈善文化研究中心，一批实务工作者和专家学者投入到慈善与慈善文化研究队伍。市慈善文化中心成立不久即举办了征文活动，评选优秀论文并结集刊印，对营造榆林市的慈善文化环境产生了积极影响。安康市慈善会积极筹划，成立了市慈善协会慈善文化研究室，聘任在省内外有较大影响的文化学者为研究员，积极开展慈善研究和宣传工作，特别是在幸福家园、留守儿童关爱和网络慈善等方面展开了深入研究。西安市慈善会与慈善研究院签署《战略合作备忘录》，各自发挥其优势，在慈善研究、骨干培训、宣传鼓动和慈善论坛等方面展开合作，共同为慈善和慈善文化的宣传而努力。还有几个市的慈善会也发挥各自优势，在慈善研究和宣传工作中取得许多成功的经验。上述各市慈善会，以宣传作为慈善会整体工作的发动机和助推器，推动善款募集、项目运作、网络慈善等各项工作不断取得新成绩。这是说，宣传工作对慈善事业发展具有不可轻视的重大作用。

从上述几个市慈善会的情况看，慈善文化研究中心成立以后，广泛联络当地各部门、各行业，尤其是联合当地民政等部门的专业工作者以及图书馆、社科联、大专院校、党校的专家教授，共同研究慈善和慈善文化，宣传和普及慈善理念，宣传慈善工作和志愿服务活动中的先进人物，宣传各类慈善项目的重大社会意义，不断扩大慈善事业在社会生活中的广泛影响，唤醒和培育广大群众的慈善意识，营造人人参与慈善的社会氛围，吸引更多的爱心企业、爱心人士以及广大民众捐款捐物，加入慈善工作的行列。

慈善宣传工作要有创意。自2011年以来，陕西省慈善协会开展了形式多样、丰富多彩的群众性慈善文化宣传活动。例如，陕西省慈善协会艺术总团的成立，集合了许多省内艺术团体的知名艺术家和演职员，扩大了慈善志愿者的队伍，以文艺形式广泛宣传慈善和慈善文化。同时，组织了热爱歌唱的志愿者，以"爱心歌曲大家唱"等形式宣传慈善和慈善文化，受到了广大群众和志愿者的喜爱。这些慈善志愿者团队既是艺术团、合唱团，团员经常集合起来合唱爱心歌曲、革命歌曲；又是志愿服务团队，经常到市县进行演出，到乡镇、社区开展志愿服务活动，受到当地群众的热烈欢迎。

安康慈善会创新宣传形式，举办了"慈善诗文朗诵沙龙"，受到陕西省慈善协会和安康市委、市政府领导同志的高度赞扬和肯定,也吸引了数百名热爱朗诵的各界人士积极参与。榆林市慈善协会与一家民办书苑合作,长期开展周末读书活动,并请专家教授宣讲传统文化、地方文化和慈善文化,听众非常踊跃,与专家之间的互动,更是值得称道,许多听众表示听了讲座以后,明确了做慈善实际上是每一个人应尽的义务。慈善文化的宣传与普及,是慈善事业发展繁荣的重要表现和标志。

在慈善宣传工作中,慈善会宣传部部长或宣传干事,应密切关注国际国内慈善事业发展的大好形势,尤其是要紧紧围绕全省慈善工作的整体安排部署,做好宣传鼓动工作,对各市区县慈善工作的最新进展和动态及时加以宣传报道,不间断与省慈善会、各地市慈善会之间的联系,尽可能做好与中、省媒体以及市区县媒体之间的沟通与合作,使慈善工作产生更大的社会影响力。

各市区县慈善会宣传部或宣传干事,应当重视联系传统主流媒体对慈善的宣传,也要重视发挥新媒体和自媒体对慈善的宣传优势,积极给报纸、杂志、广播电视投稿,同时办好包括微信公众号、网站、自办报刊等自媒体,并且不断更新和转发有关各方面的慈善信息,扩大阅读量,最大限度地发挥其社会传媒生力军作用。

宣传工作是慈善会的工作内容之一。慈善会宣传部门应当通过适当方式,向慈善会会员和社会公众及时报道慈善会的日常工作,传递慈善工作信息,尤其是捐款信息、项目运作信息,通过媒体宣传报道,让更多人了解慈善,不断推动慈善事业健康持续发展。有一些慈善会工作者在具体工作中踏实肯干,很认真,也很低调,做了大量的实际工作,尤其是善款募集和项目运作都取得了很大成绩,却不愿对外宣传,这就使外界对慈善会的工作不甚了解。也有的慈善会过度宣传,夸大募集额度和在具体工作中取得的成绩,违背了实事求是的原则,用夸大的成绩"摆"给党政领导和有关部门看。这样的宣传就失去了应有之义,要提出批评并坚决予以纠正。

做好慈善宣传工作,应当恪守如下几项基本原则。其一,坚持科学的宣传工作指导思想,以习近平新时代中国特色社会主义思想为指导,以《慈善法》和各相关法律法规、政策制度为导向,围绕党和国家中心工作,在乡村振兴、共同富裕和社会治理工作中,找准慈善会的定位,把宣传工作做得准确、合理和到位。

其二,积极与中、省和市县主流媒体展开合作,在党媒开辟慈善宣传专栏,形成慈善会的固定宣传园地，定期发布慈善信息。如此，可以获得三个收益：向地方党和政府传递了慈善会工作取得的基本成绩，为争取党委和政府的支持做了相应准备工作；向社会各界介绍了慈善会在募集、项目和各方面工作中的基本情况，培养了潜在的合作伙伴；在全社会广泛宣传慈善，营造地方的慈善氛围，唤醒社会公众的慈善心，为实现全民慈善做好舆论准备。

其三，在慈善宣传工作中，突出重点，坚持精、准、新的宣传原则。要集中宣传慈善募集和慈善项目，即对慈善会在慈善募集、项目运作、社会联络、志愿服务、网络慈善等方面重点进行宣传，扩大慈善在社会公众中的影响面，力争使更多人了解慈善，并积极为慈善事业捐款捐物，参与慈善活动和志愿服务活动，推动慈善事业可持续健康发展。这是慈善宣传的重要目的之一。

其四，不断深化和创新对慈善理念和慈善文化的宣传，倡导慈善和慈善文化进党政机关、进大中小学校、进企事业单位、进村庄社区，尤其重视在社区的宣传推广工作。因为社区是慈善工作的基础和重要抓手，承担了基层慈善工作的重要职责。要重视宣传现代慈善理念，推广慈善文化和慈善的基本知识，采取各种方式传播慈善文化，夯实慈善事业发展的社区基础，形成人人皆可慈善的社会氛围。

其五，慈善宣传工作一定要坚持新闻工作的基本原则，要真实准确、客观公正而又及时迅捷。慈善宣传必须杜绝浮夸风气，募集善款额度和项目运作要切实做到实事求是，避免假、大、空等浮夸现象，保证对慈善工作的正面效应，维护慈善会的正面形象，营造慈善工作的良好社会氛围，真正发挥慈善宣传的积极作用。

二、宣传工作要不断创新

长期以来，各级慈善会始终把扩大慈善事业的社会影响力和慈善会自身的知名度放在工作的重要地位，不断拓宽宣传范围，提升宣传工作的创新度，增强宣传效果，着力打造慈善宣传工作的新格局，向社会各界传播慈善讯息，表彰慈善人物，讲述慈善故事，展示慈善事业通过践行第三次分配，积极参与社会治理、共同富裕和乡村振兴所取得的重大成就，为各方面慈善工作做好舆论和环境准备。

慈善宣传工作首先要把学习、宣传、贯彻、执行习近平总书记和党的二十大关于发展慈善公益事业的指示精神放在首位，作为慈善宣传工作的重要内容，并以此引领整个慈善事业，指导具体慈善工作。慈善会还要致力于宣传普及《慈善法》和国家关于慈善事业发展的政策、制度，动员和凝聚全社会各阶层人们的力量，积极投身慈善事业。如前所述，慈善宣传是慈善实务的先锋军和不可或缺的宣传队，可以产生强大的推动力，营造良好的慈善氛围与环境。慈善会要坚持宣传先行的工作理念，要在慈善会内部深入、系统、全面地开展学习、宣传活动，定期组织慈善会工作人员学习党和国家的慈善事业发展方针和政策，学习《慈善法》和其他相关法律，对其中的每一条都要做到真学、真懂、真会用。要利用每年的"9.5中华慈善日"和"9.9腾讯公益日"，对全社会进行广泛的宣传活动，使《慈善法》能被人们所熟知，进而信任慈善，信任慈善会，愿意捐出善款或参与志愿服务活动。这是慈善宣传工作的一个重要目的。

　　慈善宣传工作还要与慈善会的善款募集和项目运作紧密结合，可以利用春节、六一儿童节和九九重阳节这三大节日，做好慈善宣传工作，动员更多的社会爱心人士捐款捐物，慰问困难家庭、留守儿童和独居、困病老人。在日常慈善活动包括助学、助医、助老、济困及各类社会公益等工作中，宣传工作不仅不能缺位，而且一定要跟进、做好。参加上述这些活动的帮扶者和受助者的人数较多、影响面较大，慈善会可以采用宣讲、发放《慈善法》和其他慈善资料，悬挂横幅标语，摆放宣传"易拉宝"，也可以举办策划好的宣讲仪式，耐心宣传和讲解党和国家关于慈善的方针政策、《慈善法》的内容及意义，普及慈善理念和基本知识，颂扬当地爱心企业和爱心人士的善行义举。有些市县慈善会发动文艺工作者把当地爱心人士的事迹编成小品或小话剧，在广场上演出，收到了很好的效果。所有这些活动，激发了社会各界参与慈善事业的热情和积极性，营造了浓郁的慈善氛围。此外，在这些慈善宣传活动结束后，应及时向媒体发布通稿，在更大范围内进行宣传报道，扩大慈善宣传的影响力。

　　我们在调研中了解到，安康市慈善协会高度重视宣传信息工作，注重和中、省、市主流媒体、融媒体、自媒体等宣传媒体进行协调与合作。安康慈善协会还利用自有网站和微信公众平台，宣传《慈善法》和慈善文化，推介慈善协会的项目和其他各方面工作。据统计，2021年安康市慈善协会在《慈善公益报》等处发稿10余篇，在省级报刊发稿113篇，在《安康日报》《安康新闻网》上发稿50余篇，创作了MV《白首同行》。目前，正在与安康电视台合作拍摄《慈善有道大爱无疆——安康慈善事业创新发展纪实》专题片。截至目前，安康市慈善协会微信公众平台共编辑发布46期，发稿115篇，发布图片300余幅。

每年"9.5中华慈善日"和"9.9腾讯公益日"期间，安康市慈善协会在网络项目的募捐工作开始前，都由会长亲自制定具体宣传和募集工作方案，包括具体措施，举行较大规模的全市性募集工作动员会，号召市委、市政府和各级党政机关、企事业单位、大专院校、各慈善分会和慈善工作小组、慈善公益类社会组织和志愿者队伍等，踊跃参加献爱心慈善联合大行动，并在此期间广泛宣传《慈善法》和其他相关法律、法规，宣传慈善文化和慈善先进人物等，号召社会各界积极参与慈善募捐。在此期间，安康市慈善协会负责人还陆续前往一些县区慈善会，进行宣传动员，收到了很好的成效。

不仅是安康，陕西省的许多市县都非常重视宣传工作。陕西省慈善协会宣传工作的负责人对我们说，陕西的一些市县曾经是贫困地区，慈善救助和帮扶的任务很重。但是，陕西人有着善良、纯朴的性情，有着乐于助人、扶贫济困的地方文化心理，还有慈善人的高尚情怀和感人故事，尤其是近年来涌现出许多爱心企业和爱心人士，他们积极参与扶贫济困和社会公益事业，推动陕西慈善事业不断迈上新台阶。陕西省慈善协会的历任会长都特别重视慈善和慈善文化的宣传工作，把陕西各界人士的大爱情怀、善心善事传布四方，引导更多的人关注慈善、参与慈善，以宣传工作为先锋队，营造了良好的慈善环境。这是值得充分肯定和大力宣传的。

在陕西省慈善协会宣传工作经验基础上，我们建议，各级慈善会应强化与报纸、广播电视、网络平台等新闻媒体合作，建立多方沟通联络制度，主动与各媒体建立联系，邀请媒体对重要慈善活动进行采访报道，主动为媒体提供新闻线索和素材，包括那些感人的典型人物和事迹，充分利用各类媒体，反映困难群众的愿望，宣传慈善事业取得巨大成就。

具体而言，我们建议市县区慈善会主动与《陕西日报》《华商报》《各界导报》和《善天下》《陕慈快讯》等报纸杂志联系、沟通，争取对本慈善会工作进行宣传推广；也要积极联系省外的《慈善》杂志和《慈善公益报》等刊物，把重要慈善活动的稿件及时投送给媒体。各级慈善会要进一步扩大宣传范围，增强慈善宣传的效果，持续宣传党和国家对慈善事业的方针政策，宣传《慈善法》及相关法律法规、制度和政策，及时发布各项慈善信息，展现慈善会的慈善工作成果，引起社会各界尤其是各级党政领导和职能部门的关注。

慈善会的重要工作之一，就是要打造慈善宣传平台，把宣传工作贯穿每次慈善活动的整个过程。事实上，宣传工作做得好不好，对慈善会的整体工作影响很大，不仅可以增强慈善的感召力，而且可以营造良好的慈善氛围，增强社会公众对慈善的信心和吸引力，让慈善事业紧紧围绕党和国家中心工作而展开活动，以自身独有的途径和方式，助力社会治理、共同富裕和乡村振兴的社会事业。这是慈善会宣传工作的立足点和出发点。为此，在慈善宣传实践中，慈善会要大胆尝试，不断创新宣传理念，打造宣传平台或载体，为慈善宣传提供良好条件。有条件的慈善会可以创办内部发行的慈善会刊，我们见到岐山县慈善会创办的《岐山慈善》内部刊物，图文并茂、文字简短，发挥了宣传慈善的作用。也可以建立慈善会的微信公众号和微信群，广泛联络社会各界爱心人士，力争宣传工作多样化、常态化，宣传内容有吸引力和可读性。同时，慈善会可以建立慈善文化宣传志愿者团队，进社区、进村庄、进企事业单位、各级各类学校、养老机构和福利院，自编、自演慈善文艺节目，高唱爱心歌曲，开展形式多样的慈善文化活动。通过这些群众喜闻乐见的方式传播慈善和慈善文化，展现慈善工作者和慈善志愿者的大爱之心，吸引社会各界人士积极投身慈善。

慈善是一项特别注重社会实践的崇高事业，宣传工作事实上包括在具体实践工作之中，而绝对不是口头慈善，也不是空中楼阁。慈善会不仅要践行慈善，也要广泛传播慈善。尽管慈善宣传工作还面对某些具体困难，但慈善会要有决心、有信心，克服困难，不断努力，以对慈善工作的极大热情，奋力做好慈善事业的宣传工作，全面展示新时代慈善事业的新成就，并且助力慈善事业的大发展、大繁荣。

三、鼓励企业做慈善

慈善宣传工作的内容丰富多彩，涉及慈善事业的各个方面，也关乎全社会的诸多领域。本节主要探讨慈善会如何鼓励爱心企业承担相应的社会责任，积极奉献、热心捐款，并开展慈善公益活动的路径。

投身慈善事业是企业长期发展的必然选择和实际需要。从另一个角度而言，慈善和慈善文化是企业文化建设的重要内容。自改革开放以来的企业发展过程看，凡是重视企业形象，注重企业文化建设，并尽力履行企业社会责任，热心慈善公益事业，救助和帮扶困难群众的企业，无论是国有企业还是民营企业，其品牌的知名度和企业形象，在困难群众以及广大民众的心目中都是正面的、良好的，没有什么负面评价，深受广大民众的喜爱和赞誉。

一个企业，在慈善活动中的捐赠行动，能对企业员工的心理产生极大的正面激励作用，包括企业内部组织的志愿者服务活动，同样可以吸引广大企业员工踊跃参与。这种正面的、积极的效应，在很大程度上强化了企业的凝聚力和向心力。事实上，这也是一种内生的生产力。从外在环境看，热心慈善的企业必然会形成良好的社会氛围和发展环境。本书前文里提及，诚信是慈善的底线，热爱慈善的企业必然恪守诚信这条底线，在市场经济的环境下，诚实守信的企业一定会获得发展的合作伙伴和营商环境，以及全社会的信任和称赞，其产品也必然受到消费者的喜爱和追捧。从这个意义上讲，慈善可以改善社会，同样可以改善企业。慈善给企业员工带来心理的抚慰和激励，慈善志愿者服务活动也给参与者带来阳光乐观和积极向上的力量，使企业员工的归属感、荣誉感、幸福感得以提升，在很大程度上减缓了他们在日常工作和生活中的某些压力，许多人必然会自觉地在工作中投入更多精力和脑力。这种精神力量是很大的。

我们在与地方民营企业负责人的接触中，有人提出这样的问题：我们这家企业规模比较小，受商业环境的制约，目前还需要政府减免税款政策的扶持，很难承担做慈善的款项。没有善款，我们应当怎么参与慈善活动呢？对这个问题，我们表示极大的理解。很多企业特别是小微企业的经营比较艰难，企业效益不够理想，确实拿不出来更多的资金捐赠给慈善会，救助更多的困难群众。我们的建议是，效益好的企业可以向慈善会捐款捐物，救助和帮扶困难群众。我们在媒体上注意到一些大型企业向慈善会捐款，少则几百万，多则几千万，有少数的还达上亿元，它们承担了较多的社会责任，救助了更多的困难群众。然而实际上，这样的大额捐款在市县区慈善会仍然是不多见的，或者说是凤毛麟角。

我们建议，效益不好的企业，可以通过企业行动参与慈善活动。县区慈善会在开展慈善活动时的资金需求可多可少，重要的是他们在履行着慈善责任，踏踏实实地为困难群众办实事、办好事。例如，慈善会的助学项目，企业用较少的善款，就可以满足落后地区学生的小小心愿，送给他们一个书包、一个足球、一身衣服。再如，救助流浪人口的慈善项目，企业可以用小额善款购买一些饭食和衣物，解决他们的基本生活问题，同样能够帮助困难群众。事实上，捐款额度可大可小，企业的爱心善举才是至关重要的。

除了或多或少的捐款以外，企业可以组织志愿者服务队，或动员企业员工积极参与慈善行动。很多公益项目都需要志愿者的参与，企业完全可以设计或寻找与公司业务领域最匹配的某个慈善项目，与慈善会进行合作，并安排员工担任慈善志愿者参加慈善项目的运作。例如，企业可以策划一次以环保为主题的慈善活动，组织员工到河岸边或秦岭山里捡拾垃圾；可以设计并组织亲子慈善活动，企业员工带着孩子到山区，与那里的孩子开展结对子、交朋友的活动，给山区孩子捐赠学习用品和生活用品，从小培养孩子的慈善心；或者到农村的敬老院开展服务活动，给老人们包饺子、包子，改善伙食，增加营养，洗衣服、理发、洗脚、打扫卫生，陪他们聊天，一起举办联欢会，减轻老人们的寂寞感等。企业的相关部门可以定期或不定期与慈善会联系，或直接与福利机构对接，为企业员工安排形式多样的慈善活动。

商业企业一般都有实体门店，慈善会与企业合作开展旧物回收和慈善商店的项目也是比较适宜的。社区居民把自己的旧衣物或旧物品送到企业实体店里，经过企业员工的清洗、消毒、熨烫和整理后，旧物变新物，凡有需要的人可以自行去门店里取用。他们取走了自己需要的物品，也可以把自己不需要的物品送到门店来，供他人取用。同时，慈善会把自己印制的慈善宣传材料放在门店里，任由顾客自由取阅。如此，企业以店面为平台，与慈善会合作开展慈善项目或具体活动，帮助了需要的人们，也协助慈善会做了宣传工作。

我们了解到，西安市有一位老师傅以修鞋为生，长年累月地把人们不要了的旧鞋清洗干净，翻新加工成可以穿用的鞋子，送给那些需要的人们，受到慈善会和志愿服务团队的好评。此类慈善活动的效果是直接的、显著的。需要帮助的人们和顾客可以直观感受到企业的社会责任心和慈善初心。在此过程中，企业的社会形象得到了有效彰显。

捐赠善款或开展其他类型慈善活动，对企业而言，有着很重要的意义。首先，树立并极大善化了企业在市场和社会上的较高声誉与良好形象，提升了企业品牌的社会价值和经济价值，事实上提升了企业品牌的知名度、可信度与荣誉度，培养和吸引了广大顾客对企业产品或服务的兴趣和信任，这就为企业联络了众多基础消费群体，扩大了产品的销售额，增加了企业的收入，实现了利润的目标。这是一种良性循环，慈善与企业经营在此处达成一致，可以促进企业制定更高的发展目标，企业及其广大员工获得积极向上的精神动力，士气得到鼓舞，企业凝聚力和发展后劲不断增强。我们看到，企业参与慈善事业，自身获得极大的精神力量，获得企业内部的强大凝聚力，也就获得了巨大的生产力和市场份额。反过来，慈善使企业发展有了长足的内在动力，进一步促进企业着力于慈善事业，增加捐款额度，设计慈善项目，从而使企业在慈善与企业经营二者的关系中，得到可持续发展，既增加了企业的利润，又承担了企业的社会责任。

第六章 慈善参与社会治理

引 言

慈善是一项传统的社会事业,也是现代社会不可或缺的崇高事业、行业和专业。慈善不仅具有扶贫济困、助学助医、抚恤和照护鳏寡孤独残障者、救助灾民、修路筑桥等传统社会救助职能,也不仅具有参与文化、教育、科技、环保等事业发展的现代社会职能,而且还有通过践行第三次分配,参与社会治理、共同富裕、乡村振兴和善化社会风气、维护社会公平正义等新职能。也就是说,无论从哪个角度,现代慈善事业都与社会治理与社会进步密不可分,承担了重大的社会责任。我们在本章讨论慈善事业如何实现传统慈善职能和现代社会职能的几个问题。

一、慈善的社会正向力

勤劳善良、乐善好施、扶贫济困、见义勇为,源自中华民族独特的文化基因与精神标识,尤其是慈善的品格与行为。中国慈善有着悠长的历史,自几千年前慈善活动就出现在中国古人的社会行为中,并在历史传承中,延续到当代。相对过去物质短缺状况,如今已经基本富足。政府的社会保障覆盖了生活的很多方面,全体人民的物质生活有了较大改善,幸福指数也有很大提升。这在以前是不可想象的。在此基础上，我们要提出的问题是，这些新进步意味着社会慈善事业已完成了历史使命，可以停下脚步了吗？政府和企业可以取代社会力量而主要进行慈善公益事业了吗？要回答这几个问题，首先要从学理上弄清楚慈善品格与行为的由来。然后，我们再讨论慈善的社会正向力。

第一，慈善根植于人性本源。人之所以为人的特质在于善，对善的追求是对人性本质的探索，而慈善正是源于人之善的本性，而非后天养成。后天养成的慈善，其实是对先天之善的发现和唤醒。人性本善是孟子于人性论思考的结论，恻隐之心是人性本善的体现。他举例说，井边玩耍的幼儿如果快要掉到井里，谁看到都会出手相救，为什么呢？正是源于人性中潜意识的善的驱动，这个潜意识就是人性本善。慈善动机离不开善的感性，而慈善活动的有序展开又与理性息息相关。感性的冲动是慈善活动的内在动力和开端，之后理性的意识决定慈善行为发展的方向。

媒体曾经报道过某市一位农民工的助老事迹。有一位自外地到某市务工的农民工，得知自己临时租住的小区里有一位高位截瘫的老人独自生活而无人照料。他便每天下班以后，来到这个瘫痪的老人家里，给他洗衣做饭、擦洗身体、打扫卫生，长年累月而毫无所图、毫无怨言。有句俗话说，久病床前无孝子，这位农民工与瘫痪老人非亲非故，能够坚持13年不间断照顾老人，直到老人谢世。如果像某些人那样，先做理性的考虑：我要不要去救助这位老人，我会花费多少宝贵时间，而少挣多少钱？我救助瘫痪老人到底值不值？思考太多的话，农民工也许不会花费自己那么多的宝贵时间去照顾老人，而是利用这些时间多去挣钱养家糊口，或者以更轻松的方式施以援手，又或者视而不见、袖手旁观，不会有人发现更不会被指责。但这位从大山深处走出来的农民工，做出了牺牲自己宝贵时间、不怕脏、不怕累、心甘情愿付出心力，去救助老人生命的举动，这正是人的本性中对于善的真挚追求，对于生命的敬畏与尊重。他的行为很平凡，也很伟大。

在丛林世界中弱肉强食、优胜劣汰是不二法则，但即便在这一残酷法则下，同类相助、相恤、相救的现象却也屡见不鲜。同样地人类不仅关心、救助有血缘关系的人，而且会同情和怜悯其他遇见困难和灾难的人，会捐助自己的钱物甚至牺牲自身的利益与宝贵的生命，去救助和帮扶他们。这是我们祖先做慈善的本性缘起，也是人类特有的重要属性。人类是有高级意识的，因而形成了主动、自发地开展慈善救助的行为。这是通过基因的遗传，发展成为今天我们做慈善的人性本源。正如一位朋友所说，做慈善有"瘾"。这个"瘾"，其实就是人性之本性使然，是通过行为的反馈，激发了心灵中对善的追求和潜意识中对美好的向往。

第二，慈善是弱者福祉。由于受地理环境差异、个体身体素质与智力、自然灾害等因素影响，人类社会发展具有不平衡性。国与国之间、地区与地区之间、群体与群体之间以及个体与个体之间的差异性是不可避免的，经济水平与生活水平参差不齐。经济发展较快的国家或区域，生活水平普遍提高，绝对贫困已基本罕见。但是仍然存在贫弱群体，一些鳏寡孤独废疾者、极端贫困的人、突遭意外的人等失去劳动能力的各类人群，仍然需要通过社会保障体系和各级慈善会的救助进行扶弱救困，帮助弱者渡过难关，解决基本生活问题。可以说，慈善事业的发展事关民生福祉。没有慈善活动的支持，贫弱者的基本生存就成了问题，慈善救助是贫弱者最后的保障。通过参与分配过程，社会资源在慈善活动中得到进一步的分配与均衡，其中有物质资源的流动，同时也有精神财富的流动，使全体社会成员能够向共同富裕迈进。

经济学中有"边际效用递减"的理论，是指在消费行为中，消费一件商品的满足感会随着消费产品单位数量的增加而递减。在此基础上，如若通过慈善活动进一步进行社会资源的调控和分配，则会使社会的整体效用不断增加，从而带动幸福感和满足感在社会成员间流动，有利于和谐稳定。因此，我们做慈善，不仅是出于对善的本能追求，也不仅是对社会弱势群体的救助与关怀；不是简单的我们想做、我们能做，而是我们应该做、我们需要做，而且需要坚持不懈地做慈善，需要带动自己身边的人参与慈善。这样才能把帮扶和救助的范围不断扩大，使弱势群体获得更多的帮助，尽快改善他们遭遇的困境，为实现他们自身发展打下坚实基础。

第三，慈善是心灵"除尘器"。经济快速发展，科技日新月异，物质生活极大丰富，精神生活世界也异彩纷呈。拜金主义、金钱至上的观念像灰尘，会悄然蒙蔽人的内心世界，见利忘义、唯利是图等会腐蚀人的心灵，绝对利己主义的极端思想也会潜藏于个别人的深层意识。也有这样一种烦恼，物质财富已然充沛，却没有健康与幸福。是的，生活中很多人处于亚健康与亚幸福状态，在琐碎的生活和忙碌的工作中疲于奔命。长此以往，绝大多数人会感到精神压抑和沮丧，心理浮躁而孤独，甚至毫无幸福感可言。

如果身体想要得到放松和舒适，游玩解闷、运动锻炼、亲近大自然都是不错的选择。但是心灵该如何除尘？此时慈善就可以被当成心灵的"除尘器"。通过一些慈善活动帮助他人，能够使人心慰藉，让自己的心灵纯净，让自己的精神重归理性，让自己的意识得以清洗。我们推测，那些做了坏事的人，内心忐忑，食无味、寝难安。相反，做了好事的人，内心愉悦，睡眠安稳，精力充沛。所以我们经常说，慈善有益健康，慈善就是人们心灵的"除尘器"。做一点慈善，有益于身心愉悦，有助于延年益寿。这是慈善对人们的心理和生理产生的某种化学物质所决定的，不是虚玄的、空洞的和毫无依据的说辞。

第四，慈善是社会"缓冲阀"。公平正义是科学社会主义的基本原则，也是共产主义社会追求的价值。人类社会发展的当下，某些歧视和偏见在社会上还有一定市场，以强凌弱、以富欺贫、以众暴寡的现象偶有所见，一些社会问题仍然存在。但是随着社会文明程度的提高，政治文明、经济文明和社会文明共同加快社会公平正义的步伐。在这其中，慈善事业发挥了不可替代的作用。做慈善可以使政府与百姓相互理解，有益于政府与社会之间的沟通；可以使富人与穷人相互联系，缓和贫富矛盾，减小贫富差距，有益于社会的和睦与稳定。

马克思主义认为，矛盾与斗争是社会发展的动力，矛盾转化的过程中，矛盾双方存在斗争与张力。这个理论推广到社会发展过程之中，慈善活动就是社会紧张的"缓冲阀"，通过慈善活动可以缓和社会矛盾，调节社会关系，协调社会资源，有助于实现社会的发展与稳定，人类的文明与进步，实现"第二个一百年"的中华民族伟大复兴的中国梦。

二、慈善缓解社会紧张

现代慈善是全民慈善。在慈善事业迅猛发展的过程中，我们深切体会到现代慈善对国家、民族、社会和个人都有着极其重要的意义。慈善事业通过参加第三次分配，助力社会治理、乡村振兴和共同富裕等党和政府的中心工作，这是非常重要的社会职能。我们以为，现代慈善就是通过自身独具特色的具体工作，发挥慈善工作的较大优势，体现并发挥其重要的现代社会功能。

慈善是中华文化的精髓和组成部分，是推动历史进步的原动力。自上古时期逐渐形成和不断发展的中国传统文化，其核心理念就是慈善。诸子百家对慈善的认识各有侧重，但其核心理念完全一致，慈善是纯洁的，可以相互沟通、对接与融合的。中国传统文化中的慈善，几千年来在不断积聚壮大，始终遏制着恶的倒行逆施，并推动历史发展和社会进步，也就是说，慈善是推动历史前进的重要动力。这是慈善的最高价值体现，也是其发挥社会功能的精神来源。

慈善是人类最崇高的事业。毫无疑义，慈善有利于国计民生，有益于社会的公平正义，可以化解各种类型的社会矛盾，尤其是缓解贫富差距以及不同社会阶层之间的利益冲突。毋庸讳言，现代社会有少数人在利益面前，唯利是图，崇拜金钱，利欲熏心，置法律与道德于不顾，侵夺他人利益，危害国家和社会利益，引发了某些社会隔离与对立。对此，慈善可以发挥缓解社会冲突的作用。

在市场经济体制下，等价交换是经济生活乃至社会生活的普遍准则，人们往往首先追求个人利益的实现，以不损人而利己的方式直接或间接推动经济发展和社会进步。但是，在某些特殊情况下，等价交换原则失去其普遍适应性。例如，对弱势人群，尤其是对那些需要特殊照顾的鳏寡孤独残疾者，就不能简单应用等价交换原则，先富起来的人们要尽自己所能，帮助贫困和残疾人群走出困境。

慈善有益于人们的身心健康，可以使人平静安稳地生活。现代社会生活节奏很快。对利益的追逐，以及工作和生活的压力，导致少数人内心孤独，精神贫乏，造成一些人胸无大志、郁郁寡欢甚至是选择"躺平"。投身慈善事业，包括参加慈善志愿服务活动，可以振奋人的精神，愉悦人的内心。慈善的一个重要理念就是"自助助人"，在一次慈善志愿服务活动中，可以同时实现这两个愿望，既丰富自己的生活内容，提升精神境界，又切实为他人提供帮助，为社会公益做出贡献，真可谓一举多得。在这个过程中，受助者与助人者双方的感受都是愉悦的，受助者既无须对助人者感恩戴德，助人者也不必希冀得到任何回报。我们见到很多慈善工作者，他们无论职务高低，也无论年纪大小，都在精神饱满地工作着。他们身心健康，平和友善，甘愿奉献，尽情享受着慈善带来的愉悦和平静。

现代慈善需要全民的积极参与。我们不反对"大众慈善"的说法，更赞成"全民慈善"的观念。慈善不是少部分人的事业，也不是多数人的事业，而是全体人民的事业。一个社会越文明、进步、和谐，参与慈善活动的人就越踊跃、主动和广泛。可以说，慈善是衡量一个社会公平正义和文明进步的主要标志之一。

在精准扶贫取得全面胜利以后，还要重视对部分困难群众的扶志、扶智。党和政府正在大力推进共同富裕的伟大工程，社会各界人士积极投身慈善事业，取得了令人瞩目的巨大成就。慈善助力共同富裕，要扶志、扶智。这其实就是哲人所提德、智、体，也就是民德、民智、民力的全面发展。能否实现共同富裕，有非常重要的外部客观因素，也就是居住条件导致的相对贫困，如极端恶劣的自然环境，不适宜于从事生产劳动和人居。对此，政府已经实施了搬迁移民工程，把这些地区的人们搬迁到平原地区，可以从根本上解决他们的贫困问题。这项工程取得了显著成效。

除此之外，要让困难群众过上富裕生活，一个关键就是扶志，使他们立下致富的信心和决心，除去懒散和"等、靠、要"的心理，寻找一切有可能的生活和发展之道，满足子女上学、家人就医和赡养老人以及家庭的各种用度。我们看到，一些困难群众有信心在政府和慈善会帮助下，或选择种植、或选择养殖、或选择运输、或选择电商等各种方式，逐步摆脱困难，走上富裕道路。对于极少数依赖政府和慈善会长期帮扶救济的人们，一定要仔细分辨哪些家庭需要"输血式"救助，哪些需要"造血式"救助。对那些需要"造血式"救助的人们想方设法寻找自助途径，并耐心细致地做他们的思想工作，树立劳动致富光荣、懒惰依赖可耻的价值观和人生观，帮助和鼓励他们，要靠自己勤劳的双手，尽快过上小康生活。

慈善会还要重视扶智。在一些相对落后地区，人们尤其是年轻人接受优质教育的机会有限，少数学生初中毕业就不再上学，他们对外界的发展了解不多，对自己如何过上小康生活没有设定目标和方式。对一般的生活技能，尤其是致富的技术性手段，对市场经济的一般知识知之甚少。科技扶智就是要解决如何在落后地区培训困难群众，使他们掌握创业或就业的能力的问题。例如，某些地区的土特林牧产品比较丰富，可以通过电商手段和渠道进行销售。简单说，困难群众要"八仙过海，各显神通"，每个人都会有自己的致富之道。

慈善会还要扶健康。人的身体健康是第一位的，没有健康的体魄就不可能脱离贫困，即使脱离了贫困也有可能重新返回贫困，或者长期依靠政府和慈善会的救助。在我们走访的困难家庭中，有一些家庭是因病致贫的，有的家庭是多人病残或卧床不起，基本上难以做到生活自理。还有的一家人全部是残障者，没有任何从事生产劳动的能力。这种情况不多见，但需要社会对处于这种状态下的家庭进行救助，慈善会要有计划地对这些家庭进行摸排并给予适当的救助帮扶，使他们摆脱疾病的困扰和痛苦，树立健康生活的勇气。

陕西省慈善协会从扶志、扶智、扶健康等多个方面为助推全省共同富裕做出了巨大贡献。"幸福家园"项目的广泛实施，预示着陕西省慈善协会助推共同富裕的工作达到一个新高度。

三、慈善参与乡村振兴

乡村振兴是当前社会最热门的话题之一，物质生活逐渐富裕起来的地区和人们，都在参与或关注这项宏大的社会工程。慈善会也不例外，以其特有方式积极参与乡村振兴。例如，由中华慈善总会发起并在若干省市实施的幸福家园项目，就是一个典型案例。尽管个人之间的幸福观和幸福感有某些差异，对幸福的理解甚至有很大区别。但是，享受幸福的基本条件还是可以有统一标准的。很难想象一个食不果腹、衣不蔽体、无立锥之地的人会说自己的生活很幸福。推进乡村振兴的目的，就是让农村少数困难人口乃至全体农民，都能做到衣食无忧，安居乐业，生活幸福。

自改革开放至今，中国农村发生了巨大变化。在此之前，新中国成立后农村推广农业集体化，组织合作社，到成立人民公社。此后，推行家庭联产承包责任制，这是生产关系的变化，极大提高了农民生产劳动的积极性，事实上解放了生产力。在较短的时间内大多数农民开始逐步脱离贫困，过上了温饱的生活，包括农民的居住条件，也得到很大改善。从城郊到乡村再到山区，许多农户已经修建了两层或三层小楼；衣着、饮食和休闲娱乐等都发生显著变化。这些都是我们团队在考察中亲眼所见、亲耳所闻，绝不是道听途说。农村发生的巨大变化，起源于家庭联产承包责任制的推行，也就是关于土地问题的改革。农村的改革极大调动了农民的生产积极性，逐步实行了各类资源的优化配置，使其更趋于合理化和现实性。

近年来，从农村情况看，家庭联产承包责任制实现了它的最初目标，解决了农村人口的温饱问题，极大地解放了生产力，稳定了农村社会。在不断实现城镇化过程中，许多农民进城打工或转变为城镇人口，有一些土地被闲置了。于是，土地流转就摆在人们面前，成为迫切需要解决的重要问题。2020年我国彻底消灭了绝对贫困，改善了相对贫困局面，全面步入小康社会。但人们的生活差距和差异依然存在。此前的2006年，中国政府宣布取消农业税，延续了数千年的种田缴税制度被废止了。这一举措对提高农民生产热情、增加农民收入、缩小城乡差距、解放农村劳动力等，都具有非常重要的作用。既然不缴农业税了，许多农民就不再种地，尤其是农村精壮劳动力更是离开土地，到城市打工挣钱。农民们很清楚，打工一年挣的钱相当于在农村种地收入的数倍，甚至十几倍、数十倍。那么，在农村发生的土地流转现象就是必然的。通过一定的手续并签订合同，一些种田能手或农业大户接手了那些无人耕种的土地，在一些农业大省出现了类似于农庄的农业个体专业户或资本介入农村经济，促使土地向少数人手中流转，农业作物的规模化、集约化、机械化在土地相对集中后得以实现，不再种地的农民成为自由之身，可以选择从事养殖业、运输业或其他行业，也可以选择去城市务工，这就推动了农村经济的转型。

据资料统计，各地进城务工的农民工大军目前已经超过了3亿人，还有部分农村的学生通过高考离开农村，使得大城市的人口数量剧增，农村人口相对减少。据最新的人口统计看，数量上城镇人口已经超过了农村人口。与此同时，也造成许多"空巢村庄"和大量留守人员，以及许多社会问题。纵向观察和分析中国农村所发生的巨大变化，以及农村社会问题的出现和逐渐化解，应当是极有价值的。与此同时，超过3亿的农民进城务工，也带来了他们在农村时未曾解决的某些问题，并引发了新的社会问题。例如，衣食住行、婚恋教育、医疗以及社会融入困难等。这些问题需要引起政府和慈善会的高度重视。换言之，如何帮扶进城务工人员，是政府和慈善会面临的紧迫而重要的问题。这个问题我们在本书其他章节还将进行讨论。

依照农村问题专家的观点，农村的经济发展，一方面要靠农业经济自身的快速推进，另一方面要大力发展乡镇企业及村办企业，走市场经济的路子。目前正在大力推进乡村振兴战略，全社会也都在投入力量积极参与，已经取得非常显著的成就，这是无须否认的。我们在农村考察时看到，乡村振兴战略成效显著。陕西省慈善协会在各地普遍实施幸福家园项目，占全国已启动幸福家园项目总数的三分之一左右，无论从数量还是从质量上，这个项目在陕西的运作非常成功，而且取得了很大的成绩。农民们已经成为幸福家园的主人，大批农户走出贫困，过上小康生活，他们的物质和文化生活水平不断提升，这是有目共睹的。

但是，这里有一个需要阐明的问题，就是我们在乡村振兴工作中，既要帮助农民致富，也要扶志。有少数农户依赖心比较强，等、靠、要的思想严重，致富的积极性和主动性不够，对如何才能致富这个问题，他们在思路上不够清晰，具体办法不够多，有些办法也不够合理，没有具体的可操作性。也有些农户没有可以致富的资源，空有一身力气而无用武之地。这就需要慈善会的扶持和帮助。我们在陕南某县遇到一位从北京来的挂职副县长，很年轻，很有朝气，也很有办法。他通过招商引资，给所在县引来了数百万资金，取得了很好的致富效果。这其实也是挂职副县长的职责所在。慈善会要有智力支撑，既然要做困难群众的扶志工作，那就不仅仅是一句轻松的鼓励话语，要开动脑筋，想方设法，因地制宜，因人制宜，提出切实可行的办法，解决困难群众的具体问题。

我们在基层调研过程中，听到一个致富的故事。有一年下大雪，已经采摘下来的橘子因大雪封山在农户家里运不出去，也卖不掉。农户老两口心急如焚，却束手无策。就在此时，村里第一书记在微信朋友圈里发布了这条信息，希望大家奉献爱心，购买老两口家的橘子。消息传出以后，社会各界人士积极响应，许多人自己开车到山里去拉橘子，在短短的一个星期里，1万多斤橘子就销售一空。这是通过自媒体传递致富信息的典型案例。还有一些人通过网络销售当地的土特产，也取得了很好的经济效益。其实，我们这里所说的就是结合具体实际，以及农户个人具体情况，创造性地提出致富方案，不至于太盲目而不切实际。

乡村振兴是全党当前的重点工作之一，时间紧、任务重，广大干部夜以继日工作在第一线。他们舍小家为大家，无私奉献，体现了高尚的情操，他们的事迹让我们感动。乡村振兴是中华民族历史上又一次罕见的伟大工程，是党中央实现"两个一百年"奋斗目标的重点工作和重要步骤，是全面步入小康社会以后，改善民生的重大政治任务。乡村振兴路上没有旁观者，我们有幸可以参与这个伟大工程。我们有理由相信，有党和国家的强有力政策支持与制度保障，有慈善事业强大精神驱动力，乡村振兴的宏伟目标一定可以达到，也一定能够达到！

以下，我们还想对土地流转问题再做一些分析和评论。土地是农业、农村和农民问题的核心，农民最关心的也是土地问题。取消农业税以后土地流转的问题，是当前理论界和社会各界热烈讨论的问题之一。大量的人口离开土地，出现了成片的空心村庄，外出打工挣的钱，比种植农作物所挣的钱要多几倍。有的农民跟我们说，种地不仅不挣钱，甚至还要赔钱，包括种子、化肥、农药、灌溉以及田间管理的支出，真的是入不敷出。有一些土地是由留守在家的老人、妇女种植，农忙季节就把外出打工的青壮年劳动力叫回来参加劳动，抢收抢种，粮食入仓。但现在很多在外务工者已经不回农村了，请假误工造成的经济损失超过了雇人收割庄稼的费用，于是，家里种植的庄稼就请别人代劳。由此，农村的家庭结构和社会结构也相应发生变化，农村缺少了中青年这个年龄段的人口，我们团队到很多村子里去考察，只看到很少的中青年人，大部分是老人、妇女和孩子，还有一些残障者。这是一个很大的问题，需要研究解决。

那么，究竟土地流转给谁呢？从我们了解到的情况看，大部分是流转给了种田能手、种田大户，这些人是从事大规模农业生产的农业企业家，有足够的能力和实力、精力从事种植业。这些大面积承包土地的种植者，可能不完全等同于美国、加拿大的农场主，毕竟自然环境和人文地理环境有很大不同，农业种植的传统也有差异，而且社会制度有区别。中国不是一个地广人稀的国度，很多地方都是人多地少，可以用于开展大规模种植的土地是有限的。土地流转是一个重要的社会现象，需要经济学界和社会学界的专家进行深入研究，并且提出有针对性的对策。土地流转应该是土地集中在少数人手里，开展规模农业种植。那么，耕种土地的少数人与不种地的多数人之间的关系是什么呢？是不是居住在农村的留守人员不再种地，而是用青壮年在城里打工挣来的钱养活自己呢？

在考察中我们了解到，当土地流转到少数人手里以后，没有种地的农民可以到乡镇企业或村办企业去打工，实现在农村居住的人员就近就业。我们还看到，除了种植业、养殖业以外，还有观光农业、旅游农业经济的出现，一些地方有土特产的加工和特色农业经济的开发，吸引了远近城乡人们前往观光、游玩，外出打工的人们也就回到了自己的家乡，就近开办或与人合办这些吃住游玩一条龙的旅游项目，事实上成为地方上颇具特色的旅游景点。但需要注意的是，创建观光农业旅游区，需要做符合实际的调研论证，不可一哄而起。我们也看到有些地方的旅游观光农业园地经营不下去，最终不得已拆除了这些设施，造成了经济的损失和人工的浪费。

中国农村及其经济发生变化，农民的日常生活也会随之发生变化。农村已经不再是过去那种春播夏耕秋收冬藏的经济形态了。小农业将逐渐转变为大农业，单纯的农业生产将会转变为多种经济形式并存的农业形态；农民们日出而作、日落而息的生活方式也会随之变化。土地流转形成了不同于城市人们生存的区域，其特色和优势，很可能吸引越来越多的城里人到农村居住或游玩，呼吸农村新鲜的空气，观赏美丽的乡村景色。所以，不断发展的中国现代农村，已经不再是传统意义上的农村了。这就给慈善事业提出了崭新的课题。这个课题其实就是在乡村振兴的伟大工程之中，慈善会将扮演怎样的角色，应采取哪些切合实际的举措或项目参与其中。

四、慈善参与应急管理

党的十九届四中全会提出"重视发挥第三次分配作用""发展慈善事业"的战略主张以来，慈善事业在扶老救孤、扶贫济困、助残优抚、灾害救助、科教文卫、环境保护等多领域多方面持续发挥作用。而慈善事业与慈善组织在促进乡村振兴、实现应急管理、基层社会治理等重大国家战略上的重要性值得关注。在当今百年未有之大变局的背景下，慈善事业在应对疫情防控、灾害救助等重大突发事件方面也做出了重要贡献，以慈善组织为主体的社会力量在突发事件应急管理过程中呈现出持续性深度参与的态势。关于慈善组织在突发或应急事件中角色的发展和转换，以 2008 年、2016 年和 2020 年这几个突出的时间节点来划分，大概有如下的基本特点。

2008年被称为慈善元年,这一年,全民慈善现象出现。慈善组织在经历衰败停滞和缓慢复苏的过程后迎来了高速发展,全民慈善的理念被激活。之所以被称为慈善元年,主要有如下三个原因。一是捐赠金额大幅上涨,据统计2008年全年捐赠总额达到1070亿的规模,是2007年的三倍之多;二是个人捐赠比例大幅提升,当年国内个人捐赠金额首次超过了企业捐款的数量,且捐赠占比超过了全年捐赠金额的一半;三是慈善组织数量大幅增加,中民慈善捐助信息中心发布的捐助报告中的数据显示,截至2008年底,我国共有各类慈善公益基金会1531家,比上年同期增加162家,涨幅接近10%。然而,慈善事业在快速发展的同时也暴露出了一系列引发"全民问责"的负面新闻。《中国慈善事业发展纲要(2006—2010)》明确指出:"我国慈善事业正处于一个关键发展时期,但从总体上看,我国的慈善事业还处于发展的初级阶段,社会的慈善意识、慈善规模、慈善组织、捐赠机制、法律制度等方面需要在实践中进一步增强和完善。"这种问责以及民众的信任危机,对政府管理部门、慈善组织机构、监管机构等相关方都造成了一定的压力。在这种压力下,中国慈善事业应该如何行进的问题也在争议和讨论中不断发展,实现创新突破。对于慈善领域官办抑或是民营组织的诸多积存问题,都有一定程度的反省和改进。我国出台了《国务院办公厅关于加强孤儿保障工作的意见》《湖南省募捐条例》《江苏省慈善事业促进条例》等多部相关地方性法规与政策文件,这些使得慈善法的实施规范进一步细化,从而进一步推进我国慈善事业发展。除此之外,中央及地方政府机关部门还发布了多项举措帮助慈善事业发展,如十八届三中全会通过的《中共中央关于全面深化改革若干重大问题的决定》,这一决定中要求,"完善慈善捐助减免税制度,支持慈善事业发挥扶贫济困的积极作用";2016年9月1日,民政部制定的《慈善组织认定办法》和《慈善组织公开募捐管理办法》正式施行。同时,民间社会组织、慈善团体也在这一时期不断实现自主创新突破。非公募基金会的数量在2011年6月超过公募基金会。2011年微公益出现,这一新形式依托现代网络传播技术及微博、微信等工具平台,使得民众能够更方便更广泛地参与慈善活动,进一步扩大慈善惠及范围;2013年4月中国慈善联合会成立,这是慈善领域枢纽型的社会组织;党的十八大以来,党和国家持续重视慈善事业，从顶层设计、法律法规、实践指引等多方面推动行业健康有序发展。2014年，国务院印发了新中国成立以来的第一个以国务院名义印发的规范性、纲领性文件《关于促进慈善事业健康发展的指导意见》（国发〔2014〕61号），鼓励和支持以扶贫济困为重点开展慈善活动。与此同时，西北大学慈善研究院、清华大学公益慈善研究院、中国人民大学中国公益创新研究院等多家从事慈善文化、公益慈善组织、公益慈善制度和体制等研究的公益慈善研究机构成立，推动慈善文化研究和推广继续发展。

2016年，在《社会团体登记管理条例》《基金会管理条例》《民办非企业单位登记管理暂行条例》和公益事业捐赠法等法律法规实践经验基础上，《中华人民共和国慈善法》出台。这是我国慈善制度建设的基础性与综合性根本大法，对慈善事业相关的问题做出了规范和定义，将"安老、扶幼、助学、济困"四大方面规定为慈善日常救助内容，并且将"救助自然灾害、事故灾难和公共卫生事件等突发事件造成的损害"纳入慈善活动的范围。《慈善法》的实施，为促进社会主义公益发展提供了有力支持，为规范慈善活动有序运行、促进慈善领域健康有序发展提供了法律保障，为保护慈善参与者的各方权益提供了强力支撑，同时也为完善社会领域立法、推进全面依法治国提供了制度规范。十九大以来，我国慈善事业发展速度不断加快，慈善力量不断壮大、慈善参与形式更加多元、慈善动员能力不断增强。同时，党的十九大提出我国社会的主要矛盾是"人民日益增长的美好生活需要和不平衡不充分的发展之间的矛盾"。这对慈善领域的多元发展提出了新的要求。在这一背景下，新时代中国特色社会主义慈善事业秉承公益和慈善并存的理念，持续应对发展问题。党的十九届四中全会提出："重视发挥第三次分配作用，发展慈善等社会公益事业"。首次明确以第三次分配为收入分配制度体系的重要组成，确立慈善等公益事业在我国经济社会发展中的重要地位。十九届五中全会进一步强调："发挥第三次分配作用，发展慈善事业，改善收入和财富分配格局"，将慈善事业定位为我国基本经济制度、收入分配制度的重要组成部分。政府发挥导向和组织作用，引导慈善公益组织和非政府部门以扶贫项目为依托助推精准扶贫和精准脱贫。慈善组织积极配合政府精准扶贫政策，承担起社会扶贫责任并发挥重大作用。慈善公益与志愿者服务团体也参与到社会建设中来，充分释放社会扶贫潜力。2017年12月，国务院颁布行政法规《志愿服务条例》，这是我国第一部关于志愿服务的专门性法规，对志愿服务管理机构的职责界定和志愿服务组织的法律地位、志愿服务的基本原则、管理体制等进行了全面规定，使《慈善法》中有关志愿服务的规制得到细化，也标志着我国志愿服务事业步入了法治化发展轨道。慈善系统在各级政府的关心支持下，不断发展壮大，服从服务于国家重大战略布局，投身众多民生保障领域，在打赢脱贫攻坚战、助力乡村振兴、优化社会治理结构中发挥了积极作用，实现了自身价值。不仅立足于国内，这一阶段我国慈善组织在突发事件的国际化应急响应中，不断寻求开展国际组织的协作，国际化程度不断提升，中国社会组织在人道救援领域的对外援助工作、集体输出行动持续作用，多元主体的协同机制也在这一过程中建设完善。2015年"4.25"尼泊尔地震发生后，我国与尼泊尔共同建立起"4.25尼泊尔地震—中国社会组织信息协同平台"，以实现多元主体权责任务的协调合作。虽然那一时期我国的慈善组织国际化水平较低，参与方式较初级，具有以一次性捐赠和援建为主的特征，但在"一带一路"倡议下，慈善组织的社会人才、管理、公益资金等各方面资源的整合能力进一步加强。我国慈善公益领域的国际化程度和合作与交流频次得到快速发展，慈善组织的建设和发展成为中国软实力建设的重要组成部分，并为国家的和平崛起营造更友好的国际环境。

在应急事件处置方面，我国《慈善法》虽然根据实践发展经历了多次修订，但是在突发事件应急处置中的相关规定还存在不足和模糊。因为在突发事件应急处置过程中，往往面临着救护群体扩张、所需物资数量增多、筹集时间紧、信息协调难度大等复杂而棘手的问题。在此背景下，对于《慈善法》在快速响应机制下的保障与协调能力就提出了更高的要求，如需明确规定与突发公共事件救助相适应的慈善募捐、公募资格获取、慈善项目备案、慈善财产管理、慈善组织协作等内容。这对慈善组织的应对能力也提出了新要求。新冠疫情暴发以来，慈善组织和慈善事业在社会救助和参与社会治理方面更是发挥了不可替代的重要作用。慈善组织作为非营利组织的典型代表在新时代应对突发事件应急处置的过程中发挥着重大作用，以其为主体的社会公益力量不仅参与应急管理全过程，而且全面、深度、持续性地参与了紧急救援、过渡安置、恢复重建和防灾减灾四个阶段。在突发事件紧急救助安置和救助的过程中也充当了极其重要的角色。在2021年中央财经委第十次会议和中央经济工作会议上，习近平总书记再次强调，要构建初次分配、再分配、三次分配协调配套的基础性制度安排，提出"引导、支持有意愿有能力的企业和社会群体积极参与公益慈善事业"。党的二十大报告中多处论述与慈善事业息息相关，例如：巩固拓展脱贫攻坚成果，全面推进乡村振兴；传承中华优秀传统文化，弘扬中华传统美德；完善志愿服务制度和工作体系；引导、支持有意愿有能力的企业、社会组织和个人积极参与公益慈善事业；健全分层分类的社会救助体系；加强重大疫情防控救治体系和应急能力建设；完善社会治理体系，健全共建共治共享的社会治理制度等。

慈善组织长期以来坚持不懈地在突发应急事件中承担社会责任，发挥重要作用，为社会组织参与社会治理提供了更为丰富的理论依据和更为充足的现实条件，这为明确慈善组织的主体责任、完善慈善表彰制度、提升慈善组织质量、健全相关政策体系都打下了坚实的基础。从"制衡、控制与合作"这三种基本的国家社会关系的基础性理论研究视角来划分，近年来慈善组织与政府的关系主要的特点就是不断走向合作协调，政府也逐渐让渡部分权力，为其他利益主体释放出更大的参与公共服务的空间，特别是在应急事件处置以及灾害救助领域体现得尤为明显。

通过大量的调查研究，我们认为慈善组织在突发应急事件中，主要应该承担以下三种角色。

第一，社会资源的提供者。一是慈善组织具有资源募集的能力；慈善组织参与突发公共事件应急救援的行动途径多元且专业性强，资源筹集能力强。首先，慈善组织能够在资源动员（例如募集资金和物资、动员和招募志愿者等）、资源对接（包括资金、物资、人员等的对接）和项目实施（伤患及其家属的心理疏导、社区防护宣传、志愿者培训、救护人员支持和抚恤、后勤保障等）等方面发挥作用。慈善组织的机构及职能设置决定了其能够有效承担起资源的募集与分配。利用广播、电视、网络等多媒体平台对需求情况以及物资需求状况进行宣传报道，公布募捐方式。在社区和人群集中的地方设立救助捐款箱，方便接受社会各界和群众的捐赠资金，在接受捐赠的同时也必须对灾区的情况进行彻底的全面分析，包括迅速、多渠道了解灾情和灾民需求，积极和政府应急办、民政部门、媒体等机构合作，多方面地获取灾区所缺物资，做好捐赠物资的接受和分配，确保物资完好、准确、快速、高效地调拨运输到灾区。其次，吸纳具有专业素质，对救灾行动有所帮助的社会人员进入到组织，根据救灾工作需要，招募、登记、管理志愿者，并对志愿者进行短期的培训，了解慈善组织的基本纪律和活动范围，另外组织慈善组织内部全体人员和志愿者，实行统一的调配和指挥，迅速组织、开展救灾活动。二是慈善组织具有资源募集的优势。应急处置过程中应急资源的引入是影响应急事件处置效果的重要因素，是我国应急体系建设的重要组成部分，能否高效完成应急资源的筹集、保障、分发和调配直接影响着应急管理的效能。《"十四五"国家应急体系规划》就指出，要构建优化协同高效的治理模式，建立健全联合指挥、灾情通报、资源共享、跨域救援等机制，健全跨区域应急物资协同保障机制。慈善组织因其组织理念、宗旨原则以及资源禀赋，能够有力保障资金、人力、物力等应急资源的快速合理配给，能够有效应对重大突发公共事件方面发挥作用。三是慈善组织具有资源分配的体系。慈善组织内部以及慈善资源内部存在协调与整合的机制，能够有效动员与募集慈善资源、促进资源调配与组织匹配。慈善组织的组织性、资源整合性是政府与慈善组织发挥应急资源调配能力，参与协同机制的基础。慈善组织能够对突发事件应急处置状态下的民众和其他组织进行物资的及时供给，提供后勤保障、人力资本，使得政府与应急慈善力量之间能够形成统一的、充分衔接的对接机制。慈善领域中社会力量的组织体系也可以使得慈善组织在突发事件应急资源的调配过程中更好发挥慈善组织、企业等多元化的社会力量的协同作用。

第二，社会支持网络的建立者。一是慈善组织发展的综合性决定了本身具备社会支持网络的机制；慈善组织可以充当以慈善组织为重要环节的支持网络的建立者。慈善组织支持网络的建设从应急管理领域进一步向常态化领域拓展，在行动方面促进慈善组织与其他多元主体等在慈善组织运作、慈善项目衔接中形成有关沟通、决策与行动层面的多方协同行动，从而快速提高资源的流通传递速度与使用效率。另外，慈善组织可以作为互联网公益平台、慈善行业监管信息平台以及慈善信息类专业化社会组织等综合网络组织的信息传递者、整合者、执行者，从而搭建起社会成员参与慈善的信息通道、引导资源流向更具公信力的慈善组织。

二是慈善组织在政府主导之外建立大社会的救助帮扶网络是社会治理的发展方向。现代社会突发公共事件的复杂性和不确定性导致政府难以单独应对，需要社会力量的参与。我国现在正处于发展的关键期，社会风险具有复杂性和不确定性，全民与政府共同面临着不确定性的情境，发挥慈善组织的作用是社会成员参与社会治理的重要方向；而风险的复杂性多变性也决定了应对突发危机时所需的能力和资源远超单个慈善组织的能力范畴。这也预示着无论是政府还是慈善组织都无法单独应对各类突发公共事件的挑战，需要合作共治，建立统一领导、综合协调、分类管理、分级负责、属地管理为主的应急管理体制。而这一体制的建立离不开慈善组织积极参与，并发挥在应急救助中组织化、差异化和个性化方面的专长，成为政府力量的有益补充。

第三，社会环境的维护者。一是和谐稳定的社会环境和具有弹性的社会状态是社会应急治理的目标。应急情境下，慈善组织能做到第一时间参与，有热情。发展应急救援和救助类慈善组织，支持慈善组织和其他社会力量运用专业化、综合化的方式参与应急处突行动，致力于通过自身的努力建设良好的环境，建立慈善力量参与突发事件应对的常态化保障机制。二是作为第三方的重要力量发挥广泛的引导和监督作用以维护社会环境；重大突发事件下慈善工作符合应急处突工作的特殊需要，以快制快、灵活应变，突出效率导向，注重实施效果，在应急管理中慈善组织能够起到社会的引导和监督工作。同时，慈善活动和慈善教育也可以为慈善领域的应急服务培养、积累亟需的大量专业人才，进而成立企业、协会、自组织的民间公益智库和专业志愿者人才库，促进公益志愿服务的进一步发展。三是在出现应急状态的时候通过自身介入恢复稳定的社会状态，能够起到扶危济困、济穷济急、恤老慈幼、扶贫帮困、乐善好施的重大作用，且有助于在突发事件处置过程中与处置结束后缓和社会矛盾，稳定社会秩序，构建社会主义和谐社会。对于个人，能够提供突发事件情境下的心理安慰及物质帮扶。慈善组织具有物资救助与精神抚慰双重任务，在救助之后建立起的社会支持网络，也能够延续和保证应急救助的效果；对于团体，促进团体的价值认同，形成团体的行为规范，激发团体的内驱动力；对于社会，优化社会结构，维护社会稳定，促进社会和谐。慈善组织秉承大爱无疆、惠泽社会的宗旨，慈善精神秉承以人为本、科学发展的理念，与中华民族的文化基因和扶危济困、乐善好施的优良传统相呼应。慈善文化和社会环境之间相互影响，优良的社会环境为慈善文化提供了生长的土壤和精神滋养，而被深厚中华文化所滋养的慈善文化也对维护社会环境、树立优良社会风气起到了重要作用。

慈善组织在突发应急情况下，想要更好地发挥作用，参与社会治理，必须要注重以下三个机制的建立。

第一，建立政社联动的协同机制。在日益复杂、频发的突发事件面前，政府对于慈善领域多元参与主体的引领和协同作用极其重要。明确政府与慈善组织间合作的网络结构和各类应急组织在应急网络中的角色与定位是协同联动的关键。强化政府组织慈善力量参与应急管理的责任，合理划分民政部门、应急管理部门、卫生健康部门等政府部门职责，建立政社协同、政社联动、信息共享的统筹协调机制，能够进一步激发各类慈善组织参与突发事件应对的积极性和责任感。例如，2013年雅安地震后，中国扶贫基金会、南都基金会等共同发起"基金会救灾协调会"平台，促进政府救灾计划与慈善组织、基金会救灾行动的融合互补，促进基金会之间互通信息。这一平台是慈善领域多元协同联动的重要部分，在后续其他公共事件应急过程中也不断得到发展，其协同联动网络进一步形成。形成了政府、慈善组织以及其他社会组织协同联动的新机制，为慈善组织与政府间协同机制的建立提供借鉴，充分体现出政府协同机制建立的重要性。同时，在建立起的应急合作网络基础之上不断考察政府与慈善组织间的跨界与平行两类互动关系，探究慈善组织在合作网络中对网络稳定性的影响水平，提高应急事件应对处置效率、强化应急组织间合作、保持中介应急组织联通将是提升应急事件处置整体效能的重要手段。

第二，建立信息共享的协调机制。慈善力量参与重大突发事件应对，最关键的是将慈善组织纳入地方政府的应急协调机制和信息共享机制，更好地发挥慈善组织和志愿服务组织的重要作用。2016年出台的《中共中央、国务院关于推进防灾减灾救灾体制机制改革的意见》提出"完善救灾捐赠组织协调、信息公开和需求导向等工作机制"，应急情报协同是多主体对应急情报共同采集、加工、共享、利用的过程。应急情报协同过程围绕突发事件应急管理环节进行，主要包括预防准备、应急决策、指挥调度、应急处置和恢复救援，促进跨地区、跨部门、跨层级、跨机构四类应急协同行为，实现多元协同响应。然而由于政府部门之间与慈善组织之间的应急协调性不足，信息传递存在阻隔，网络核查信息错杂，信息更新迟缓，物资阶段性需求难以满足，由此形成的信息壁垒影响着慈善组织运作以及政府行政效率。而组织工作人员的调动支配也同样存在问题，从而造成物资和人力浪费。建立慈善组织之间以及组织与政府间的应急情报协同机制能够打破信息隔离，避免信息孤岛，搭建起信息沟通的平台，提高信息沟通的效能，对草根组织和群众自发组织进行统一管理，以避免缺乏信息沟通造成应急管理过程中的应急行动冲突和应急资源浪费。

第三，建立信息披露的监督机制。应急状态下，慈善工作的社会公众关注度高、舆论影响范围广，慈善相应的支出比例和信息公开标准与常态比都应明显提高，披露频率满足突发公共事件信息披露的实际需求，以保证慈善捐赠在抢险救援和各类重大突发事件应对中及时、充分地发挥应有作用。同时，也顺应了应急处突工作需要和社会舆论关切。这就要求了慈善组织依据法律规定进行过程运作，保障信息公开透明。增设突发公共事件慈善组织信息披露的特别条款，明确突发事件应急处置过程中慈善组织根据实际情况及时披露募捐情况和项目进展情况。以保障应急处置过程中捐赠物资的接收、分发去向透明度，达成慈善主体多元化、慈善资金可追溯、慈善信息公开评价的目标。建立起联动网络中的慈善组织信息披露监管、评价、激励机制，完善慈善组织信息披露内外部驱动机制，完善慈善组织信息披露问责制度，降低监督和检查成本。引入第三方协助进行相关系统的构建以弥补慈善组织内部人员、技术、系统等方面的局限性。搭建起互联网政府服务协同慈善组织的新模式，慈善组织的信息披露和查询机制是保证慈善领域受到监督的前提，进一步完善慈善组织参与突发事件应急管理的多元监督机制。充分利用现代信息技术，适时高效整合互联网平台资源，构建政府监管、行业监督、第三方监督和社会公众监督协同的多元监督机制。运用区块链技术和现代物流技术等高新技术对慈善组织进行监督和管理，特别是对项目备案、募捐、资金使用、项目进程、信息披露等事项实行全流程多元化监督。

慈善组织如何根据自身的角色定位承担相应的社会功能，发挥更大的社会作用，我们认为应该从以下几个方面出发。

第一，整合社会资源。提升慈善组织动员和整合社会资源的协同功能。慈善组织作为慈善资源和慈善受益群体之间的枢纽平台，发挥着不可缺少的桥梁作用，能够通过设计优秀的慈善项目，提供完备的慈善权益保障，支持和激发有公益意愿的企业和社会群体参与，实现公共服务供给的共建共享。建立慈善力量应对突发事件的统筹协调机制。充分发挥慈善行业组织的行业引领和统筹协调作用，加强慈善行业应急资源整合与行业统筹，制定应急处突预案，组织开展应急处突演练，建立应急状态下的慈善需求信息发布与数据跟踪以及物资接收、仓储、物流、调配等工作机制，提升慈善组织应急救助能力和专业水平。提供应急慈善捐赠物资接受便利。建立健全突发事件中的慈善组织资源供给链条，促进基于群众需求的服务型慈善组织建设，提升服务专业化程度；基金会等具备筹资功能的慈善组织应动员广大社会力量参与援助，并提供必要的资金以及物资。

第二，联动社会网络。打造协作机制保障、指挥架构协调、力量整合部署、资源统筹配置四个方面的联动机制。做好慈善组织参与协同治理的制度设计与安排，建立健全防灾减灾救灾联动工作机制，将应急慈善活动管理纳入突发事件应对管理体系，为慈善组织参与突发公共事件创设平台与环境。在突发事件应急预案编制过程中纳入应急慈善相关内容，并明确慈善组织权责。建立部门联动机制，将民政厅、慈善总会、红十字会等相关组织机构之间的网络进行疏通协调，确保作用的发挥。明确政府与慈善组织在突发公共事件中的权责界定与相互关系，形成合理的分工协作机制，根据各组织的不同优势，科学合理进行资源配置和分工。设立与慈善组织进行对接的专门部门，实现突发公共危机事件的多元合作和资源共享，慈善组织有序参与应急治理工作，充分发挥慈善组织在突发公共事件应急治理中的专业优势。依托新兴信息技术手段，建立起慈善组织与政府部门、公共服务需求方等主体之间的信息共享机制，搭建行业内信息交流平台，做好信息的沟通与协作，消除信息壁垒和信息不对称，畅通医疗、教育、住房等公共服务需求信息流动的渠道，促进公共服务参与行动者互联互通，提高慈善资源优化配置效率，确保慈善资源精准有效流向群众。

第三，加强队伍建设。提升慈善组织应对突发事件的应急能力以及专业救灾能力，推动救灾类慈善组织的发展，为政府的应急治理提供有效补充。推动救灾类慈善组织的发展，慈善组织应加强行业自律，建立健全行业规范，提高组织公信力，从而增强资源获取能力，破解资金不足困局。建立慈善组织参与的项目化管理机制，设计系统化、科学化的评估指标，依托第三方评估机构，进行慈善项目运行效果的绩效评估。加强慈善人才培养和慈善工作队伍能力建设，在高校、行业组织、相关研究院等人才培养机构开展人才培养，探索新时代慈善人才发展模式和培养路径，培养有应急管理能力和应急处置能力的慈善专业人才。加强对慈善人才的指导、服务、协调和监管，大力发展社区慈善，设置科学合理的考核标准和机制，注重对受教育者综合素质和能力的评价，提高教学质量与效果。加强各院校与公益慈善组织之间的沟通和协作，建设慈善相关项目以及公开平台，创新开展网络慈善。督促慈善组织组建职业化的运营团队、引导参加等级评估、按期换届、提升服务能力、提升慈善组织有效运转率。完善监督，做到慈善项目实施过程公开透明，按照项目化要求提供专业性、长效性的公共服务。同时，依托内部治理提升专业化程度，建立健全权责明晰的内部治理结构，实施精细化、精准化管理，规范慈善组织行为，提升自我治理水平。

第四，加强文化宣传。慈善文化是根植在我国传统文化和悠久厚重历史中的，是我国慈善事业长期发展、持续进步、长期积淀的产物，是凝结在我国慈善活动和慈善参与者中的一种文化，是中华文化中社会文化的重要组成部分。加强慈善文化建设，应积极推动慈善文化教育进课堂、志愿服务活动的开展，将慈善文化的推广、应用、普及纳入文明社会的创建过程，在社会中倡导正确的慈善理念。强化慈善理论研究和慈善文化建设。把开展慈善公益活动、弘扬社会正能量作为达成理想社会的重要助力和手段，并将这种价值取向凝结在慈善事业中，为中华民族伟大复兴新征程奉献力量。

众所周知，2008年汶川地震后，我国慈善组织呈现井喷式快速高效发展，其在应对灾害事故和突发应急事件上的作用也逐渐彰显。2016年，我国慈善法出台，慈善事业走向了更加法治化的道路。2020年新冠疫情以来，慈善组织的重要性进一步凸显，其在突发事件应急处置中的角色进一步转变。然而正如2020年10月，全国人大常委会慈善法执法检查报告所指出："应急状态下的慈善组织运行仍存在许多问题，尤其是在突发应急事件的慈善组织的角色定位以及协调机制等部分面临一系列挑战。"新修订的慈善法对于应急状态下的行为过程、能力、组织协调等问题上的指向较不明晰，在执行层面缺少更加具体的规范。对于社会力量的动员、慈善组织与政府的联动协调问题也少有涉及，这也表明我国的慈善事业、慈善组织的发展路径和方向仍需探索。因此梳理慈善组织不同阶段的角色转换，厘清慈善组织的角色定位和功能，是建立健全突发事件应急响应的紧急救助体系和慈善组织运行机制必须重视的问题。而进一步完善政府与社会力量协同救灾联动机制，将慈善这一非营利组织纳入公共危机应急治理体系，探究政府与慈善组织的应对公共危机的联动协同之路，对提升国家公共危机治理能力、防范化解重大风险具有重要价值；对于促进第三次分配，助力社会公平和共同富裕、改善阶层关系，增进社会团结和睦具有重大意义；对大型公共卫生事件应急管理机制的制度建设、冲突及衔接的实践应用有着重要的创新意义；对世界其他国家慈善组织联动模式的调试与完善也具有积极的参考价值。

五、对慈善参与社会治理的思考

什么是社会治理？慈善如何参与社会治理？这是现代慈善新的社会职能。我们先了解什么是社会治理。"社会治理"的概念是近年提出来的，它是由社会管理转化而来的，其内容比较繁杂，主要有协调各种社会关系，规范人们的社会行为，解决突出社会问题，化解阶层矛盾与隔阂，促进社会公平正义，应对可能出现的社会风险，维持社会稳定与和睦等基本内涵。慈善参与社会治理，是党和国家赋予慈善的重大责任，慈善会和慈善工作者对此应当予以足够重视，并发挥自身专长和优势，采取积极有力措施，切实发挥慈善对社会治理的功能和作用。

具体而言，慈善参与社会治理，主要着力于社会与自然两个方面以及二者相互之间的关系。

慈善参与社会治理，可以发挥消除社会隔阂，协调个人与他人、个人与社会、群体与群体或阶层与阶层之间的关系，推动社会和睦以及健康、持续发展。一般而言，现代慈善承担着参与社会治理的重任，那么具体途径或方式是什么？

这是慈善会和慈善工作者应当特别予以思考的重要课题。在我们的认识上，慈善参与社会治理有助于社会各阶层的和睦。具体途径和内容是，慈善会通过扶贫、济困、扶老、救孤、恤病、助残、优抚，抢救自然灾害、事故灾难和公共卫生事件等突发事件造成的灾害，缓和社会隔阂、对立和冲突，稳定社会秩序和社会治安状况，有利于维护社会阶层的和睦与融洽，实现社会和睦与友善。政府的全面社会保障机制难以做到面面俱到，毫无疏漏，那么现代慈善就以其特有的社会治理功能优势，成为政府社会保障体系的必要补充。

事实上，慈善可以营造友好、和善、协调的社会氛围，消除社会紧张与隔阂。慈善工作的主要职能是救助、帮扶困难群众，施助者以款物等形式对需要救助者予以帮助，使他们尽快脱离贫困状态。同时，慈善积极参与文化、科技、教育、医疗和环境保护等领域，开展各类公益活动。慈善工作者和慈善志愿者在上述具体活动中，热心助人、无私奉献、服务社会，这本身就是一种爱的正向力，是爱的宣扬和传递，是一种维护社会和睦、友善的积极力量。慈善工作通过款物助人，也通过扶志、扶智、扶健康等方式，改善受助者的生活态度，正确对待社会和他人，正确对待自己的现状和未来，成为可以自食其力的劳动者，并且保持与社会、与他人、与自己的和睦关系。

人们在自己的生命旅途中，都不可能脱离社会而完全独立生活，衣食住行等基本生活都需要社会和他人给予。除少数情况极为特殊的人以外，几乎所有人从出生后，就必然开始融入社会生活，开启了社会化的过程。因为人不仅是自然人，更是社会人。除了与自己的家人相处以外，还要与同学老师、同事朋友、领导上司、邻里熟人以及其他人处理好关系。

人生活在大自然的怀抱里，就必须与自然和睦相处，这里强调的是要防止人类对大自然的过度消耗甚至破坏。与自然和睦相处，慈善会有很多工作要做。我们在学习《慈善法》的过程中，了解到"环境保护"已经被纳入慈善内容，慈善组织和慈善工作者、慈善志愿者要充分理解大自然与人类之间休戚与共的密切关系。环境保护不仅有益于当代社会健康、平稳发展，而且有助于社会的可持续发展，有利于提升人类生活的质量，造福子孙后代。例如，慈善会实施的"保护母亲河""守护大秦岭"等项目，以及慈善志愿者在公共场所捡拾垃圾，维护公共环境卫生，保护水资源、森林、土壤、气候等生态，有益于社会治理与环境治理的同步发展。

我们认为，维护社会和睦状态，有些重要问题需要理论界深入探讨和阐释。从实际上讲，慈善会在参与社会治理的工作中，紧密配合党和国家的中心工作，也有很多工作要做。例如，教育资源公平问题、医疗问题、住房问题和就业问题等关系民生的重要问题，还有贫富差距等客观存在的问题，会使社会公正受到一定程度的危害，也给社会稳定与社会和睦构成较大威胁。对于上述问题，慈善会如何开展工作，需要慈善同仁的创新。

在现实生活中，我们看到这些问题已经直接影响到社会和睦与稳定。社会是极其复杂多变的，上述问题的确不是可以轻易加以解决的，因为每个问题都不是孤立地存在，涉及的具体问题相当错综复杂。可是，如果这些问题不能得到妥善解决，人民群众的生活幸福感就难以提升，社会就可能失去安全感，维护友善与和睦的工作也就增加了难度。社会治理是一个系统性大工程，应该以人为本，以健康、绿色、可持续发展为基本状态，社会上的多数人能够充分享受社会主义建设所取得的成果，社会物质生活有基本保障，政治文明不断进步，文化事业更加繁荣，社会生活状态平稳而和睦，而所有这四个方面，互相之间也处于基本和睦与协调状态，并最终落实到一点上——人民安居乐业、生活幸福美满。

慈善通过具体项目和措施助推共同富裕。消除贫困，改善民生，实现各地区、各阶层共同富裕，这是党和国家的中心工作，也是社会主义社会的本质要求。慈善完全可以发挥自身优势，弥补民生短板，助力经济发展，推动社会治理。慈善促进教育、科学、文化、卫生、体育等事业的发展；防治污染和其他公害，保护和改善生态环境；抗击疫情和其他自然灾害。所有这些，有助于促进社会各阶层和睦，有助于推进精神文明建设进程。优秀传统慈善文化和崇高的慈善事业，对消除某些社会不良现象，如拜金主义、享乐主义、极端自私自利的个人主义，能产生一定积极作用。

六、后扶贫时代的智慧慈善

慈善进入后扶贫时代，这几乎是慈善界的共识。那么，后扶贫时代的基本状况是什么？后扶贫时代的慈善工作应当怎么做？回答上述问题是本节的主要内容。

简单来说，后扶贫时代的中国社会，正处于平稳发展与适度转型的历史时期，经济、社会、文化与以往任何一个时期相比，都发生了很大变化，整体上处于比较健康、平稳发展的状态。尽管近几年我国经济发展增速放缓，持续处于经济新常态。但国家的宏观经济形势处于可控局面，人民群众生活水平没有受到太大影响，社会各方面运行还属正常和健康。尤其是精准扶贫取得决定性胜利，数千万贫困人口过上了温饱乃至富裕的生活，这是中国历史上的重大事件。但我们的头脑必须保持清醒，某些需要慈善介入的社会问题依然存在，需要慈善会予以妥善处理，不断推动中国社会的健康持续发展，切实保障广大群众尤其是困难人群的生活所需。

如前所述，经过若干年艰苦奋斗，中国社会已经告别了绝对贫困，但当前国内各地区、社会各阶层的收入有一定差异，某些社会问题的发生都直接或间接与此相关。导致收入差异较大局面的因素很多，有些因素通过深化改革而逐渐消失，有些因素仍然存在，个别因素的作用还有加重的可能，加上其他主客观因素的影响，收入差异较大的问题也就暂时难以消除。事实上，随着全面建成小康社会宏伟目标的最终实现，绝对贫困现象已经基本消失。但是，这并不表示国内的相对贫困现象和各地区、各阶层之间的收入差异就完全不存在了，而且相对贫困的问题也是客观存在的。因此，中央提出重视第三次分配，努力实现各地区、各阶层人们的共同富裕，是非常重要和及时的，而慈善事业对实现全体人民共同富裕，应当可以发挥重要作用。在此背景下，慈善组织应当把推动共同富裕作为工作的重要内容之一。令人欣慰的是，东部和南部一些省市慈善会已经率先行动起来，对共同富裕的慈善职能和作用做出了开创性尝试，其经验值得各地区慈善组织借鉴。

民以食为天，从古到今，粮食生产一直都是国家的第一要务。每年中央的一号文件都是关于农村、农业和农民的，安排好农业生产，发展好农村经济，解决好农民需求，同时处理好城市人口的日常生活问题，这是关系国计民生的重大问题。这些年来，人民群众的生活得到了切实保障，精准扶贫后步入小康社会，得益于党和政府的好政策。执政为民，一切以人民为中心，这是党和政府的立党之本。

从社会实际情况看，绝对贫困问题的最终解决，有助于相对贫富差异的缩小，有益于社会各阶层之间的和睦与友好，这是毫无疑问的。彻底解决各地区、各行业、各阶层收入差异较大的实际问题，是非常令人振奋的事情。经济差异意味着相对贫困现象依然存在，这种现象也许不表现在吃饭、穿衣等满足人们基本生活需求的问题上，而是表现为教育、就业、住房、医疗资源的享有，以及环境和可持续发展等较高层次。这是政府致力于改变的主要民生和社会发展问题，而慈善会在这个过程中也是可以有所作为的。

其次，我们讨论后扶贫时代的智慧慈善。慈善会面对后扶贫时代的社会生活，可以思考采取何种方式参与对困难群众的救助与帮扶，参与社会治理，推动共同富裕。我们在调研工作中，了解到有的基层慈善会提出了智慧慈善的工作思路。我们知道，依据不同的分类标准，慈善可以有多种类型。基层慈善会的同志们把慈善分为资金慈善、体力慈善、智慧慈善。如此分类是否科学，此处不论，只是所谓智慧慈善的提法，让我们产生了一定兴趣。以下简而论之。

智慧是人类独有的，它反映了人类在长期进化和文明形成过程中塑造的高智能。那么何谓智慧呢？人类的智慧，指人们可以适时地正确认识、理解及明白，准确地分析、推论及判断，不断发现或发明并创造新事物的基本能力。一般而言，智慧是艺术、科学、人文与环境的高度融合。这里的人文包括道德的维度。换言之，人类智慧与真、善、美密切相关。很难想象，富有智慧的人，其所思所想、所言所行都是虚伪、丑陋和凶恶的。智慧与慈善可以完美结合，即此处所谓的智慧慈善。这是说，慈善会在给予受助者金钱和物质上的救助以外，还可以对受助者从精神上或心理上给予必要的帮助和扶持。例如，精准扶贫过程中的扶贫先扶志，以及授人以鱼、不如授人以渔，就是智慧慈善的具体表现。智慧慈善可以启发受助者的思想觉悟，发现他们智力的特点和优势领域，从精神上给予他们以巨大支持,从技能上提供必要的指导,帮助他们树立生活信心,发挥聪明才智,调动受助者的兴趣,从而达到脱离困境的目的。

我们在基层慈善会调研时还听到一种说法,认为行善者分三种,一是无奈型慈善,即当事人并非真心实意要做奉献,帮助那些需要帮助的人们,而是在某种特定情境下不得已而为之的。二是交易型慈善,即当事人通过慈善为个人换取其他资源,如名誉、地位、减税或广告等。三是快乐慈善,当事人通过慈善活动获得了一定的快乐。这里所说的快乐慈善,绝不是参与慈善活动的各方面人士都喜眉笑眼或者嘻嘻哈哈,而是出于完全的自觉自愿,没有被强迫也不是出于无奈,更不是为了从慈善活动中换取自己需要的资源。例如,在受助者陷入巨大灾难之中的时候,看到受助者痛不欲生的时候,慈善家和慈善工作者、志愿者只有深切的同情和担忧,甚至痛苦和泪水,而无论如何也是笑不出来的。慈善工作者和慈善志愿者在开展志愿服务活动的时候,例如与留守儿童和养老机构老年人一起联欢时,在参与各类公益活动时,当然可以怀着轻松愉快的心态,而不必过于沉重。此即所谓快乐慈善。我们主张做积极慈善、坚强慈善,不做或尽可能少做悲情慈善、苦难慈善。慈善工作者和志愿者面对那些失能老人、留守儿童、罹患大病的患者、处于灾害中的灾民,内心一定感到非常痛惜和同情,但正确的态度和做法不是与他们一起悲伤甚至痛哭,而是与他们一起变得坚强,勇敢面对各类困难和痛苦。只有以坚强心态和刚毅行为,才有可能战胜任何艰难险阻。

后扶贫时代的慈善事业有诸多维度,受篇幅所限,仅略谈如下三个要点。

第一个维度,在任何一次慈善活动之中,相关各方,如作为施助方的爱心企业和爱心人士,作为受助方的困难群众或其他受助者,以及社会公益项目,作为实施方的慈善组织或慈善志愿者,以及相关基层社区或所在区域和媒体等,均为受益者,没有任何一方在慈善活动中受到损害。这是常识,也是共识。因此,才会有越来越多的爱心企业、爱心人士和慈善志愿者愿意为慈善事业做出贡献。

第二个维度,一次慈善活动产生的意义,既触及和解决了相关各方现实生活中的具体问题,也影响和改善了未来人们基本思维的主要形式,具有纵向维度的重大意义。如果不能解决现实生活中的问题,更不能改善未来生活状况,则需要进一步加大慈善的帮扶、救助力度。

第三个维度，慈善活动涉及物质、精神、心灵等诸多层面；涉及付出款物、知识、技术、能力、时间等；涉及网络、金融、实业等领域；呈现出纵向、横向、多层面、多领域、交互式、立体化态势，所有涉猎皆有百益而无一害。

后扶贫时代的慈善事业，应当充分发挥其正向能量，促进社会的和睦与友善。慈善是有百益而无一害的崇高事业。此处所言百益，意为100%的益处，100%的正向价值，没有任何反作用，也无任何负面影响。何来此言？我们坚定地认为，一个民族要有勇于担当的英雄，也要有乐于奉献的善者。一个社会要有合理的竞争机制，要有等价交换和价值规律的驱动，还要有自我付出、乐施好善的氛围。

后扶贫时代的慈善还有一个重要职能，就是广泛宣传和落实社会主义核心价值观，用慈爱友善影响社会各阶层，鼓舞社会正气，促进社会和睦，消除社会上的某些戾气或隔阂、冷漠，形成人人相互爱护、相互帮助的氛围，引领社会风气的持续好转，尤其是动员社会各阶层，踊跃投身公益和对困难人口的救助与帮扶活动，做到好人好事有人夸，坏人坏事有人抓。这是慈善事业必然产生的文化影响力和社会正面效益，各级各类慈善会应当对此项工作给予高度重视。

后扶贫时代慈善事业的推进路径也简谈三个方面：

第一，规模化与精细化同发展。党的二十大报告指出："发展是党执政兴国的第一要务。没有坚实的物质技术基础，就不可能全面建成社会主义现代化强国。"这是经济发展的规律，是社会发展的规律，也是慈善事业发展应遵循的规律。新征程上慈善事业的高质量发展要做到"量"与"质"的统一，做到实现规模化和精细化同发展。

一方面，继续推进慈善事业规模化发展，构建慈善事业生态。党的十八大以来，慈善事业的发展进入快车道，从社会捐赠总量、慈善组织数量、志愿服务者的人数和累计服务时间看都有大幅增加。但是从社会捐赠总量和GDP的比率以及人均捐赠占居民人均可支配收入的比率来看，慈善事业还有很大的发挥空间、慈善事业生态还需进一步构建，才能与社会整体发展程度相匹配。总的来说，一是要进一步激励社会捐赠，增加可支配慈善资源的总量，这是慈善事业发展的物质基础。二是要大量培育和发展慈善组织。虽然强调多元共治，但慈善组织仍然是慈善事业的核心力量。目前慈善组织的数量远不能满足当前社会的慈善需求。通过优化社会公益组织登记和认定的流程,搭建社会组织向慈善公益组织转变的畅通渠道。三是要大量培育志愿者队伍和社会工作者队伍。从慈善活动的志愿力量和慈善实务的专业力量这两个重要方面,促进慈善事业生态的构建。

另一方面,重点推进慈善事业精细化发展,在增量的基础上实现"质优"的转变。主要内容有如下几点,一是党的二十大报告在增进民生福祉,提高人民生活品质中提到了引导、支持公益慈善的参与。可见提升慈善事业发展的质量,首先要聚焦在增进民生福祉的方向上,抓住人民在就业、教育、医疗、托育、养老、住房等方面面临的难题,增强慈善事业的均衡性和针对性。二是突破传统慈善扶贫济困的单一思路,拓展慈善事业对共同富裕、乡村振兴、"双碳"目标、健康中国、国家安全等重大领域的关注,发挥慈善事业的战略性作用。三是引导慈善事业在区域内、领域内的交流互动,形成慈善资源、受助信息、知识理论、先进经验等要素的流通,打破空间和专业领域的限制,实现高速、高效的流通。四是人民日益增长的美好生活需要对慈善事业的资源供给提出了更高的要求,受助者即便在物质层面仍然需要帮扶,但随着社会整体文明程度的提高,其精神层面的需求在慈善资源的供给中也需要考虑到。比如,慈善资源的供给要更注重层次性与递进性;慈善活动的开展要平衡捐助者和受助者间的平衡关系,既起到激励捐助者慈善行为的作用,同时也关切受助者的情感体验,为受助者提供富含精神抚慰的资源。总之,慈善事业的高质量发展必然向更精准的资源分配与更精细过程管理转变。

第二,理念引领与技术赋能共推进。慈善活动是一种自愿原则下进行的活动,而不是一种强制性要求。个体间对道德的认知和实践、对善的描摹与追求有着差异性。而慈善事业则是社会慈善活动的总体呈现,更具开放性与公共性。新征程中慈善事业的蓬勃发展、高质量发展需要着眼于在社会范围内提升"自愿"慈善活动的引领力。其中理念引领是基础性力量,技术赋能是时代性手段。

一方面,把握理念引领的中国特色,在工具理性与价值理性的统一中凝聚最强向心力。一是坚持马克思主义真理和马克思主义中国化、时代化理论成果在慈善事业理念引领中的指导地位。要充分挖掘马克思主义经典作家的慈善思想,全面梳理马克思主义中国化、时代化理论成果中的慈善思想,积极总结中国慈善事业实践中的积极经验。从社会主义本质理论基础出发,构建具有中国特色的慈善理论研究,从而理顺社会关于慈善的认知,在广泛的社会认同中凝聚慈善活动的内在动力。二是深化慈善文化的研究。注重在传统与现代、独立自主与对外开放的关系中,做好现代慈善文化与中华优秀传统文化的结合,把中华优秀传统文化中的慈善理念精华同人民群众的共同价值观念融通起来,寻求最本源、最深厚的民族慈善情感基础;吸收世界慈善文化的有益成分,与其他慈善文化坚持对话沟通、交流互鉴,以守正的态度,推进现代慈善理论的创新。三是培养民众慈善意识。依托社会主义核心价值观,在社会范围内弘扬慈善文化、宣传慈善理论,塑造互助共享、共同富裕的社会信念,培育民众的慈善意识,走出慈善"无成本"和对行善者苛求的"道德绑架",从发展的视角理解慈善。要通过广泛的慈善宣传活动强化公众对慈善的认同与参与,真正形成人人行善的社会氛围,激活慈善主体的能动性。

另一方面,充分发挥信息科学的技术赋能,在现实空间和网络空间同步推进数字化平台的搭建。随着大数据、云计算、物联网、区块链、人工智能等数字技术的赋能,我国慈善事业将由网络化进入数字化时代。一是提升慈善事业管理效能。通过大数据收集技术对慈善多元主体的空间分布、发展态势、运行效率等信息作可视化分析与评估,既能促进多元主体间慈善活动的协调开展,又能为慈善事业的透明度和公开度提供最有力的信息基础,提升慈善组织的公信力。二是延伸慈善事业发展的空间。搭建慈善数字化平台,提升资源配置的精准度与高效性,把慈善事业从传统慈善空间向网络空间的延伸拓展到数字化层面的建设。三是提升慈善理念引领的力度。通过建立慈善理论与慈善文化数据库,将理论文化的创新转化为数字资源,通过有效的分享机制,促进慈善理论与慈善文化的弘扬,从而通过社会慈善意识的培养,发挥出高效引领与全力支持的作用,营造人人慈善的社会氛围。

第三,顶层设计与基层治理相结合。党的二十大报告指出中国式现代化的推进要"保持历史耐心,坚持稳中求进、循序渐进、持续推进",必须坚持"系统观念"。这些重要的方法论为慈善事业的高质量发展提供了重要指导，即要在渐进性的发展中推进制度性与探索性共同发展，在顶层设计与基层治理中，协调政府与社会组织的作用，打造良法与善治相统一的韧性模式，从而增强未来慈善事业在面对冲击、面临风险时，拥有可观的承载力、稳定性、安全性和恢复能力。共同推进慈善事业向更成熟、更安全、更富生机活力的高质量方向发展。

一方面，推进慈善事业制度向成熟发展，发挥顶层设计的统筹功能，在体制机制上塑造向上的态势。一是推进慈善事业法治建设的顶层设计。目前针对慈善事业发展只有《慈善法》一部专门性的法律，且实施时间在2016年。党的十九大也指出了社会主要矛盾的变化，中国已全面建成小康社会，中国共产党的中心使命是全面建成社会主义现代化国家，新的社会主要矛盾和历史新方位对于《慈善法》的修订，以及慈善相关法律体系的建构与扩充提出了紧迫要求。既要对已有《慈善法》进行符合规律性与时代性的补充与完善，也需要颁布新的慈善相关法律。不断完善和建构符合各地特征、各主体特点的法规、条例、意见和政策体系。同时强化政府监督，扩大政府监督主体的范围，并且对慈善失信行为增加惩戒力度，不仅要创建负面清单，也要配套整改机制，确保慈善事业领域的有法可依、有法必依、执法必严、违法必究。二是完善慈善事业促进机制。比如税收机制、政府奖励机制、政府购买服务机制等。三是建立协调机制。在顶层设计中建立民政部、财政部等相关部门组成的慈善协调机制，促使相关部门定期沟通协商，共同推动慈善事业健康持续发展，总体上构建大慈善格局。

另一方面，激发慈善事业发展的活力，发挥基层治理的探索功能，在社会运行中塑造向善的态势。一是充分发挥慈善事业基层自治的生命力，激发人民群众的智慧与首创精神。结合问题导向和目标导向，在慈善主体的分类、分层管理，慈善结果的考核评估，慈善资源的保值增值，慈善活动的具体开展等方面充分发挥基层治理的灵活性与自主性，去中心化，因地制宜地探索不同的发展经验。二是探索慈善组织市场化发展的路径。改善政府与慈善组织间强管理性与强依附性的关系，在慈善组织的人员配置中去行政化，不仅要发展中央、省、市、县等层级的慈善总会与各级慈善组织，更多地要鼓励多样慈善组织的建立，并且在组织架构和人才管理方面向市场化发展，吸收市场的活力，塑造慈善品牌，提升慈善组织的知名度与公信力。三是重视社区与村委功能。社区与村委作为城市治理和乡村治理的重要"元件",发挥着不可替代的多样功能。在慈善事业治理中,要吸取经验,深入基层,关心民生福祉,通过社工站、社区志愿者、村民志愿队等多种形式凝聚起社区力量与村委力量,打造人人可为、人人乐为的慈善生态圈。

第七章　志愿者管理与服务

引　言

在各级慈善会里，都有慈善志愿者管理与服务的具体业务。慈善志愿者是慈善工作的主要实施者之一。因此，在慈善会机构的设置上就有专门负责志愿者管理与服务的部门。可以毫不夸张地说，慈善志愿服务是整个慈善工作不可分割的组成部分，慈善志愿者是一支重要的慈善力量，他们的工作最接地气，而且很有社会效益。据我们所知，陕西省各地市县区慈善会都成立了慈善志愿服务团队，慈善志愿者人数逐年攀升。截至2022年底，全省登记注册的慈善志愿者人数已经超过68万人。除以单位为主体组成的慈善志愿者队伍以外，许多社区慈善志愿者分散在不同地区或不同行业，是爱心把大家集合在一个团队中，而没有任何统属关系或利益关系。因此，管理好慈善志愿者服务团队，对慈善会来说是十分重要的工作内容。

一、志愿者团队管理

《慈善法》中关于志愿者的条文规定："第六十二条　开展慈善服务，应当尊重受益人、志愿者的人格尊严，不得侵害受益人、志愿者的隐私。""第六十

三条　开展医疗康复、教育培训等慈善服务，需要专门技能的，应当执行国家或者行业组织制定的标准和规程。慈善组织招募志愿者参与慈善服务，需要专门技能的，应当对志愿者开展相关培训。""第六十四条　慈善组织招募志愿者参与慈善服务，应当公示与慈善服务有关的全部信息，告知服务过程中可能发生的风险。慈善组织根据需要可以与志愿者签订协议，明确双方权利义务，约定服务的内容、方式和时间等。""第六十五条　慈善组织应当对志愿者实名登记，记录志愿者的服务时间、内容、评价等信息。根据志愿者的要求，慈善组织应当无偿、如实出具志愿服务记录证明。""第六十六条　慈善组织安排志愿者参与慈善服务，应当与志愿者的年龄、文化程度、技能和身体状况相适应。""第六十七条　志愿者接受慈善组织安排参与慈善服务的，应当服从管理，接受必要的培训。""第六十八条　慈善组织应当为志愿者参与慈善服务提供必要条件，保障志愿者的合法权益。慈善组织安排志愿者参与可能发生人身危险的慈善服务前，应当为志愿者购买相应的人身意外伤害保险。"

　　慈善志愿者参加服务活动，没有任何报酬，完全是通过捐献自己的钱物、付出自己的时间、知识、技术和其他能力，以帮助弱势群体或参与社会公益活动而获得快乐。做好慈善志愿服务，必须充分调动慈善志愿者的爱心、热情和参加活动的积极性。慈善会对慈善志愿者团队的管理，可以从几个方面着手：一是组织建设，二是制度建设，三是心理建设。下面，我们逐一加以介绍。

　　首先，组建一支有爱心、有热情、有活力、有能力的慈善志愿者队伍，首先要做好团队的组织建设工作。一个慈善志愿者服务团队或数百人，或数十人，规模都不小，健全而科学、合理而紧凑的组织形式是非常重要的。在实际工作中我们看到，陕西省慈善协会志愿服务队的名称是统一的，例如"陕西省慈善协会爱心大姐志愿者服务队""陕西省慈善协会慈善先锋志愿者服务队""陕西省慈善协会初木公益志愿者服务队""陕西省慈善协会红晚霞慈善志愿者服务队""陕西省慈善协会微公益志愿者服务队"等。实际情况是，在慈善志愿服务队酝酿成立前，就要确定服务队的名称，这是必要的。此外，服务队负责人的职务称谓如何确定呢？我们建议，负责人可以根据该服务队志愿者的意愿，选择确定某一种称谓，例如：队长、理事长、会长等。这是基于服务队组成形式而选择确定的。我们建议慈善志愿者服务队负责人可以称为服务队队长。

志愿者服务队的组成形式，主要由团队的管理层，包括队长、副队长、队长助理（或理事长、副理事长、理事长助理，或会长、副会长、会长助理）等人员负责管理。在管理层以下，我们看到有的志愿者服务队设置了几个部门，包括宣传部、财务管理及资助部、项目部、后勤保障部和善款募集部（需获得善款募集资质）；有的服务队按照志愿者居住的相对集中等情况分为数个服务小队，也有的服务队根据志愿者的不同技能分为若干小队，并明确各部门负责人及其成员的工作职责。目前所见慈善志愿者服务队的基本组织建设情况大致如此。

其次，慈善会要做好制度建设工作。慈善会要安排有专门负责志愿者服务团队管理的负责人，直接与志愿者团队负责人沟通联系，给予宏观指导与管理。慈善会也有必要制定所属慈善志愿者服务队统一章程，并制定服务队管理制度和常规工作纪律与要求，包括服务队负责人职责、服务队民主管理体制、具体工作流程、例会及其他会议方式、奖励与惩处、财务管理、志愿者管理、服务活动管理等内容。这些规章制度一定要具体翔实，有可操作性，要接地气。慈善志愿者服务队在同意采纳慈善会制定的规章制度前提下，可以获准成立。

再次，要做好志愿者心理建设。慈善会要对慈善志愿者从道德层面进行经常性的交流沟通，并对志愿者提出在具体服务活动中的道德要求。一个优秀的志愿者，应当具有大爱之心，要有扶贫济困的心理需求，有奉献爱心的愿望，有同情心、同理心和善良的品格，要有足够的亲和力、感染力，要有参加志愿服务活动的冲动。志愿者面对的服务对象和社会公益，要有平易近人的姿态，要能很快投入实际工作，能得到相关方面的快速接纳与配合，要有一定的工作责任心和服从意识，在活动中服从团队负责人的安排，完成服务工作。

慈善志愿者心理建设的基本原则是：自愿、快乐、平等、积极。慈善志愿者自愿参加服务活动，不是靠行政命令，不是利益驱动，也不是被迫参加。服务队应尊重志愿者的自主选择，不能道德绑架，也不能硬性摊派。当代社会是重视个体自主的时代，服务队不是党政机关、企事业单位，而是自愿参加做好事的相对松散的集合体，慈善志愿者有自己的独立思维、个人的生活方式和行为方式，他们参加志愿服务队必须完全自主自愿。也就是说，志愿者服务队可以运用宣传鼓动,而不是劝说和强迫的方式,不得强行吸收志愿者入队。同时,服务队要敞开大门,要设计形式多样、感染力强的志愿服务活动,为爱心人士搭建参与慈善志愿服务的平台。这是志愿服务的基础和前提,慈善会对此要有充分的准备和具体的措施。

慈善志愿者心理建设很重要的一点就是快乐。许多志愿者在参加服务活动后,都会感觉身心愉悦。他们经常喊出的口号是:我奉献,我快乐!服务队要让志愿者在参与志愿服务中感受快乐,体会人生的价值,就要想方设法把服务活动做得有吸引力、接地气,有适合志愿者发挥个人专长的机会,如此就可能更好地吸引广大群众加入志愿者行列,志愿者服务队伍就可以不断发展和扩大。

在慈善服务活动中,慈善志愿者的人格是完全平等的,所有人的地位是平等的,普通志愿者与服务队负责人只是分工不同而已,绝对不是行政系统或企事业单位的上下级领导与被领导的关系,服务队负责人不是靠行政命令来领导服务队和志愿者的。换言之,服务队负责人和普通志愿者都是志愿者,即使是在某些党政机关担任领导职务的干部,在参加志愿服务活动时,与普通群众也是完全平等的关系。既然如此,在参加志愿服务活动时,所有人员只是分工不同,没有等级差异。服务队负责人不应对志愿者以命令式口吻安排活动,而应平等地交换意见,征求志愿者同意。陕西省慈善协会慈善先锋队的一个比较好的做法是,每次活动之前,确定一名团队负责人具体负责此次活动,然后在团队活动微信群里发布此次活动的信息,愿意参加活动的志愿者可以采取接龙的方式报名参加,并服从团队负责人的安排。

事实上,只有志愿者服务队里人人平等的环境,才能凝聚所有志愿者,形成强大的内聚力和向心力,才能调动每个志愿者的活动积极性。服务队负责人要在志愿服务项目设计和实施中,认真听取志愿者的意见和建议。在自觉自愿基础上,明确每个志愿者在活动中的角色和职责,然后各司其职、各尽其能,使每位志愿者都产生一定责任感、归属感和荣誉感,把志愿者的爱心、活动热情、个人技术或专长、参加服务活动的时间以及困难群众的需求、社会公益活动等密切结合起来,把慈善志愿者服务队打造成团结一心、友好合作的集体,打造成召之即来、来之能战的队伍。

二、志愿服务的几个问题

每逢双休日和节假日，特别是春节、儿童节、重阳节，都是慈善志愿者最忙碌的时候。但他们也有很多自己的事情要做，也有老有小，有家务，也会生病需要休息，不是闲得没事干而去做志愿服务。他们之所以没有双休日，没有节假日，志愿服务一直在路上，就是由于心中有大爱，有对困难群众的同情与关怀。这就是一种无比高尚的精神，一种先人后己的精神，在我们的心目中，这些乐于助人、无私奉献的人，就是世界上最可爱的人。

就具体工作而言，慈善会的工作离不开慈善志愿者团队，他们是慈善会部分具体工作得以实施的助手和慈善某些职能的延伸，无论是三大节日慰问，还是开展社会公益活动，在三秦大地到处都有慈善志愿者的身影。但是，长期以来围绕慈善志愿服务而出现的某些问题，需要加以厘清。我们在下面讨论四个问题。

第一个问题，公职人员在工作时间内穿着慈善志愿者的红马甲，以志愿者名义从事的帮扶与救助、社会公益等行为，是否属于慈善志愿服务行为？这些公职人员是不是慈善志愿者？我们的认识是，公职人员在工作时间内的服务等，不属于慈善志愿服务行为。因为公职人员参加慈善志愿服务必须是无偿的，而且是业余时间参与的。当然，公职人员可以成为慈善志愿者，他们也有一颗为困难群众服务为社会公益做贡献的爱心，应当予以充分肯定。我们这里所说的问题是，在上班时间并且有工资的情况下，这些服务活动是不应当被认定为慈善志愿服务性质的。尽管公职人员的本职工作可能与所参与的"志愿服务"是不同类型的，但其实质是有偿劳动。也就是说，只要从劳动中获取了报酬，无论从事何种类型的劳动或工作，都肯定是有偿的，而不属于无偿的慈善志愿服务。

例如，一位事业单位的干部，在上班期间跟随慈善志愿者团队到社区去给居民理发，他的这个行为就不属于慈善志愿服务，即使不是擅自离岗而是单位安排他去参加慈善志愿服务活动。如果这位事业单位的干部在节假日或下班以后，参加慈善志愿者团队在社区为居民理发的活动，那么，这个行为就属于慈善志愿服务了。其实，这个问题很简单，也很清楚的。同样，如果一位慈善会专职负责志愿者服务工作且有工资的人员，在上班时间组织或参加慈善志愿者的服务活动，那么这个活动本身属于志愿服务，他的个人行为则不属于志愿服务，而是他的本职工作。一言以蔽之，凡是在工作时间内有报酬的任何服务活动，都不属于慈善志愿服务，无论行为人是党政机关、企事业单位还是社会组织。厘清这个问题很重要。在各级政府和慈善组织评选优秀志愿者时，这些人能否参加评选，还需要做资格鉴定。如果他们是利用节假日或业余时间从事志愿服务，则应该给予大力提倡并予以表彰。

第二个问题，即慈善志愿者在服务活动中的经济关系如何厘清。我们偶然得知，有的慈善类社会机构负责人，把自己名下的一套住房租给本机构做办公室用，自己就在家里的办公室上班，并从社会爱心人士捐赠的善款中收取租金。有的志愿者团队负责人在服务活动中使用私家车，从志愿者捐赠给团队的善款中领取一定的补贴或加油费、过桥费等。另外，志愿者在服务活动中，能不能接受服务对象提供的餐饮或接受其他有价礼品，或做某些物质的、非物质的交换呢？

要对这些问题给出答案，还是先来看看《志愿服务条例》是怎样规定的："本条例所称志愿服务，是指志愿者、志愿服务组织和其他组织自愿、无偿向社会或者他人提供的公益服务。""第三条　开展志愿服务，应当遵循自愿、无偿、平等、诚信、合法的原则，不得违背社会公德、损害社会公共利益和他人合法权益，不得危害国家安全。""第三十七条　志愿服务组织、志愿者向志愿服务对象收取或者变相收取报酬的，由民政部门予以警告，责令退还收取的报酬；情节严重的，对有关组织或者个人并处所收取报酬一倍以上五倍以下的罚款。""第三十九条　对以志愿服务名义进行营利性活动的组织和个人，由民政、工商等部门依法查处。"以上所引这几条，就已经非常清楚地说明了志愿者在服务活动中，不得收取任何报酬或变相报酬，不得有任何营利性的行为。志愿者在服务活动中，不得接受任何方面无偿提供的餐饮、礼金、礼品等，也不能与有关方面进行任何交换活动，无论是等价交换还是不等价交换。否则，既违背了《志愿服务条例》的相关规定，是违法行为，更是志愿服务活动的丑闻。

第三个问题，慈善志愿者的安全和健康应当特别予以重视。作为慈善志愿者团队主管单位的各级慈善会，可以考虑为慈善志愿者购买保险，在外出参加服务活动时，做好人身安全保护工作，关注他们的安全和健康，为他们购买医疗保险或专项保险，这是应当为慈善志愿者提供的基本保障。此外，志愿者的健康要引起重视，无论年龄大小，一定要遵循尽力而为、量力而行的原则，依照慈善规律开展慈善活动。据我们所知，在许多服务团队里有不少六七十岁以上的老人做慈善志愿者，经常性地积极参加各类志愿服务活动。慈善会一定要特别注意他们的安全和健康，提醒各个团队负责人不要安排他们参加繁重的志愿服务活动。不要让老年志愿者搬运沉重的物品，不要参加夜间服务活动，不要在极端天气下参加服务活动，不要连续作战。我们的建议是，志愿者在参与志愿服务活动中，自身的安全和健康是第一位的。

第四个问题，慈善会要鼓励并组织青年人参加志愿服务活动。事实上，现在有许多青年人热衷于公益慈善活动。我们曾经多次提到，公益慈善是全民的宏大事业，社会各行各业的人们，不分男女老少，不分地域、职业、信仰，每个人都可以采取自己喜欢的方式，参与慈善公益活动。青年人是公益慈善事业的生力军，他们有热情、有能力、有创意，特别是在网络慈善、社会公益等领域，可以发挥更重要的作用，产生更大影响力。或者可以这样说，慈善公益事业的创新，在很大程度上取决于青年人的创造力。通过各种公益慈善活动的参与，青年人能不断提高思想认识，弘扬社会新风，促进精神文明建设。公益慈善活动可以对青年人进行思想道德教育，树立社会正气。培养青年人的劳动观点和助人习惯，培养青年人的道德义务感和社会责任感，学习和掌握自助与助人的知识和技能。公益慈善活动对开阔青年的眼界，扩大和加深他们对人际关系、社会关系的理解都有重要作用。公益慈善可以使青年人的言行举止得到规范，在公益慈善活动中认识社会，学会人际关系的沟通与理解。

写到这里，我们想起来大约十几年前一件关于国际志愿者的往事。那时候，我所在的单位经一个专门负责到中国来从事志愿服务的国际机构介绍，先后来了四批外国志愿者，每批三四个人，有美国的、有英国的、有南非的、有韩国的、有新西兰的。志愿者里有60多岁的老志愿者，也有20岁的年轻志愿者，有男士、也有女士。他们从各自国家来到中国，个人承担了所有费用，包括国际差旅费、酒店住宿、公交车费、餐饮等费用，没有基金会资助，也没有任何单位赞助。有一位老年志愿者说，他做志愿者的活动经费是自己平时生活攒下来的；年轻志愿者说，他的费用是自己暑假打工挣来的。我们单位给他们购买了公交卡和在学生餐厅用餐的饭卡，他们坚决不收，认为我们的做法不符合志愿服务原则，而把我们购买公交卡和饭卡的款项全部退还给了我们。这就让我们感觉到，真正的志愿者是不收取任何回报的，无论是现金还是有价卡片，而且所有志愿行动的费用全部由自己支付。他们的这种志愿服务理念和精神，与陕西省慈善协会直属志愿者服务队是完全一致的。我们的慈善志愿者在服务活动中，也是不收取任何报酬，不收取任何有价或无价证券、礼品，不参加任何免费餐饮邀请，个人与所参与的志愿服务活动没有任何经济关系，也就是没有任何金钱或物资的交换。我们建议慈善会负责慈善志愿服务工作的领导同志，要向慈善志愿者们讲清楚这一点，慈善志愿服务与个人的收入等没有任何关系，不得在服务活动中以任何形式谋取个人利益，即一定要坚决彻底地杜绝志愿者在服务活动中的任何交换行为。

三、慈善志愿者参与服务的持续性

就目前而言，志愿服务已经成为现代社会文明的一部分，无论是发达国家还是发展中国家，志愿服务作为一股有力的社会力量在经济发展、社会稳定、文化繁荣等方面发挥着重要作用。截至2022年9月，我国实名志愿者总数2.26亿人，约为人口总数的16%。毫无疑问，志愿服务已经成为一种广泛的社会实践活动。但在志愿服务蓬勃发展的同时，加入志愿组织的志愿者也出现流失的情况。在某些地方，登记注册为志愿者的人数众多，而在参加了数次志愿服务活动后，便有少数志愿者呈现静默状态，这种情况已成为当下志愿服务发展的困境之一。

陕西省志愿者（包括各系统志愿者）总数约357.53万人，处于全国中低水平，而在这个人数里，真正能够长期坚持做志愿服务的志愿者较少，一部分志愿者在参加过一段时间的活动后，就会悄无声息地退出志愿者队伍。习近平总书记在《致中国志愿服务联合会第二届会员代表大会的贺信》中提出，要推进志愿服务常态化发展。这里说的常态化，就意味着要关注志愿者人数流失率的问题，意味着要关注志愿服务的持续性发展问题。因而，目前志愿服务的发展困境，已经从如何吸引志愿者加入志愿服务团队，转变为如何吸引加入和维持志愿者留在志愿者服务团队。红马甲作为志愿者的服装标志，非常直观地将志愿者标志为一个群体，将其与非志愿者区分开来。我们看到，当志愿者穿上红马甲时，就自动将自己归入志愿者群体，用志愿服务的宗旨和具体要求来树立自己的信念并规范自身的行为。此时的红马甲，象征着宏观上的身份属性。红马甲作为志愿者的形象符号，与日常生活中的姓名代号不同，标志着志愿者的志愿身份属性，当志愿者以红马甲标识自己的时候，他的身份是志愿者而不是其他社会身份。这个红马甲的标识不仅仅标志着志愿活动属性，还将志愿者紧密地凝聚在一起，诚如志愿者所说，"聚是一片红，散是满天星"，在一次次集体活动中编织出情感网络，变成了帮扶和救助社会弱势人群、积极参与社会公益事业的强大动力。志愿行动不再是以行动目的为导向的短暂实践活动，而是蕴含了情感温度的行动实践。我们发现，志愿者在形容队员关系时，提到最多的词汇是"家人""大哥""大姐""兄弟姐妹"。对他们而言，自己和其他队员的关系如同亲缘关系一样，感情如同家人一样。在成为志愿者之前，大家都是互不相识的陌生人，在刚成为志愿者时，大家也只是身处同一个团队，此前可能连面都没见过，关系联结仅靠志愿者身份这一共同属性，依靠每个人所穿的红马甲为精神认同。但是，在长期志愿行动经验中，志愿者们相互沟通联系，互相照顾关怀，关系强度逐渐加大，最终演变为像"家人"一样的紧密关系。

  志愿者的志愿行动会受到外界客观条件的限制，而志愿者会根据志愿意义框架的指导调整实践，以使志愿行动持续发生。志愿者采取实践行动维持志愿者身份的过程是志愿者的主观意识在积极调整意义结构的过程，体现了志愿者通过行动自我强化志愿意义。可以说，志愿者在自身的行动实践中建构志愿意义。

  我们在调研中发现，当志愿者受到外界质疑时，会采取不理会、不辩解、坚持行动这三种抗争行动，强化内心的志愿信念和意义。当志愿者面临行动困境时，会通过互替和转变形式的行动来灵活调节，以继续保持志愿者身份。当志愿者长期坚守这些行动实践，志愿意义就会内化为志愿惯习并持续实践下去，以至于逐渐成为生活的一部分，志愿世界和生活世界开始交织。在这一过程中，意义持续性赋予和被赋予，志愿者高度认同志愿意义，从而在日常生活中不断倾向发起志愿行动，哪怕没有具体的志愿环境，志愿者也会随时随地进行实践。此时，志愿行动融入日常行动中，志愿意义框架成为一种观念意识，以指导志愿者的日常行为。"随手捡拾垃圾""主动让座""摆放好共享单车"，这些行为不需要外界的提醒就能够自主完成，已经成为常态化的生活行动。在意识层面，当志愿内化为惯习之后，志愿者开始将更多的注意力投入社会公益领域，关注社会文明的建设，关注社会问题的解决，并身体力行地做志愿行动的倡导者。

志愿服务是推动公民参与社会治理的路径，是人们共同建设美好生活的生动实践。研究志愿服务持续化发展，能够有效推动公民参与社会治理，促进社会和谐建设。我们认为，志愿者的志愿行动是意义的可视化体现，志愿动机包含对自身行动意义的认识和反思。从长期志愿行动的动机入手，通过分析动机的类型、意义赋予和建构机制，探析志愿服务可持续化发展的可能性。

研究发现长期志愿行动动机，是志愿者个体在诸多实践中发展累积起来的内在价值体系和外界社会情境因素综合作用的产物，属于混合型动机，主要通过初期动机发生一系列的调节演变形成，而其形成过程实质上是志愿行动意义的建构过程。意义建构是持续性意义赋予的过程，研究意义建构就离不开意义赋予，可以说意义赋予表明志愿意义是什么，而意义建构表明这些志愿意义是如何形成的。

意义赋予是志愿者反思志愿行动的感受体会，分为主观意义赋予和客观意义赋予，即自我意义赋予和环境意义赋予。自我意义赋予是志愿者明确志愿行动对自身的价值和重要性，环境意义赋予是志愿者通过信息反馈，获知外界环境对于志愿行动的价值态度。当志愿者抽身出来去梳理自身既往行动经验时，此时志愿者能够很好地去观察志愿行动意味着什么，这一明确的过程就是志愿意义的赋予过程。意义建构是志愿者在意义赋予的过程中，主动调整意义框架，将主观意义框架和客观意义框架联系起来，相互作用，从而形成客观实在的内心社会意义框架，指导、驱动长期志愿行动的产生。志愿意义在不断被赋予的过程中得到建构，在这一建构的过程中，具体表现为志愿者的个体主观性建构活动，主要包括三种意义建构模式：空间建构、符号建构和行动建构。

长期志愿行动动机的意义建构具有以下特性：一是动态性。志愿动机不是静态的形成结果，而是在志愿者不断的实践过程中形成的，因而意义建构是在持续性意义赋予的基础上形成的，是不断生成的动态变化结果。二是反身性。可以说反身性是一种互动的反思过程，是志愿者在社会实践过程中不断调适自我行动来追求志愿意义，积极调整意义框架的过程。志愿意义的建构过程体现了志愿者个体意识的反思性建构。三是多因素性。志愿动机的意义建构是志愿者主观意识层面的实践活动，受个体的主观意识、既往经验、心理因素的影响，但是人是环境人，志愿者的意识还受外在环境氛围、观念制度的影响。在分析意义建构时不能孤立地从某个层面去分析，应该综合看待这一复杂建构过程。

（此部分内容由韩梦楠撰写）

四、志愿服务体现人间真情

众所周知，志愿服务精神包括"奉献、友爱、互助、进步"，是社会主义核心价值观在慈善活动中的具体体现，是社会文明程度高低的重要标志。事实上，慈善和志愿服务是人类的共同语言，表明了人类善性之所在。新时代新征程，"奉献、友爱、互助、进步"的志愿者服务精神需要进一步弘扬，促进新时代慈善事业的发展，为实现中华民族伟大复兴做出更大贡献。

志愿服务精神的推广和践行，体现着社会文明程度的提升，体现着公平正义之价值追求的实现程度。当下志愿服务精神在中国迅速发展、迅速传播，志愿者队伍也不断扩张，良性运转的慈善事业蒸蒸日上。在具体工作中，中国式慈善要将慈善活动、志愿服务与中国实际相结合，与中华优秀传统文化相结合，不断促进中国社会稳定和谐，促进人的全面发展和共同富裕，滋养中华民族的友爱善良精神，让慈善成为我们社会进步的不竭动力和文明祥和的重要标识。

党的十八大以来，以习近平同志为核心的党中央高度重视志愿服务事业，陆续出台了《关于推进志愿服务制度化的意见》《关于支持和发展志愿服务组织的意见》《志愿服务条例》等一系列规章制度。习近平总书记多次对志愿服务工作作出重要指示，寄语广大志愿者、志愿服务组织、志愿服务工作者立足新时代、展现新作为。这是对志愿者最大的关怀和鼓励，将激励志愿者调动各方面的力量，以百倍的热情和干劲，做好志愿服务工作，为推动社会文明与进步做出贡献。

慈善志愿服务在社会建设中有多重作用。一方面，慈善志愿服务扶弱济困，帮扶生活困难的群众，照护孤寡老人及残障人士，关爱环卫工人、退伍军人、消防战士等。另一方面，慈善志愿者也维护了社会稳定，探寻了人间真情。陕西省慈善协会志愿者分会负责人说："众多慈善志愿者不计报酬、不讲条件、默默无闻、无私奉献，不断助推着我省慈善事业的快速发展。他们爱心奉献的点点滴滴都在温暖着老人、孩子、环卫工人、抗战老兵、贫困人口以及广大受助群众的心田，留给了人们永恒的记忆。志愿者是最有爱心、最有情怀的人，在抗击疫情的伟大斗争中，不避风险，冲锋在前。2021年在支援河南和洛南的救灾斗争中，又是第一时间奔赴一线。我们在志愿者微信群里看到的那些感人至深的救灾等志愿服务活动，其实就是志愿者崇高精神风貌的生动体现。他们爱心奉献、帮人所需、救人所急，在危难时刻发挥了至关重要的作用。他们是我省慈善事业中一道靓丽的风景线！我和大家一样，时时也在感念着我们的志愿者。他们的爱心奉献，永远是三秦大地上最感人的一幕幕画卷！"

令人欣喜的是当今社会上愿意参与慈善活动的爱心人士越来越多，这些爱心人士每一位都有可能加入志愿服务的行列，成为光荣高尚的志愿服务者。在社会认知中，志愿服务者们是拥有高尚情操和道德追求的人。他们响应时代呼唤，彰显中国精神，为建设温情美好的社会而努力奋斗。事实上，中国梦的实现、社会主义现代化强国的建设和共同富裕的追求，慈善志愿者是其中重要的一支主力军。他们用自己的爱心和双手，撑起一片慈爱和友善的天空，让爱心点燃人类进步的火炬，让爱心滋润每个人的心田。他们对困难群众的帮扶和救助，随时随地，雪中送炭，无论是春夏还是秋冬，不管是城镇还是乡村。慈善志愿者的服务活动，点点滴滴，都融汇到困难群众的心田，成为社会治理和社会发展的重要力量。新时代新征程慈善事业的发展和繁荣，需要慈善志愿者和所有爱心人士凝聚合力持续推进。

陕西省慈善协会先锋志愿者服务队有500多位志愿者，秉承着尽力而为、量力而行的原则。志愿者们根据自身具体情况投入慈善活动。比如时间充沛、精力充沛、金钱富足的志愿者参加慈善活动的频次较高，几乎一天有两次甚至三四次志愿服务活动，同时也积极捐钱钱物，也会将自己的私家车提供给团队运送活动所需的物资；有一些志愿者身体情况不佳、体力或金钱不足，无法直接到一线参加志愿活动，便日行一善，每天捐一元钱来表达自己的善意与爱心；还有一些志愿者工作生活忙碌，偶尔参与志愿活动，但是却常常写一些文章为志愿服务活动加油鼓劲。

我们认为，慈善会业务工作有范围，但慈善志愿服务的爱心没有限制。因为实际上慈善志愿服务工作涉及生活的方方面面，几乎所有困难群众的合理要求都应该逐步得到满足，所有社会公益都应当积极推进。但是我们也要认识到，每一个慈善志愿者都是普通的、平凡的人，经济能力和身体能力都是有限的。有许多志愿者也提出："一个合格的公民，首先是安排好自己的生活，不给社会和国家增添负担。在此基础上愿意走进慈善队伍的每一个人，都是手捧爱心而来，心怀奉献而来。他们都是优秀的人，是对国家和政府有贡献的人，值得赞扬和尊重。他们的爱心行动，会感染身边更多的善良人走进这个队伍，传播正向力，让我们的社会文明进步更快。这就是慈善工作在社会中的重大意义。保护关心积极参与慈善活动的爱心人士，是慈善组织部门一项重要的工作。不能使这些爱心人士一边奉献着，一边被误解和委屈。这是不正常的。"对志愿者发自内心的话语，我们表示特别理解和尊重，也给予同情和支持。

有的志愿者对我们说："慈善捐款每一笔资金都凝聚着捐款人对弱势群体的关爱与牵挂，用好每一项善款，是对捐款人的尊重，同时也是对受助人的最大关爱。""我们志愿者大多是退休工人，能力有限，捐款有限，量力而行，在保证自身健康和经济能力允许的前提下，奉献爱心，帮助贫困，共建和谐社会。"

还有志愿者说："慈善事业的一项重要职能，就是净化社会风气，优化人际关系，为社会主义文化建设创造和睦与友善的人文环境。全社会都来参与志愿服务活动，就是其行之有效的路径。希望社会上各行业、各领域的人们，无论地位多么高，名气多么大，生活多么富有，也无论从事哪种职业，都要抽出一定的时间，参加志愿服务活动，以升华自己的人生境界，拓宽格局，净化心灵，以形成人人为他、互助互爱的良好社会环境。从这个意义上来说，慈善事业就是没有边界的。但对慈善专职工作者来说，他们的工作是有边界的。"

对这些观点，我们基本赞同。陕西省慈善协会下属的志愿者服务团队中比较活跃的主要是退休在家的老同志为主组成的团队。有不少老年志愿者都年过七旬，他们原本应该是受到社会的关爱和照顾的对象，却积极投身志愿服务活动，甚至成了专业慈善志愿者。他们退休在家，不图个人享受，就是为了给社会奉献自己的力量，帮助那些生活困难的人们，服务社会，实现自己的价值。他们的思想境界很高，是全社会最可爱、最值得敬重的人。

这里想要特别说明的是，老年志愿者们，无论身体如何康健，但都已经步入老年，在参加志愿服务活动中，一定要根据自己的身体状况量力而行，讲究技巧方法，不能一味拼命苦干。我们建议慈善会要重视对慈善志愿者权益的维护，要当志愿者的"娘家人"。我们反对有些人对志愿者提出任劳任怨的要求。我们的观点是，对于志愿者来说，任劳任怨是不合适的。任劳以后再任怨就更不合适。我们建议全社会都要尊重慈善志愿者，让志愿者有崇高的荣誉感和成就感。

五、志愿者对老人的照护

慈善工作林林总总，但是在慈善会人手有限，资金有限，各类资源有限的情况下，养老、敬老应该是救助帮扶工作的重点之一。与抚育孤儿、关爱儿童成长有所不同，社会上许多单位和爱心人士、大学生和社会机构等，对儿童的关怀照顾还是比较到位的，无论哪个方面的工作做得都是令人欣慰的。

慈善会工作者和慈善志愿者应充分认识到，人们步入老年，身体和脑力逐渐衰弱，往往是心有余而力不足，能够自理、自立已经很好，其他事宜则应量力而为，不可着力太重，以免伤及身心健康。有不少老人需要他人帮助，在生活上需要有依靠，就是人们常说的那样，老有所依。那么，具体说，"老有所依"究竟如何"依"，也就是依靠谁的问题。我们是中国共产党领导的社会主义国家，老年人的养老首先要依靠党和政府，依靠民政部门，依靠曾经工作过的单位。老年人还要学会依靠社区居委会、农村村委会的照顾，这是直接关照老年人生活的基层组织。老年人如有生活困难，要及时反映给社区或村委会，请求予以协助解决。老年人还可以把自己的生活困难向慈善会和慈善志愿者提出来，尽可能获得他们的帮助。当然，老年人肯定要依靠自己的子女或其他家人照顾，也要尽可能发挥个人自身能动性，解决自己在生活上的困难。事实上，中青年人遇到困难主要依靠自己的能力加以解决，而儿童少年和老年人由于生活能力不足，理应得到政府和社会的特别照顾。因此，慈善会和慈善志愿者的工作重点之一，就是帮扶失能、失智及半失能老年人的日常生活；关爱和照顾生活能力不足的留守儿童和残障儿童，让这一老一小的基本生活得到切实保障。

我们曾经在新加坡考察慈善公益事业。新加坡"触爱社会服务"这个机构，安排我们前去他们的社区乐龄服务中心参观。这是个典型的社区养老服务的案例。我们看到，社区的条件相对较好，社区的活动中心有很大的场地，一些老年人在那里下棋、打牌、聊天；一些老年人在社区志愿者的带领下做游戏、唱歌；也有一些老年人在读书学习或看电视，整个乐龄服务中心的气氛十分轻松和睦。社区工作者介绍说，这个社区条件比较好，距离商圈比较近，有邮局、银行、药店、医院、购物中心、洗衣店等，可以满足附近居民的生活所需。居住在这里的老年人绝大部分曾经是高收入者。他们白天在社区乐龄中心活动，由社区工作者和志愿者负责照护，替他们购买餐饮，送洗衣物。社区有医务室，有点小病，随时可以看医生。医生开出处方以后，社区工作者或志愿者替他们去药店取药。老人们一般在下午五六点钟回家去，由子女负责照护。如果是独居老人，社区将给他们佩戴紧急救援呼叫手环，家里也安装有紧急呼叫装置。如果老年人的身体有什么不适或其他意外情况，可以立即呼叫救护车或其他紧急救援服务。这个社区的乐陵服务中心成立十多年来，从未发生过意外情况，绝大部分老年人都很健康，他们对社区也形成一定的依赖，每天到这里娱乐和歇息的老年人很多，他们之间也成为很好的朋友。

人老了，就要休息，但是60岁到70岁的老年人，如果身体健康状况尚好，也有做一些事情的愿望，完全可以重新就业，或做临时性、灵活性工作，奉献自己的余热，也可以使自己的生活更加充实。当然，一个基本原则是量力而行，而不是竭尽全力，而且要随时关注自己的健康状况，特别是有慢性病、基础病的老年人。

还有一个问题，老有所为的目的一定不是为了赚钱，而是要寻找那些自己感兴趣并有能力完成的工作去做，一般不要选择重新创业，或者做完全外行的工作，那样可能付出的精力和体力很大，老年人难以支撑。老有所为，也不一定非要找一份工作去做，也可以做业余的某项工作。除了极端特殊的情况以外，老年人一般不要为补贴家用而寻求再次就业，而应以保养身体为第一位。我们建议慈善会在低龄老年人中进行宣传，把他们吸引到慈善志愿者服务团队中来，这些老年人有工作热情，有为困难群众服务的能力，也有在自己的晚年生活中做一点善事的意愿，所以，慈善会可以在这一方面做一些宣传动员和组织安排等工作。

在敬老、养老的志愿服务活动中，要让老年人快乐起来，就是所谓老有所乐。在较长时间的繁忙和紧张的工作期间，人们一贯的表情就是紧张、严肃，加之生活的压力，笑容很难浮现在面孔，给人一种沉重、压抑、郁闷的感觉。离退下来以后，工作重担和生活压力基本上消失了，老同志可以放松心情，从内心到面孔焕然一新，让笑容重新回到脸庞。无论做任何事情，都已经不必再沉重、压抑和郁闷，而是对困难和忧愁付之一笑，想方设法加以解决，绝不放在心间，或随它而去，或沉淀一下再说。保持乐观的心态，对老年人的身心健康大有裨益。慈善会和慈善志愿者在为老年人的服务活动中，一定要尽可能让他们放飞心情，乐观开朗，积极向上，把笑意挂在脸上。

六、重视城乡养老问题

养老是一个比较沉重的话题，许多老年人对自己的晚年生活并没有清晰的认识和充分的准备，而是在选择居家养老还是选择机构养老的问题上纠结不清。那么，我们在本节里跟大家谈谈城乡养老问题。

农村的空巢老人毕竟是少部分，绝大多数老人会有几个孩子，总有一个孩子会留在自己身边共同生活，需要的时候照顾一下自己。可是城镇里这一代老人，如果没有特殊情况的话，一般只有一个孩子。年轻时遵守计划生育政策的这一代人，已经陆续进入老年阶段，到了已经或即将退休的年龄。事实上，这些老人也是类似于农村那种比较典型的"空巢老人"。

我们在调研中了解到一个情况：有位退休老教师，已经近80岁，他有一个儿子和一个女儿，儿子在英国定居，女儿在德国定居。他跟老伴两人独居在家，相依为命。随着年龄的增长,老伴罹患多种老年性基础病,经常要去医院治疗或到药店买药。有一次,这位老教师生病做手术,儿子从英国回来照顾他,住了半个月便返回英国,因为公司业务非常繁忙,儿子是公司的中层管理人员,不能长期请假。老人自己独立支撑,身体越来越差,还要照顾患老年基础病的老伴,生活质量不高,有时候还吃不上饭,家里也显得很凌乱。城市老人中的类似情况比较多见。

我们团队在基层调研时注意到这类情况,城镇空巢家庭、空巢老人的情况比较严重,敬老院、养老院等养老机构为城镇老人养老发挥了重要作用。在城镇的养老机构里,有些以医养老的机构,采取带有医护功能的养老方式,在机构里从事照顾老人工作的主要是医生、护士和护工,老人如果生病,在养老机构里就可以直接进行治疗。

社会养老是一个重要途径,因为家庭养老一旦不能实现,社会养老就必须跟进。目前的社区养老是一个逐步发展的好方式,即把社会养老和家庭养老相结合。几乎所有社区都建有"老年人日间照料中心"或"老年人活动中心",在这些机构里,有一系列文体设备和娱乐设施,能走动的老年人可以去那里打纸牌、下棋、看电视、做游戏,还可以参加老年艺术团的唱歌、跳舞、乐器演奏、时装走秀等。这种养老方式应当予以推广。有的成熟社区建有专门为老人服务的厨房,一到饭时会给老人送饭,有需要的老人可以给社区食堂打电话,或在专门建的点餐微信群里,预定饭菜,厨房工作人员就会把预定的饭菜按时送到老人家里,收费也不高,服务很周到。身体患病的人、老年人、残障人士都可以享受这种服务,只要提前跟厨房预定,送饭时刷手机付费或现金支付即可。

据说,现在城镇养老机构床位很紧张,有些养老机构的床位需要排队很多年后才可入住。年富力强的中年人,从现在开始就要给自己入住养老机构排队。那么,怎么解决这个问题呢?社区养老或家庭养老就是要探索的新模式。老人可以不去养老机构,而是住在自己家里。现在大多数人家的住宅都比较宽敞,一般都会有几间房子。如果单纯依赖社会养老,把自己家里的房子空闲下来,却让老人去住养老机构,不仅增加了养老机构的压力,而且不利于老人的生活习惯。在养老机构里,两三个老人住一间房子,时间长了,难免发生隔阂或矛盾,发生摩擦、冲突就要调节，老人一辈子的生活习惯在短时间里是改变不了的，要他们适应养老机构的环境，的确不是一件容易的事情。

因此，我们认为，有关方面和慈善会要考虑如何养老才符合每个人的具体情况，也许对某些人来说，居家养老、社区养老相较于养老机构更加可行。也存在社会上子女将老人送到养老院，结果两三个星期下来，老人就是住不惯，坚决要回家的情况。但摆在面前的事实是，子女有繁重的工作，生活压力很大、生活节奏也很快，并没有时间和精力专门照顾老年人。如此，老年人的养老问题成为一些家庭的主要矛盾。

在社会老龄化的背景下，养老绝不是小问题，而是关乎社会建设的重要问题。据我们了解的情况，无论农村老人还是城市老人，许多人的养老问题暂时没有得到妥善解决。当然，政府、企事业单位、社会有关方面和社区等，都在想方设法尽快地、妥善地解决老年人养老问题。商业养老机构也成为目前年轻人的创业契机，这些方式都可以多多鼓励。

再来说农村老人的养老问题。从大的方面看，中国的社会结构是城市与乡村二元化。随着老年人数量的增加，城乡老人都面临着养老的需要。现在有部分农村，在村子里生活的大部分是老人，年轻人大都外出打工了，这些村庄被称为"空巢村庄"，在家里独居或带着孙子、孙女居住的老人们，被称为"空巢老人"，这反映出农村老人的养老问题同样迫切需要得到妥善解决。

这一代农村老人有一些特殊的生活经历。现在60岁以上的老年人，他们在青少年时代的生活比较贫穷，物资短缺，饮食不足，营养不好，成年后参加生产劳动，体力劳动繁重，身体缺乏营养。但是，他们有一种吃苦耐劳、革命加拼命的精神，公而忘私，干活舍得出力，顾不上自己身体的健康，因而导致年龄大了以后，健康状况比较差。这种情况比较普遍，留守老人正是需要照顾的时期，而现实却是他们得到的照顾很少，其子女去大城市或者附近城镇中打工谋生，归家时间非常短暂，很难悉心照顾家中父母。还有的年轻人外出打工，还未立足，孩子没法带在身边，只能将孩子放在老家托老人照顾，但是老人特别是身患疾病或残疾的老人连自身都顾不过来，又如何能帮儿女照看孩子。更有甚者，有些老人还要经营家里的几亩地，继续从事比较繁重的体力劳动，这是一个很严峻的现实问题。村支部和村委会一般会有七八位村干部，尽管这些干部工作很繁忙，但也会抽时间照顾、关照一下"空巢家庭"和"空巢老人"的基本生活。可以说，村支部和村委会是农村老人的依靠。

目前在农村仍然有一些生活比较困难的老人，他们年龄大了，劳动能力减弱，他们的子女能力不够，或身有残疾，或其他疾病，不能外出打工挣钱，无力养家糊口，这些老人的家庭生活就比较困难。我们曾经在秦岭北麓一带几个村庄做活动，其间走访了6个家庭，看到这些老人基本上都不吃菜，也很少吃肉蛋奶和水果，能吃上油泼面就觉得生活很美好。这样的饮食结构会给他们的身体营养带来问题，一些老人处于亚健康状态，一些老人长期患有基础病和其他慢性病。

农村孤寡老人也是需要重点关注的人群。过去把农村孤寡老人叫"五保户"。有一些老人未曾结过婚，没有子女，在年轻时能够自己生活，但是年龄大了，身体不好时，个人生活便没有了保障。当这些老年人生活难以自理的时候，有关部门可以把他们安排到敬老院里，安享晚年生活。如果他们自己没有积蓄，无力养活自己，政府部门和慈善会就应想方设法，解决他们的实际问题。据我们了解的情况，这一批老人生活还是比较困难的，他们的养老问题需要尽快得到解决。有些农村老人每月可领到一定数额的养老金，这些钱为数不多，可以维持日常生活费用，但解决不了养老的根本问题。

在现代社会，农村仍有大部分家庭的老人依靠儿女养老，随着社会的发展，这种靠子女养老的方式，很难解决所有老人的养老问题。随着社会的进步，养老领域出现了一个新情况，农村老人越来越长寿，其子女也已经步入老年人行列，老年人养活老年人，各方面都显得比较困难，农村养老就显得越来越迫切。这是农村老人的一些具体情况和面临的实际问题。

党和国家一直非常重视农村老人养老事业。政府部门陆续出台制度或法规，加快农村养老事业的发展，各地积极探索农村养老新途径，创新养老理念和方式。我们在陕南调研时看到，一些经济条件比较好的村子，创办了乡村幸福院。大部分村子都有一些闲置的公共用房或院落，经过改建、修缮和简单装修，村里符合条件的老人可以入住幸福院，老人在幸福院养老的费用由村子承担一部分，由老人的子女承担一部分。我们在幸福院里看到，不少老年人在这里悠闲地度过自己的晚年时光。

我们在调研中还了解到其他的养老方式。例如,老人与村里签订合同,把土地或其他属于老人个人名下各类资源退还给村里并获得相应补偿,由村委会安排专人负责照顾老人日常生活,可以解决部分农村老人的日常生活问题。以上养老方式是民间的创新,是有偿养老的方式,还有其他一些方式,也在实践检验当中。我们很关心那些情况特殊的老人,例如身有残疾或罹患重病,甚至卧床不起的老人,这些问题如何解决,还需要老人家属和村里协商,寻找更好的解决办法。农村养老没有现成的经验可以借鉴,很多方式是在不断探索中创新,现行的养老方式有哪些不足或可取之处都需要逐步改善,不断探索和完善。在这一方面,慈善会可以做一些尝试,积累经验,逐步推行。

七、雷锋精神与志愿服务

"学习雷锋好榜样,忠于革命忠于党。爱憎分明不忘本,立场坚定斗志强。学习雷锋好榜样,艰苦朴素永不忘,愿做革命的螺丝钉,集体主义思想放光芒。学习雷锋好榜样,毛主席的教导记心上,全心全意为人民,共产主义品德多高尚。学习雷锋好榜样,毛泽东思想来武装,保卫祖国握紧枪,继续革命当闯将。"这首歌曲名为《学习雷锋好榜样》由吴洪源作词、生茂作曲,旋律节奏感强、亲切自然,歌词简明清晰、朴素无华。自 20 世纪 60 年代至今的半个多世纪,这首歌在中国可谓家喻户晓,社会各行各业,男女老少人人会唱,而且一直传唱不衰,影响了中国社会的几代人。

(一)重温雷锋和雷锋精神

这首歌曲歌唱的是一名叫雷锋的解放军战士。雷锋出生于 1940 年 12 月 18 日,原名雷正兴,湖南长沙人,是一名坚定的共产主义战士。雷锋于 1954 年加入少先队,1960 年参加解放军,同年加入中国共产党。1961 年 5 月,雷锋晋升为班长,并被选为辽宁省抚顺市第四届人民代表大会代表。1962 年 2 月,雷锋出席沈阳军区首届共青团代表会议,当选为会议主席团成员,并做大会发言。1962

年 8 月 15 日，雷锋因公殉职，年仅 22 岁。1963 年 3 月 5 日，《人民日报》发表毛泽东主席的"向雷锋同志学习"的题词。随后，全国各地广泛开展了学习雷锋的活动。雷锋的模范事迹在当时社会各界产生了很大反响，而对后世影响最大的，则是以其名字命名的"雷锋精神"。

雷锋一生很短暂，他虽然没有做出什么表面上看起来"轰轰烈烈"的大事，却做了许许多多似乎"微不足道"的小事。他的模范事迹向人们生动诠释了一句古语："不以善小而不为，小善积而为大善。"雷锋所做的许许多多好事、善事，累积成了大好事、大善事；雷锋也从一名平凡的解放军战士，成为一名不平凡的英雄人物，成为全国人民学习的好榜样。

为了加深各位读者对雷锋模范事迹的了解，我们一起重读两件雷锋做好事的小故事。第一个故事。有一次，雷锋在火车站遇见一个不停哭泣的老大娘。他走上前去一问才知道，原来老大娘独自一人出门探亲，刚走到这里，就把随身带的钱给弄丢了。雷锋什么话也没说，便把自己身上的钱全都给了这位老大娘。第二个故事。雷锋出差，匆匆忙忙走了一天。傍晚，天下起大雨。这时，雷锋看到一位妇女怀里抱着一个小孩，手里还领着一个小孩，身上背着包袱，在大雨中一步一滑地向前走着。见此情景，雷锋连忙上前，一打听才知道，这位大嫂家住樟子沟，刚从外地回来，走到这里遇到了大雨。雷锋听罢，立即把自己的雨衣披在大嫂和孩子身上，随手抱起那个大一点的孩子，冒雨朝樟子沟走去。他一直护送着这母子三人，走了两个多小时，最终把他们母子平安送到家。这时，雷锋浑身上下已经淋得透湿。像以上这样的好人好事，雷锋做了很多。所以，当时就有人说：雷锋出门一千里，好事做了一火车。

从雷锋身上，我们看到了乐于助人的志愿服务精神。可以确切地说，这种精神反映了雷锋忠于党、忠于人民，为共产主义理想不懈奋斗的情怀；乐于助人、舍己为人、公而忘私的奉献精神；立足本职工作、干一行、爱一行、精一行的螺丝钉精神；苦干实干加巧干、不怕任何艰难险阻的艰苦奋斗精神。总之，雷锋精神就是全心全意为人民服务的志愿者精神。雷锋以"为人民服务"为人生的最大幸福，以关爱他人、帮助他人为自己的最大快乐，这是雷锋精神的典型标识，也是我们今天仍然要大力弘扬的崇高品德。雷锋精神影响了几代中国人，激励各界人士踊跃参加志愿服务活动，帮助生活困难和鳏寡孤独残疾者等弱势人群。

在雷锋身上，我们看到了一位共产主义战士的光辉形象。当代社会仍然崇尚和宣传雷锋精神，特别是广大慈善志愿者，时刻牢记毛泽东主席的"向雷锋同志学习"的题词，把雷锋精神转化为助人为乐、见义勇为的实际行动。我们经常看到，在西安市大街小巷川流不息的出租车当中，活跃着一支名称响亮的车队——"雷锋车队"。他们长年为西安地区的父老乡亲做好事、做善事，获得了各级党委和政府以及省慈善协会的充分肯定，也赢得了西安人民的交口称赞。从这个意义上说，学习雷锋首先要从一点一滴的小事做起，把小事做好，把好事长年做下去，就不是平凡的事。也就是说，雷锋能够成为人们心目中的英雄，并非他做了轰轰烈烈、惊天动地的大事，而是从身边的小事做起，时时做好事，处处做好事，这些平凡的小事就积累成了不平凡的大事业。

雷锋在日常工作和生活中，不仅大公无私、乐于助人，而且不图名利、默默无闻。雷锋做了那么多好人好事，从来不留姓名，不愿四处宣扬，不是逢场作秀，而是甘当无名英雄。雷锋做好事不求回报、不图表扬，这种甘当无名英雄的乐于奉献精神，是最可贵的志愿者精神。当然，在当代社会，我们需要弘扬正气，大力宣传志愿服务精神，表彰优秀志愿者，让更多的人从先进人物的事迹中受到教育和启发，不断壮大志愿服务者队伍。对于大力表彰优秀慈善志愿者的做法，我们是非常赞同的。尽管志愿者做服务活动根本就是不图名利的，但我们的社会则需要弘扬正气，鼓励各界人士积极参加志愿服务。

学习雷锋，重要的是努力践行志愿服务精神，从我做起，从现在做起，从每一件具体的小事做起。我们学习和践行雷锋精神，要从具体工作做起，不应当空谈，不能当观众，要通过自己的实际行动，把雷锋精神传承下去，践行奉献、友爱、互助、进步的志愿服务精神。志愿者以社会服务为根本，不要报酬、不求名利，积极参与各种对困难群众和弱势人群的志愿服务活动，为那些罹患重病、大病的人们提供力所能及的人道援助。

雷锋精神具有深刻的思想内涵，雷锋精神已经成为中华民族宝贵的精神财富。从思想内涵上，雷锋精神与社会主义核心价值观高度一致，与社会主义市场经济具有协调性。也就是说，中国特色社会主义需要雷锋精神，而弘扬雷锋精神更是推动慈善事业发展,加强全社会道德建设的有效途径和重要方面。因此,在当代社会,弘扬和继承雷锋精神具有重要的时代意义和社会实践价值。

(二)雷锋精神即志愿服务精神

中国社会需要法治,也需要道德的支持。雷锋精神体现了中华民族的传统美德,而现代慈善事业则是传承雷锋精神、践行传统美德的重要路径和广阔平台。努力培育符合新时代要求的慈善事业基础,大力弘扬雷锋精神是十分有效的路径。雷锋是新中国成立以来最具影响力的志愿服务的模范典型。在大力推进社会主义核心价值观的今天,有必要对雷锋精神进行再认识,深入挖掘其时代价值。传承雷锋精神,首先要不忘初心,着眼于对理想信念的坚守,对中国特色慈善事业的坚守。从这一点上,我们可以明确雷锋精神与新时代慈善事业之间密不可分的关系。换言之,雷锋精神在新时代发挥的社会作用之一,就是它已经成为现代慈善理念的支点之一,成为志愿者精神的重要动力之源和重要的标识。

我们分析雷锋精神与慈善理念的互通,很重要的一点就是雷锋精神体现了中国志愿者的光辉形象;反映了志愿服务事业的鲜明特点。榜样的力量是巨大的。雷锋尽管只是一名普通的解放军战士,但他的精神感召力和感染力,他良善的家国情怀和人文关照情愫,得到广大群众的普遍认同。可以说,雷锋精神开启了当代中国志愿服务事业的先河和崇高境界,引领广大志愿者尤其是青年志愿者实现人生理想和个人价值的正确方向。自觉把人民群众特别是需要帮助的困难群众的安危冷暖和社会的公共利益摆在首位,个人的利益服从人民的利益,集体主义和利他主义在雷锋身上成为显著标志和自觉行动,其实质就是集体主义精神、共产主义精神和公而忘私、乐于助人精神以及三者的高度统一。

雷锋精神是当代慈善文化建设的重要组成部分,是志愿服务精神的前期思想来源,包括毫不利己、专门利人的价值观念。雷锋在工作和生活中,助人为乐,热心帮助困难群众,表现了对人民真诚而热烈的大爱。这种热烈而真挚的爱,来源于人内心深处的善性,来源于人与人之间的温情。雷锋同志在日记里写道:对人民像春天般的温暖,对工作像夏天般的火热,对敌人像冬天那样严酷,对个人主义像秋风扫落叶一样无情。雷锋精神是中国志愿服务精神的来源之一。

众所周知，联合国前秘书长安南在"2001 国际志愿者年"启动仪式上的讲话中提出："志愿精神的核心是服务、团结的理想和共同使这个世界变得更加美好的信念。从这个意义上说，志愿精神是联合国精神的最终体现。"这句话指出了人类志愿精神的本质，表达了人们对志愿服务的由衷赞美。安南把志愿服务精神与联合国精神紧密联系起来，体现了一位国际政治家的广阔胸怀。我们在此处想说的是，雷锋精神的提出是在 20 世纪 60 年代，安南提出志愿服务精神则是在 2001 年，整整晚了 40 年。"奉献、友爱、互助、进步"等概念，正是雷锋精神的具体体现。所以，可以毫不夸张地说，雷锋是新中国志愿服务事业的先行者和开拓者，也是国际志愿者的标杆。

（三）雷锋精神永不过时

曾经在某个时期，学习雷锋、弘扬雷锋精神，在社会上出现了某些异样的观点。有人认为，过去我们曾经提倡的雷锋精神过时了，在市场经济条件下，雷锋精神已经不大适应社会实际。有人提出，要赋予雷锋精神以新的内涵。但是，更多的人仍然坚持认为，雷锋精神符合中华民族的传统美德，承袭了历史上形成的慈善文化核心内涵，就是仁者爱人，就是大爱无疆，先人后己，先公后私，这是无可改变的中华民族的民族性格和民族价值取向。这是雷锋精神得以继续传播和集成的内在缘由。雷锋精神的形成还有其特定的社会基础和历史条件等。只要这些基础和条件存在，雷锋精神就有传播和继承的外部环境。雷锋的行为是高尚的，是符合社会文明进步要求的，是主导志愿服务活动的思想动因，是爱憎分明的思想觉悟、慈爱友善的道德意识，乐于助人的志愿服务理念。雷锋的乐善好施行为与高尚的政治觉悟、思想境界完全一致。故而雷锋精神有着绵长的历史传承价值和永恒的道德意义，对不同经济背景下人们健康幸福的社会生活和志愿服务事业均有正向推动力。

雷锋精神启发我们深入思考志愿服务的意义是什么，我们为什么要参加志愿服务，怎样才能做好志愿服务等问题。传承和发扬雷锋精神，就是要帮助人们正确认识对社会弱势人群进行物质救助和精神帮扶的重要社会意义，明确维护社会公平正义和善化社会风气的必要性与重要性。在某些人看来，雷锋乐善好施，舍己为人，这些行为是不是太傻，因为在市场经济条件下，人们是以逐利为趋向的，趋利避害是人的本性，没有必要用自己的钱物救助和帮扶素不相识的人。对这种说法，我们不表示赞同。雷锋并不傻，而是一心为公、一心为他人的好人，他的善言善行全部来自对良善人性的发挥，我们对雷锋精神的意义和价值的理解有一个标准，即在日常生活中，人们究竟是坚持利己还是利他。

毫无疑问，人们来到这个世界就是为了追求幸福。雷锋精神和志愿服务事业正是源自对幸福真谛的感悟。本书前文提及，幸福并非同一种状态或同一种感受，而参加志愿服务活动，则能给志愿者带来恒久而更高层次的精神享受。事实上，金钱和其他名利可以给人们带来满足感，而从事志愿服务才能给人们带来真正的幸福感。

慈善参与第三次分配、参与社会治理、参与乡村振兴等社会工程，需要志愿服务作为重要的抓手，即需要千千万万志愿者投身其中。在志愿服务活动中，要巩固扶贫工程的成果，建设和发展小康社会，向着中华民族伟大复兴的第二个百年征程奋勇前进。落实在具体行动上，一个很重要的方面，就包括不断保障和照护社会弱势人群，使人们不仅要获得满足感，而且要获得真正的幸福感。

在现实生活中，志愿者所做的更多的是小事，长期坚持做好人好事，参加志愿服务，都是平凡的事和平凡的人，必然蕴含不平凡的属性，成为不平凡的人。我们在新时代把雷锋精神融入社会主义慈善文化，并且将雷锋精神为核心的志愿服务精神，塑造成一种长效爱心机制，让为他人服务、为社会献爱心成为普通百姓的生活方式和日常行为。学习雷锋，继承雷锋精神，是可以长期坚持的。雷锋精神永远不会过时。

第八章　传统慈善文化举要

引　言

中国是一个历史文化悠久的国度。早在数千年前，我们的祖先就已经萌生了慈善意识，开始对残疾者、孤寡老小、贫困者和遭受灾难者以及其他弱者进行救助和帮扶。在这个过程中，逐渐形成初期的慈善理念和慈善文化。我们在本章里主要介绍先秦时期儒家、道家、墨家慈善文化的部分内容，这并非传统慈善文化的全部内容，而是传统慈善文化举要。一方面，先秦时期诸家慈善文化在后世得以传承，一直到今天依然在发扬光大；另一方面，传统慈善文化也需要不断创新，以适应不同时代的社会需求。我们倡议慈善界和理论界学习传统慈善文化，重视在此基础上对现代慈善文化进行创新发展，助力现代慈善事业的发展与繁荣。

一、仁是慈善文化的硬核

"四书""五经"是儒家经典。"四书"包括《大学》《论语》《孟子》《中庸》；"五经"包括《诗》《书》《礼》《易》《春秋》。我们系统阅读儒家经典，可以看到其中包含许多关于慈善或与慈善相关的理念、范畴和命题，它们是儒家慈善文化的主要渊源和重要内容。在漫长的历史岁月里，这些理念、范畴和命题得到后代儒者的不断解说、阐发和补充，也得到不断完善、归纳和升华，一代一代传承下去，成为古代慈善文化的宝贵遗产之一，也成为中华民族精神支撑力和心理品质的重要组成部分。从古今中外的历史看，人类社会越发展，文明程度越高，生活内容就越丰富、越充实，慈善文化和慈善事业的内涵也就越丰富、越充实。而先秦时期商周文化中的重民、保民思想，尤其是先秦诸子的慈善学说，就是中华民族古代慈善文化之滥觞。

在我们的认识上，儒家慈善文化的"硬核"或核心要点，就是所谓"仁"。儒家倡言的慈善，也是由"仁"而善，即由"仁"趋向于善，并由仁心转变为善言与善行。"仁"的慈善理念就是这样一个内涵极其丰富并处于不断发展的心理状态和文化形态。也就是说，作为中国古代慈善文化核心内容之一的儒家慈善文化，是以"仁爱"为中心展开，并由此陆续构筑了儒家完整的慈善文化体系。我们已经见到学术界诸多有关儒家慈善文化的研究成果面世，这些研究成果有较高的学术质量，值得慈善同仁阅读学习，可以提高慈善同仁对慈善文化和慈善实务的深度认识，加深慈善工作者对慈善事业的理解程度。我们在本节将重点讨论儒家慈善文化的具体范畴或理念——仁，而不是全面介绍儒家慈善文化的所有内容、完整体系和形态。

（一）仁爱就是爱人

在对儒家慈善文化做出评论之前，我们先讨论"仁"这个范畴。"仁"，是儒家思想的核心，也是儒家慈善文化的"硬核"，在儒家经典"四书""五经"中，不乏仁与善的思想资料。例如，我们在儒家经典中可以看到的"尚仁爱""重人本"等思想因素，已经包括了"仁""义""爱""慈"这些概念，或涉及"仁爱"与"人本"的零星思想萌芽。到孔子创立儒家学派之后，儒家慈善思想的初步体系才逐渐开始建立。此后，历经儒家后世学者不断丰富与发展，儒家的慈善思想体系经过流变而趋于形成。这是需要一个漫长历史过程的。

在《论语》书中，"仁"是出现最多的一个范畴，有学者经过仔细统计，说是共出现109次。可见，孔子对"仁"这个范畴是多么重视。在《论语·颜渊》篇中记载了这样一段对话。孔子的学生樊迟问孔子，什么是"仁"？孔子说："爱人"。孔子之所以这样回答，是基于他的一种道德情感。他把"仁"解释为"爱人"，认为凡是有"仁者之心"的人，都是非常"爱人"的。"仁者爱人"的这种说法，一直延续到今天，成为我们民族普遍认同的心理特质和重要理念，也是社会生活中人们普遍的认知准则。"仁"是人的本性，具体表现为"爱人"。这是先秦儒家对商周以来"敬天保民"思想的继承和极大发展，也是先秦时期慈善文化的重要成果。

从学理上讲，"仁"是一种非常古朴而隽永、深沉而浓烈的人道观念。不具有仁心的人，就不会去爱别人，而是只爱自己的那种极端自私自利的人，他也就不会去做任何善事了。尽管在我们的周围，似乎此类人屡见不鲜，但事实上这样的人在社会上还是少之又少的。因为泯灭了仁者之心的人，在社会上的生存空间非常小，因而他们中的大部分人往往可以在重大事件面前，幡然醒悟或唤醒本性中的"仁"。我们在《论语》里可以看到，孔子对"仁"的解释有多种，但核心意思就是爱、仁爱和善。

"仁爱之心"既是人类天生的禀赋，即与生俱来的人性，也需要后天涵养和保持，并不断在社会环境下习得和熏染。作为"社会人"，如果在生活中受到了恶言恶行的干扰，那也会迷失原本的仁心，而走上作恶的歧途。进一步说，"爱人"是分层次的，儒家主张"爱有差等"。这是说，个人向外付出的爱心，不是完全平均、平等、毫无差别的。一个人肯定是先要爱自己的家人，包括父母、子女、兄弟姐妹以及其他与自己有血缘关系的人，就是要先把爱付给自己最亲近的家人，随后是亲戚、朋友，再次是熟人、同事，最后是素不相识的陌路人。这是有顺序、有层次、有远近、有亲疏的。有个形象的说法，"仁"，像是把一颗爱的石子投进平静的水面，会泛起层层涟漪，一圈一圈地往外扩散，即从内向外散发开去，这就是"爱人"的"仁爱之心"所产生的效果。需要特别强调的是，儒家不是博爱论者，也不是泛爱论者，而是主张基于血缘或姻缘等人伦关系的有差异、有远近、有亲疏的爱。

"仁爱之心"即"不忍人之心"，也就是"爱人"。为什么说从孔子到孟子都会有"不忍人之心"的心理倾向呢？什么叫"不忍人之心"呢？简单说，就是假如我自己的生活处境比他人好一些，看到别人家的孩子每天食不果腹、衣不蔽体、无立锥之地,会觉得一个正在长身体的孩子总是这样吃饭是不行的,我就会出钱、出物、出力给予帮助。如果我自己没有这样的能力,我就会在社会上进行呼吁,希望有能力的人伸出援手。这是从小的方面而言。从大的方面来讲,当我的家人、民族、国家在遭受外国侵略和凌辱时,我就更加不忍心,必定会拿起武器保家卫国,抗击侵略者。这是从小处和大处来理解"不忍人之心"之义的。如果把它联系到慈善的思想上来讲,即是一种"不忍人之心"的慈善,即我不忍心看到那些受苦、受困、受难的人和残疾人在生活中处于那样的艰难之境,只要我的生活比他们强一点,我都会向他们提供帮助,力所能及地做一些事情,帮扶和救助他们,度过艰难处境。

"不忍人之心"还可以用到多种人际关系之中,比如家人、邻里、同事、朋友及其他人。多少年来,中华民族由于有孔孟这种慈善思想文化,才培养出了我们民族的慈善心理。或者说,慈善仁爱的民族心理品质支撑着我们民族的精神,我们的民族是善良的、友好的民族,这种特性在世界各民族中是非常突出的。这种善良、友好的观念又衍生出我们现在的具体慈善实践,即尊老爱幼、扶助残疾及伤病人士等。例如,我们的社会设立有敬老院、儿童福利院以及救助残疾人的机构等。我们能够做到与人为善而不为恶、邻里守望相助相帮,以及助人为乐、见义勇为、乐善好施等。这些属于我们中华民族优秀的道德品质,都是由善念、善端、仁心、爱心衍生而成的,或者说是由此而促生的。这是我们的民族素养、民族品质和民族精神。中华民族善良品性在很大程度上源自儒家慈善文化的"硬核"——仁。

有一位著名学者曾经讲过一个观点:儒学就是人学,就是对人的关怀。这种关怀不是高高在上的,更不是停留在口头上,而是实实在在付诸实践,具体到衣食住行的诸多方面,以至于无微不至。在这里,我们可以把孔子讲的"仁"从两个方面加以理解。一个是道德情感,另一个是伦理规范。"仁"就是这两者相结合的范畴,要求人们从内心深处注重以仁涵养心性,以仁规范和约束自己的言行。道德情感直接作用在慈善实务工作中,伦理规范间接维护慈善的基础和环境。自古以来,公平正义的社会必然倡行惩恶扬善、乐善好施、扶贫济困、关照鳏寡孤独和残疾人。社会各阶层的人们要注重道德修养,做善事,做好事;不做坏事,更不做恶事。

(二) 人的四个善端

儒家慈善文化重视从内心深处对慈与善的追求，或称之为内心求善并由内而外地推演开来。儒家慈善文化以"仁"为核心，包括恻隐之心等四个善端、忠孝节义、诚实守信、以民为本、大同小康等学说。这是儒家慈善文化的基本构架和主要内容。

先说人之四个善端。四端是善端，不是恶端。这四个善端即"恻隐之心""羞恶之心""辞让之心""是非之心"，在儒家学说里，分别对应着仁、义、礼、智。它们相辅相成，互为作用。一个人格完善的人必然具备这四端。在这四端里，每一端都有其特指的内涵，不可或缺。我们在本节里重点分析恻隐之心。

孟子认为，人是先天性善的，并且提出了人性中固有的四端。所谓恻隐之心，如孟子说："今人乍见孺子将入于井，皆有怵惕恻隐之心。"怵是发怵、担心，惕是警惕、小心，即每个人都有天赋的怵惕恻隐之心。这句话的意思是：幼儿没有危险意识，当他走到水井的旁边时不会停下脚步，则很有可能掉到井里去。就在这个时候，任何人从这里经过，都一定会立刻走过来把孩子拦住，避免孩子遭遇不测。这是说，人们都有怵惕恻隐之心，怵惕之心促使每个人都必然这样去做，甚至就是一种下意识的动作，而根本无须经过大脑的思考，这正是人性本善使然。孟子是"性善论"者。他认为，人的善性主要表现为"恻隐之心"，并由此而发扬开来。

我们以为，"恻隐之心"首先是一种道德情感，即人类天生禀赋的善的本性。就是说，"恻隐之心"也是上天赋予的，可以直接由此开启、发展或演变、导引出人的善的理念，激励人们的善的行为，也就是去做善事、做好事。这是一种求善的内在心理动力，这是原发性的，潜藏在每个人的心灵深处，当需要的时候，这种怵惕之心就会油然而生，成为人们行善的心理驱动。也许有人会问，没有任何报酬，没有任何利益，我为什么要去做慈善？对此问题的答案其实是现成的，那就是因为你有天赋的恻隐之心，你受到恻隐之心的驱使，而不由自主或自觉自愿地去做慈善。在我们的认识上，"恻隐之心"与"同情心"不是相同概念。比如，有个人讲述了他的某种遭遇之后，人们可以表示同情或理解，也可以表示不同情或不理解。因为人的视角不同，经历不同，价值观和道德观也不相同，每个人完全可以自主做出不同的选择——或同情、理解或不同情、不理解或不予置评。但是，恻隐之心是人类共同的、天生的，遇到需要出手的事情时，人们就会不由自主地付诸行动，这是无可争议的。在实践中，无论是"恻隐之心"还是同情心，二者虽有区别，却都是滋生人们慈善之心与慈善之举的天赋秉性，而且是每个健康之人所必备的。

在所谓四个善端里，还有"羞恶之心""辞让之心"和"是非之心"。"羞恶之心"是说，人应该有羞恶之心，要有知耻、知丑、知恶之心。《论语》中讲"知耻近乎勇"。这里所谓"恶"，就是与善相反的那些东西。其中包含有如果一个人做了坏事、恶事，他应该感到羞耻，而不是反以为荣。这一条同样与慈善道德有紧密的关系。所谓"辞让之心"，也是有关慈善的道德。这是说，在社会生活中，人们不应当争抢利益，因为社会资源是有限的，人们的生活很难完全得到满足。如果在社会生活中，每个人都只考虑自己而不顾及他人，争抢资源或利益，那就是谁抢的资源越多，谁生活得就越好，谁抢不到资源，谁的生活就过不下去，这就成为弱肉强食的丛林社会。我们可以从历史文献中看到，孟子希望人们之间能够互相辞让、谦让、礼让，不去争夺社会财富，而是合理分配社会资源和财富。当然，这在当时是一种社会空想。当社会的物质财富还没有达到丰富充足的时候，不争不抢可能是很难做到的，必然需要法律和道德的规制。否则，就有可能是富贵之家朱门酒肉臭，而贫寒人家则食不果腹、衣衫褴褛、无立锥之地。

最后一个善端，是所谓"是非之心"。儒家认为，一个人应该有是非之心，一个社会应该有是非概念和标准。如果没有是非观念和标准，社会就会出现混乱，甚至走向崩溃。小到一个人、一个团体，大到一个民族、一个国家，如果连基本的是非观念都没有，那么人心正义与社会正义何在？如果没有社会正义，就会沦入由"丛林法则"支配的黑暗野蛮社会。所以，儒家就提出这四个善端。因为有这四个善端，人类社会才有可能成为公平正义的社会。

(三) 孝悌与忠恕

儒家讲"仁者爱人",那么这个"爱"从哪里开始或从哪里出发呢?具体说,"仁"这个慈善理念如何付诸实际呢?对此问题,我们的回答是:儒家的慈善伦理首先从家庭亲情开始的。在孔子那里有一个家庭伦理的概念,叫"孝悌",这其实是儒家慈善道德践履的第一步。"践履"的意思是亲身实践,而不是停留在口头上或在理念上。人们做慈善工作,首先要解决好自己的生活问题。如果自己衣不蔽体、食不果腹的话,如何去救助和帮扶他人?如果慈善人解决不了自己的基本生活问题,他从事的慈善事业也就无法做起。做慈善的人,要解决好自己的基本生活问题,还要把自己亲人的生活问题很好地加以解决。如果连自己和家人的基本生活都没有办法保障,那么这个所谓的慈善,也不是人们所希望看到的情景。一个人肯定应该首先照顾好自己的父母,照顾好自己的儿女。每个人都把自己照顾好了,都把自己的家人照顾好了,社会上需要救助和帮扶的人也就很少了。这就是一个社会的良性状态,就是一个健康、祥和、富裕的社会了。

孝悌,是一个人慈与善的开端,这也是儒家观念,我们基本认同这个观念,一个人的慈心善行,是从他的家庭开始的,是从孝和悌开始的。儒家慈善伦理是从一个人孝顺父母、敬重兄长的这种人伦道德中引申出来,发展或导引出一个人对他人的"仁爱之心",这是早期的儒家慈善伦理观念。事实上,在人类发展进入文明阶段的几千年以来,社会伦理就是如此演进的。儒家的慈善遵循血缘纽带所维系的亲情关系,首先就是要从孝敬父母、尊重兄长开始。

在儒家慈善文化中,还有一个范畴叫"忠恕"。"忠"是什么呢?举例来说,有两个人是共事的关系,就双方而言,必须是一方忠实于另一方,即彼此之间互相忠诚。其次是两个人都要特别忠实于这件事情,即要倾心于自己与他人合作从事的具体工作。忠字道德是说,合作共事的人要彼此忠诚,不存二心,即发自内心地忠诚于对方和共同从事的事业。

忠、诚、信是三个内涵不同的范畴。早期的"忠"字,就是"与人谋,要忠",要竭尽忠心,要厚道,要真实。什么是"诚"呢?诚就是实在、纯正、诚实,人们要竭尽自己的能力,恪守初心,用心思谋划要做的事情,为人坦白,而不能虚假、伪饰，这叫"诚"。另外，就是人们必须真实地和最大限度地跟别人友好相处。相处的人们之间都非常坦率，纯洁无瑕，绝对不会心存狡黠之念。这是我们对"诚"的理解。"信"这个范畴很好理解，就是不妄言说；就是要恪守信誉，珍惜名声。总而言之，忠不同于信，信是取信于对方，不欺蒙，不失信，即使内心有所反悔，也不会失去信誉。甚至有可能内心不愿意去做，但又不得不遵从自己事先许下的诺言。因此，我们以为，忠与诚、信在伦理理念上不在同一个层次。当然，忠、诚、信这三个范畴是相关联的，或是部分重叠、部分交叉、关系密切的。比如，有人就把诚解释为信，叫诚信。但是，事实上忠与诚、信三者之间还是存在一些显著区别的。

儒家慈善文化中也讲"忠恕"的伦理。"忠"和"恕"有一定关联和差异。忠是忠实于别人和忠实于自己要做的事情，恕是要以对待自己的态度来对待他人。恕也是换位思考，要用同情心和同理心面对他人的境遇和他人所从事的事情。如果一个人能秉持"忠恕之道"的话，那么他最终会修养成一个有仁心的人，忠恕是有仁爱之心的圣人之道，这个人是在往更高层次上修养。以上这几个范畴，形成个人修养和处理人际关系、协调社会关系的基本准则，也是儒家慈善文化的组成部分。我们以为，这些慈善伦理观念就是一个人立身处世的法宝，更是避免形成恶念而与人为善的行为准则。反过来说，如果一个人不具备这几个伦理观念，不能用这些伦理约束自己、规范自己的言行，那么他在社会上就很难立足，也就谈不上慈善的任何问题了。

其实，在儒家乃至其他学派的慈善学说中，还应当包括天人合一的慈善文化观。天人合一是中国古代哲学范畴。这一概念最早由庄子萌生，后被汉儒董仲舒发展并明确提出。事实上，儒、道、佛以及中医学对天人合一的哲学思想体系，均有深入而颇具各自特色的阐释，并共同构建了中华传统文化的重要价值理念与民族精神。以儒家的天人关系为例。它不仅是一种思想观念，而且是一种伦理准则和文化状态。"天"是价值观念和伦理准则的本原，也是对人的一种自然禀赋。但由于在后天生长过程中，人们受功名利禄等欲望引导与蒙蔽，而需要进行自身修养，以清除各种欲望的蒙蔽，达到自觉践行天人合一伦理观念的境界。我们在这里主要从人与自然的关系等几个方面，对天人合一加以浅显解说。

首先，人类要尊重自然，顺应自然，而不轻言对自然的征服。人类与自然的友好相处，既非自然中心主义，亦非人类中心主义，而是人类与自然的恰当和适宜的关系。其次，在此基础上，人类应当发挥自己的聪明才智，做好生态文明及其与政治文明、物质文明、社会文明、精神文明相互融通的建设工作，使人类与自然形成友好和善的关系。再次，天人合一的伦理准则，也是一种高层次慈善理念和公益行动的指南。在与自然界相处中，人们形成了环境保护和生态平衡等社会观念，开展了形式多样的保护绿水青山，减轻大气污染，以及注重食品安全等行动。所有这些，都显示了人类与自然和睦相处的智慧。事实上，天人合一也是慈善的重要传统文化来源。

（四）利他与利群

儒家秉持的是集体主义伦理观，特别强调要与人为善，强调要利他、利群，这是儒家的基本慈善伦理观念。儒家强调与人为善，就是首先不把他人当成一个假想敌对待，在与人刚刚接触的时候，就会觉得他人是一个善良的人，所以在与他人接触时的出发点，就是用自己的善良和他人的善良进行对话。不首先对他人进行猜疑或攻击，是儒家内敛型、自律型文化的基本特征。儒家从不主张主动对外进行攻击，而是以善良之心和善良之举对待他人，对待社会。所以有人就说，儒家文化是柔性文化。我们以为，儒家文化的这种柔性，恰好显示了它的善良、宽容、大气和自信，儒家的柔性有巨大的力量，给人们注入阳刚与顽强的活力，可以战胜许多貌似难以战胜的强大力量，可以克服许多难以承受的艰难困苦，这也是作为慈善文化的应有属性。

在《论语》中，孔子还有这样的说法："己欲立而立人，己欲达而达人。"这是作为"仁"的要义之一。这是说，一个人还承担着一定的社会责任。自己要立，就要先立人；自己要立得住，就得先让别人立得住；自己要通达，先要让别人通达。这就是慈善的精神。孔子还说："己所不欲，勿施于人。"意思是，自己不愿意做的事情，或者不愿意得到的东西，也不会强加于人，不会把这种坏事让别人去做。这种观念同样出于忠恕之道。

孔子认为，一个人生活在社会上，应该承担一定的家庭责任和社会责任。每个人都是社会人,在社会上应该承担一定的义务和责任,当然也会享有一定的权利。既然有社会责任,那就是要有帮助他人的精神和行为。于是,助人为乐的慈善理念就由此衍生出来。人们会为了实现或完成自己的社会责任和社会义务,做出必要的贡献。这种责任和义务,有时候可能会使自己失去某些利益,甚至可能牺牲自己的性命。

由于长期的历史演变,人们乐于助人的伦理观念得到了一定程度的固化,并形成遗传的基因。几乎所有人都会感受到助人为乐的愉悦感,这种行为其实是发自内心的而不是社会的强迫。从历史上看,儒家不是主张极端利己主义的学派,恰恰相反,儒家主张集体主义社会伦理原则,这种伦理精神逐渐融入中华民族的社会生活中。随着时代的更迭,我们也可以清楚地看到,集体主义已经成为社会主义的社会伦理原则,而集体主义其实也是为集体中每一个人谋利益。事实上,集体主义可以最大限度地保护集体中每个人的个人利益和自由,集体与个人并不是对立的关系。

前文已经提及,孔子观念中的慈善思想,在孟子那里得到进一步发扬。孟子说:"达则兼济天下,穷则独善其身",这也是一种社会责任感。一个人既然通达了,有了一定的能力,就要为天下苍生谋福利,就要承担一定的责任或义务,至少应当为自己身边的人们谋福利。也就是讲,儒家倡导利他、利人、利群的伦理原则。由此,儒家提倡爱人、助人、爱社会这样一种慈善理念,认为帮助人就是在做慈善,就是爱人。一直到今天,我们时常都会把那句助人为乐、见义勇为的话挂在嘴边,体现在具体行动上。那么,为什么是助人为乐,而不是助人为苦呢?为什么是见义勇为,而不是见义不为呢?就是因为人类心灵深处蕴含着的那个"善",按照儒家的说法,这是人类与生俱来的秉性,是自然而然的,人人皆有的。孟子主张涵养道德心性,明确提出所谓大丈夫要善养"浩然之气"。什么叫浩然之气呢?就是内心修养要达到宏达圆通、豪气阳刚,当然这不是可以轻易达成的。"吾日三省吾身",就是要求自己不断反思、不断涵养、不断进步,才能逐渐靠近有修养、有胸怀、有志向的大丈夫境界。

《孟子》还说过这样的话:"老吾老以及人之老,幼吾幼以及人之幼。"这句话的意思是,人之所以为人,都会有这样的观念,就是我赡养我的老人并推及别人的老人。比如说,别人没有能力赡养他的老人,我在赡养我的老人之外还有余力的情况下,也会去赡养,这是一种健康的和正常的心态。"幼吾幼以及人之幼"的意思是,我会抚养我自己所生的孩子,如果还有余力,我也会帮助没有能力照顾自己孩子的人,这表现出孟子所说人性的一种博大胸襟、一种爱人的情怀。

一个人首先以善的姿态面对别人,就是所谓与人为善。孟子的这种观念在很大程度上,对于后世的读书人,对于社会其他阶层的人们都产生了很大影响。于是,有些人在善念的影响下,看到别人的孩子衣不蔽体、食不果腹,就会觉得看不下去,会给别人家的孩子捐钱、捐物。如果自己没有这个能力,就会去找人募捐,一定要给孩子吃饱穿暖。比如,现在所谓的"微慈善",就是通过微博和微信去做慈善,很多人都会在工作和生活之余,动动手指,捐出一点钱物,为贫困山区的孩子做一点小事,圆他们生活中一个微小的心愿。

我们清楚地记得,2008年的汶川地震,有一些救援人员为抢救他人而牺牲了自己的生命。对此,我们做了这样的解释:即当人们看到自己的同类遭遇危险和苦难时,他就会本能地生出所谓"恻隐之心",就会用那个"恻隐之心"去做慈善的事情,甚至会为了抢救陌生人而牺牲自己的生命。这就是人类的崇高而天然的本性,人与人之间的相亲相恤,才是形成人类社会的基本保障。五千年来,我们的先人祖祖辈辈一代迎送着一代,一代关怀着一代,血脉不断,生生不息。为什么?归结到一点,就是人人皆有天生禀赋的充盈于天地之间的仁爱之心。

二、齐同慈爱,异骨成亲

在本节里,我们与诸位慈善同仁讨论道家的慈善文化。道家是中国先秦时期诸子百家之一,在历史上曾有过非常重大的影响,老子和庄子就是这个学派的主要代表人物。中国人不仅受到儒家文化的影响,而且深受道家文化的熏陶,有些学者认为,中国传统文化的主流应该是道家而不是其他学派。这种认识也有一定的道理,至少说明道家学说对古代社会产生过非常大的影响,在当代社会的影响也不容小觑。

如前所述,道家的主要经典包括《老子》和《庄子》。学习和研究道家学说,包括道家慈善文化，必须了解这两部经典的基本内容。

在中国上古时期，民间普遍信奉并崇拜天地与祖宗，道家就是在敬天、祭祖、保民的早期朴素信仰基础上，以先秦道家（黄老）学说为主要思想资料，广泛吸收阴阳家、墨家、法家、儒家（包括谶纬学）等诸家的某些思想因素，依照黄老道、方仙道的基本思想理念而逐渐形成。

道家学说是中华传统文化的重要组成部分，这是众所周知的。我们见到，在道家典籍中蕴含着非常丰富的慈善思想。例如，《老子》中提出了"天道自然"的慈善观，认为"乐善好施"是天道自然之本性，世人应效仿天道而行之，切不可逆天背道。《老子》还写道："天之道，其犹张弓乎？高者抑之，下者举之，有余者损之，不足者与之。天之道，损有余而补不足。人之道，则不然，损不足以奉有余。孰能有余以奉天下，唯有道者。是以圣人为而不恃，功成而不处，其不欲见贤。"对于这段话的解读，学术界各有不同。我们赞同下面的理解：大自然的规律，难道不像张弓射箭那样吗？弦拉高了，就把它压低一些；拉低了，就把它举高一些；拉得过满了，就把它放松一些；拉得不足，就把它绷紧一些。自然的规律是减少有余而补给不足，可社会的法则却并非如此，要减少不足而奉给有余。那么，谁能减少有余以补给天下人的不足呢？只有有道之人才可以做到。因此，有道的圣人，是有所作为而不占有；有所成就而不居功，那是因为他不愿意显示自己的贤能罢了。从另一个角度讲，大自然给予人类平等的生存和发展的权利，只不过是有人能力强一点、机会好一点，也就富裕起来了。对于富裕者来说，应该主动去关心贫苦之人，像天道那样给万物以生机，这就使得人道合于天道了，这是道教慈善学说的发源及其理论基础，是顺乎天道自然的，也是顺乎社会人心的。这种财富观与西方的"财富原罪说"有很大不同，"原罪说"是把财富的拥有推及原有的罪过，而道家的财富观则是要把财富的分散归功于富者顺乎了天道。

在《太平经》中，提出了"财富均平"的社会慈善观，认为这是实现太平理想社会的物质基础。财物是天地之气中和而成，不属于任何统治者和任何其他个人。任何人都不能独自占有，而是要乐善好施，尽力去周济穷人，帮助贫困和有特殊需要的人，使饥者得食、寒者有衣、居者有所。天地自然是公正无私、宽厚仁慈的，天地赐予民众之财物，使其能够自由自在地生活。财物应该是民众所共有，不能由少数人所独占。《太平经》还进一步指出："若积财亿万，不肯救穷周急，使人饥寒而死，罪不除也。"这就是说，对于聚财过多者，要行仁好施，周穷救急，多做社会慈善活动。如果那些有财富的人，眼看着有人因饥寒而死，那他的罪恶是不可免除的。

道家的慈善思想十分丰富，在《度人经》中有"齐同慈爱，异骨成亲""慈者，万善之根本。心若不慈，善何以立"等观点，这就提出了"慈爱和同"的慈善观。这部经典明确指出了"慈"与"善"是有一定区别的，要求人类社会有"慈爱"之心，行善良之举。那么，所谓"度人"，就是要帮助学道之人学道、成道，使人由恶变善，从差变好，弃假变真，改丑变美；就是要普度众生、慈爱万物，这种观念有着强烈的普世情怀和慈悲精神。人与人之间要互相尊重、互相帮助、相亲相爱、和睦相处，倡导一种"慈爱和同"的慈善观。

道家一贯主张尊重人的生命价值，反对轻生自杀，也反对杀害他人；要修身养性，尊重动物的生命，认为一切血性之物，皆有灵性；由于悟性有觉悟早迟之分，所以修道进阶次序有快慢之别；尊重植物的生命，认为植物和人一样具有灵性，尊重人类和动植物赖以生存的环境，体现人与一切生物共存的生态思想，这也反映出道教的慈善理念和慈善作为的基本特点。

"齐同慈爱，异骨成亲""济世利人"和"扶贫帮困"是道家教典型的慈善理念和慈善文化，与现代社会倡导的"慈善事业"完全一致，是人类社会的"爱心"及其行动。

三、兼相爱与交相利

毋庸置疑，在中国古代历史上，对社会政治与文化产生最大影响的是儒家学说。但墨家与儒家都是先秦时期的显学，对社会中下层人群产生了巨大影响。事实上，墨家与儒家之间在思想上有交流、有沟通，也有经常性的论辩和较大思想差异。就一般情况看，社会中上层和知识界的一部分人以信奉儒家学说为主，社会中下层的一部分人则在接受儒家某些学说的同时，还受到墨家、农家、道家等学派思想的影响，尤其是与墨家学说的关系比较密切。那么，如何揭示墨家及墨家与儒家学说对中国传统慈善文化的相互影响，这是需要我们认真研究的重要课题。我们在这里试图对这个问题做初步探讨，向学界专家和广大慈善同仁请教。

（一）兼相爱

分析墨学中的慈善思想，首先要从认识墨学的社会思想开始。因为社会思想是慈善思想的重要基础。从《墨子》中可知，墨子的社会思想主要包括兼相爱、交相利、非攻、尚贤、尚同、非乐、节用、节葬等。墨子的社会思想和社会理想，是基于当时社会的不合理、不公正，而专门设计的理想蓝图。在先秦诸子百家中，唯独儒家和墨家拥有"爱"的思想与学说（道家的"爱"是用其他词汇表达的），儒家讲"仁爱"，墨家讲"兼爱"，这或许就是儒、墨二家能够成为春秋战国时期之显学的根本原因。它们均论及属于伦理道德关系中，人与人之间的"爱"的问题，并且把"爱"转化为政治伦理与社会实践的层面或领域。与儒家倡导一种有差别的"爱"不同，墨家所提倡的"爱"，是所谓"兼爱"。墨家的"兼爱"，即天地宇宙间一切无差别的爱，不分男女老幼、血缘、姻缘及地缘之亲疏，也不分种族与国界，甚至不分人与其他动物、人类社会与大自然。墨子提出的"非攻"，就是反对一切非正义的战争，使天下劳苦大众脱离兵燹战乱的苦难。从这个角度讲，"非攻"的主张同样属于慈善文化的内容。

具体来说，什么是"兼爱"呢？"兼"字的原始意义是"一手执两禾"，引申为同时要顾及事物的几个方面，而不会失去其中任何一个方面，即全部、全面、全体，而非片面、个别、部分。片面、个别、部分在当时被称为"别"。墨家主张"兼以易别"，就是要顾及不同人群或阶层，顾及社会或自然的各个方面，改变顾及一点而不及其余的观念和做法。墨家在这里所说的"兼爱"，即人与人、家与家、国与国之间、整个社会毫无差等、毫无区别地彼此相爱、彼此相助。墨子说："视人之国若视其国，视人之家若视其家，视人之身若视其身。"这就是所谓"兼爱"或"兼相爱"。墨子说："是故诸侯相爱则不野战，家主相爱则不相篡，人与人相爱则不相贼，君臣相爱则惠忠，父子相爱则慈孝，兄弟相爱则和调。天下之人皆相爱，强不执弱，众不劫寡，富不侮贫，贵不傲贱，诈不欺愚。凡天下祸篡怨恨可使毋起者，以相爱生也，是以仁者誉之。"

墨子是富有爱心的人，他认为在人与人之间、家与家之间和国与国之间，都应当毫无差别、不分彼此地相爱。人间有了爱，社会上那些"祸篡怨恨"便可消失，于是天下太平、人间同乐、相安无事。可现实状况却并非如此，世界上到处可见国与国之间的战争，家与家之间的相篡，人与人之间的相贼，君与臣之间的"不惠忠"，父不慈、子不孝和兄弟之间的不相利、不和调的现象，而这一切都是源自人们之间的不相爱。因此，"兼相爱"是天下大利，反之则是天下大害。墨子的这种并不否定爱的存在，而继续将爱推及天地之间的思想，必然有其产生的时代背景和现实社会的根源。当时的社会现实是强必执弱、富必侮贫、贵必傲贱、诈必欺愚，老百姓饥而不得食，寒而不得衣，劳而不得息，正是由于富贵者过于奢侈才造成社会的贫穷，而社会关系的合理性原则，即是赖其力者生、不赖其力者不生，也就是要反对不与其力而获其实的行径。对于此等不劳而获且享受富贵奢侈之人，则应上得且罚之，众闻则非之。

由此看出，墨家关注社会现实问题，在贫与富、强与弱问题上的理性态度。墨子是中国古代伟大的思想家，其学说的民本主义色彩非常鲜明。他提出的"赖其力则生，不赖其力则不生"社会生活原则，在那个时代不可能得以实现，但似乎可以说这是社会主义社会的分配原则——"不劳动者不得食"的古代表达方式，应当予以充分肯定和创新继承。那么，在墨家看来，国与国、家与家、人与人之间，都应当毫无差别地"兼相爱"，并由此"交相利"，即人与人之间毫无差别、不分彼此地做那些有利于对方、有利于每个人、有利于全社会的事情，即所谓"爱人与利人之身若己身，爱人与利人之家若己家，爱人与利人之国若己国"。这其实就是自古以来人们所从事的慈善事业，是一幅多么和睦而美好的社会场景啊！

对墨学的这种由"兼相爱"到"交相利"的学说，我们提出如下认识。"爱"是墨家学说尊崇和强调的理念，而且这一"爱"还是毫无差别的"兼爱"，而非有等级的爱。墨家将这种毫无差别的爱视作社会进步的动力。因此"兼爱"不仅蕴含道德层面的至高意义，同时彰显着社会价值与政治意义，"爱"可以作为政治学中的意涵而加以宣扬，发挥社会效用。实际上，兼相爱与交相利就是墨家的慈善思想。与此同时，墨家认为所谓"偏爱"或"无兼爱"的言行，会造成社会的不公正和不公平，称之为一切祸乱之源也不是没有道理。这一点与儒家的"爱有差等"是有一定区别的。

墨子主张用"善"或"爱"，克服实际生活中的一切困难，而且可以泯灭政治的、阶级的和财产的一切差别。墨子基于当时社会生活中的矛盾、争夺、互斗和剥削、压迫、战争、残杀、饥饿和尔虞我诈等一切不合理的存在，提出了"兼相爱""交相利"的解决方案。当然，"兼相爱"是在那个历史背景下不可能实现的理想。墨家憧憬的未来理想社会，是那样一个博爱的社会，"爱人之身若己身，爱人之父若己父，爱人之子若己子，爱人之家若己家，爱人之国若己国"。这种未来社会的理想，引得多少社会下层的穷苦之人满怀希冀与憧憬啊！这是我国古代非常宝贵的慈善思想，一直流传至今。

前文提及，墨子学说反映了当时社会上的底层劳动者对未来社会的期盼和空想，反映了人们对历史上曾经存在过的遥远历史的追忆，尽管这种过往的历史经过了人们的美化，同样反映了人们对一定会成为社会现实却仍然十分遥远未来的期待和呼唤。墨家的民本主义学说，使后世的人们看到在那个历史时期，先贤们对未来社会的渴望与前瞻。墨家提出的"兼相爱"的学说，没有在当时的社会得以实现，并不是违背历史发展规律的幻想，也并非自相矛盾。我们以为，尽管在当时历史条件下难以实现，却完全可以认定其符合历史发展规律，这种美好的未来社会蓝图一定可以实现。

墨家学说特别提倡对人生境界和价值的追求，倡导以群体为本位，重视群体利益，提倡先义后利和重义轻利，在人与人的关系上保持和谐状态并相亲相爱。在此前提下，墨家学说重视社稷与民生，维护民族独立与社会稳定，推崇爱国主义和集体主义传统，主张个人利益服从群体利益，个人独立人格与高度的历史责任感和社会使命感完全统一。这些主张与儒家学说基本相近或相似，表明在那个时代先贤们对社会进步与文明的认识，在很大程度上具有一致性或相似性，合乎人类共同的慈善思维。

社会性与利他性是人类的属性之一，这与动物有本质区别。这种社会性与利他性，即墨家所说的"兼相爱""交相利"等概念的内涵。对于社会上客观存在的强与弱、众与寡、富与贫、贵与贱、诈与愚等对立的双方，提出要以公平正义为准则，切实加以规范。墨子认为，社会应当提倡行侠仗义的行为，要除暴安良，惩恶扬善，维护公平正义，使人人生活在安定有序的社会中。

墨家讲"兼相爱"，就是要达到"强者不劫弱，贵者不傲贫，多诈者不欺愚""老而无妻子者，有所侍养，以终其寿；幼弱孤童之无父母者，有所放依，以长其身"的目的。这里所说的是当时社会弱势人群和各类底层群众并体现出殷殷关切之情，这与其所论如"节用"等主张完全一致，也反映了普通人的生活诉求。再深入一点说，我们并不赞同那种认为墨家学说是什么"乌托邦"而根本不可能实现的幻想等观点，难道对弱势人群的体恤与关怀，就是不切合社会现实的吗？就是必然要被推到遥远未来的社会才能实现，否则就是不可取的吗？如果是这样的认识，那么当时强者劫弱、贵者贱卑、富者傲贫、多诈者欺愚等的社会现象就是合理的吗？在我们看来，墨家的这些学说，一方面在很大程度上反映了百姓对温饱生活的渴求，另一方面更是对民众生活的关怀，对社会现实进行改造的政治主张。换一个角度说，不为民众生活改善的社会才是不公正的，而强烈要求改变现状是应当予以肯定的。

墨家以"兼爱"为其慈善思想的基本核心，从伦理学角度看，"爱"或"人的爱心"应当属于道德范畴，而不是政治概念或范畴。但墨子认为，社会政治之利弊得失，最后都应当归于人类之"爱与不爱"的问题，"爱与不爱"是一切问题的最根本之所在。墨子吸取儒家的"仁爱"思想的合理因素，同时对儒家的"仁"与"礼"，给予否定并提出挑战，在"爱"的实质上给予突破，把被统治、被奴役的百姓解放出来，在他们的物质生活基本得到保障的前提下，参与到国家政治生活之中。在我们的认识上，墨子将"爱"撒播给千千万万的百姓，而不以血缘关系的远近亲疏来确定爱的付出次序和程度。因此，"兼相爱"的学说，与儒家"仁爱"有所不同，而成为一种毫无差等的大爱与大善。

（二）交相利

"交相利"所要表明的是"义与利"的关系问题，其前提是"兼相爱"。也就是说，爱与利二者紧密连接，不可剥离。"义利之辩"是先秦时期诸家均感兴趣的议题，无论儒家、墨家还是法家，都提出过"义与利"关系问题的主张。儒家的义利观，主张先义后利、重义轻利，"君子喻于义，小人喻于利"。凡是有高尚道德情操和良好道德修养的人，执着于对义的正面追求；而那些情趣低下的人，却执着于对利的渴望。这种认识并无问题，因为这是人性本来之欲。反过来，墨家认为，爱而必利，爱利天下，爱利百姓，无利则无以体现对百姓之爱，主张爱与利之间的统一和协调；义与利并非不可兼得，甚至二者根本就是一致的、不可两分的，如果对人有所关爱，就应以利体现之，也就是说，得利便包含对人的关爱。墨家学说将义与利或爱与利，提升为爱或义与利融为一体的理念，这就表现了与儒家并不相同的"爱"的境界，成为普救世人的社会理念，也成为从物质层面开展慈善活动的重要理念。

在人类社会发展过程中，爱与利或义与利不可分离，二者也不可截然对立。我们并不认为儒家义利观是空洞的说教，也不赞同那种认为义与利二者之间势如水火的观点；离开了爱或义的慈善理念，将唯利是图或拜金主义作为社会的主流理念，必将导致社会的混乱与黑暗；离开对利的追求，而空谈所谓爱与义，社会经济就会停滞不前，人们的物质生活就会出现问题，并导致经济衰退、民生凋敝、社会混乱的严重局面。墨子的"交相利"与"兼相爱"和谐一体，是义与利高度统一的功利主义观。

墨子所谓"利"就是利人："义者，正也。何以知义之为正也？天下有义则治，无义则乱。我为此知义之为正也。""今天下之士君子，皆明于天子之正天下也，而不明于天之正天子也。"在这个意义上，墨家所言之利，不是利己主义之利，而是利群主义之利，即"兴天下百姓之公利"。"交相利"也是指双方交互之利，而不是单方面的私利，所谓"爱人者必先爱之，利人者必先利之"说的就是这个意思。

（三）非乐、节用、节葬

墨家的慈善思想中还包含有非乐、节用、节葬等学说。这些学说同样是墨家慈善思想的组成部分。墨家反对统治集团为满足自己穷奢极侈的欲望而大肆进行"音乐"活动。他们寻欢作乐、荒淫无度的行径，加重了广大劳动者的负担，因此提出"非乐"主张，这是无可厚非的。至于音乐本身在人们文化生活中发挥的重要作用，应当是可以被肯定的，但这是另外一个问题，此处不议。墨子所非议的"乐"，其实不是音乐本身，而是统治集团那种骄奢淫逸、歌舞升平的腐朽生活现象。

在墨子生活的时代，生产力低下，物质财富远不能满足社会各阶层人们的基本生活所需。统治者生活腐化、骄奢淫逸，过度耗费社会财富；而劳动者生活贫困，难以维持温饱。墨子要求统治者效仿古代圣王节用爱民的政策，重视发展经济、珍惜粮食、关怀民生。当然，"节用"并不等同于节衣缩食，而是杜绝浪费，节约粮食。"凡五谷者，民之所仰也，君之所以为养也。故民无仰，则君无养。民不食，则不可事，故食不可不务也，地不可不力也，用不可不节也。"这段话的大概意思是：所有的五谷杂粮，都是老百姓生活不可或缺而赖以生存的，是供养君主的物质财富。如果老百姓的生活没有可以依存的物质财富，那么君主也就没有可以供养的财富；如果老百姓没有物质生活所需的财富，那也就不能去供养君主。所以，粮食生产不能不进行，土地就不能不得到耕种，所有开支用度不能不加以节制。由此，我们形成这样的认识：墨子所谓"节"是调节用度、缩减开支，并非使人食不果腹、衣不蔽体，人们的消费应与社会经济状况相适应，在物质财富仍然紧缺的情况下，任何人都不可消费过度。

"节葬"是"节用"的一个方面。当时社会盛行厚葬习俗，贵族统治者更是如此，他们耗费大量人力、物力和财力，造成社会财富的极大浪费。墨家认为，广大农民和手工业工人处于饥不得食、寒不得衣的生活状态下，基本温饱无法得到满足，为了使劳动人民能获得最基本的生活资料，墨子反对过度消费，反对奢侈生活。这样的主张应该是符合社会生活实际的。

劳动人民是社会的弱势人群，而处于社会强势地位的人群是社会的统治者和剥削者。墨家真正明确了广大农民和手工业劳动者的经济利益诉求，确定了"兼相爱""交相利"的原则，这是墨家慈善学说的思想基础。事实上，中国传统慈善文化中已经包含墨家的"兼相爱""交相利""节用""节葬""非攻""非乐"等主张，这些学说就是墨家慈善文化的主要内容，有其自身的正义性和独特性，应当在当代社会继续发扬光大。

从历史和当代社会的情形来看，似乎可以做出这样的判断：凡是对民族精神和民族慈善心理产生重大影响的思想学说，都有其深刻的思想性和时代性，都会与其他思想学说形成相互渗透和影响或变革与借鉴等关系。墨家学说在中国思想史上似乎表现出时隐时现的状态，但其核心理念已经融入中国传统慈善文化的体系与形态之中，并日益彰显其强大的活力。在中国传统慈善文化的体系中，诸家慈善学说都做出了自己应有的贡献。墨家慈善思想主旨，符合当代慈善文化建设需要，也具有对未来慈善事业发展的指向性和规范性特征。因而，墨家慈善文化对现代中国慈善文化的建构与慈善事业的发展方式，具有借鉴与启发意义。

今天的慈善事业是全民的伟大事业，在民间存留传承的墨家学说，一定能在全民慈善的伟大事业中得到彰显。在慈善文化研究中，墨家慈善文化与道家慈善文化和儒家慈善文化应该占有同等重要的位置，尤其是对其在民间所发挥的作用，要给予充分的肯定。还需要说明的是，学术界和慈善界对于墨家慈善文化的研究与宣传，还有很多工作要做，还有很长的路要走，需要我们共同努力。

四、推进传统慈善文化的创新发展

党的二十大报告指出："只有把马克思主义基本原理同中国具体实际相结合、同中华优秀传统文化相结合，坚持运用辩证唯物主义和历史唯物主义，才能正确回答时代和实践提出的重大问题。"发掘中华优秀传统文化中的慈善智慧，并将其与马克思主义的立场观点方法相结合，能够为慈善事业注入深沉、持久的力量，在文化自信中推动社会发展、凝聚社会共识。

第一，以马克思主义中国化激活传统慈善文化创新发展的生命力。马克思主义强大的真理力量是中华传统文化得以守正创新的重要原因。中国共产党在百年历程中始终坚持将马克思主义作为传承和发展中华优秀传统文化的根本指导，这是中华优秀传统文化得以延续和发展的关键经验，也是激活传统慈善文化当代生命力的重要原则。

首先，牢固树立马克思主义在中华优秀传统文化创新发展中的指导地位。这是根本原则与方向，是以马克思主义真理力量激活中华优秀传统文化生命力的必要前提。新时代必须加强中国共产党在慈善领域的领导力量，坚决反对文化复古主义等错误倾向，为激活传统慈善文化生命力创造必要条件。

其次，找准马克思主义与传统慈善文化的结合点。这是以马克思主义真理力量激活传统慈善文化生命力的关键领域。比如传统文化中的"富民""均平""大同"等理念，其中，"富民"是古代治国安邦的重要内容，"均平"则体现了自古以来的社会公正理想，在"富民"和"均平"的朴素发展观和分配观之上，"鳏寡孤独废疾者皆有所养"的"大同"社会是中华优秀传统文化中理想社会的终极形态。但"均平""大同"带有空想色彩，康有为的《大同书》、孙中山的"三民主义"都继承了这一社会理想却未能将其变为现实。中国共产党则不同，毛泽东曾说："大同者，吾人之鹄也。"一代又一代共产党人将共产主义理想与其结合，通过科学可行的公有制度，开辟了由大同社会理想走向共同富裕的共产主义现实的具体革命路径。随后中国共产党人通过"先富带后富""效率优先、兼顾公平""共享与发展同步"等分配制度的历史实践，使人民富足和社会公平在社会利益的共享共有上获得了统一。这是马克思主义同传统慈善文化相结合的典范。以会通之处为桥梁、相异之处为互补，传统慈善文化得到了创新性发展，在理论与实践上均取得了重大成就。马克思主义真理是发展性的理论体系，传统慈善文化是深厚的文化宝藏，两者会通之处和互补之处仍有极大的空间值得继续挖掘。新时代中国共产党要继续找准马克思主义与传统慈善文化的结合点，促进两者的双向互动。

再次，立足新时代社会变迁的伟大实践推进二者有机融通。这是新时代以马克思主义真理力量激活传统慈善文化生命力的实践维度与现实尺度。实现二者相结合，不是说谁要代替谁，也不是说要搞什么"复归"和"返本"，更不是说马克思主义和传统慈善文化就不存在了，而是立足时代问题，使传统慈善文化的根本特质和核心价值通过呈现不同的文化优势而发挥不同的作用。新时代，要在社会主义现代化强国的现实实践中，坚持实事求是的思想路线和实践方法，坚守中国特色社会主义文化理想，在落实新发展理念和构建新发展格局中，激活传统慈善文化的生命力，使之在推进全体人民共同富裕中发挥独特的文化优势。

第二，以历史自觉精神明晰传统慈善文化创新发展的方向。新时代，传统慈善文化创新发展的历史方位和方向已发生了重大变化，只有坚持唯物史观，才能保持高度的历史自觉意识，继续走在时代前列。

首先，自觉总结和运用传统慈善文化创新发展的历史经验。唯物史观是高度历史自觉和主动精神的理论源泉，我们要用历史映照现实、远观未来，从中国共产党的百年奋斗中看清楚过去我们为什么能够成功、弄明白未来我们怎样才能继续成功。新时代，在推进全体人民共同富裕的进程中，传统慈善文化日益展现文化优势、发挥重要作用，传统慈善文化的创新发展日益向更深层、更广阔的空间发展。因此，要加强对历史中传统慈善文化重要作用的梳理与分析，进一步提升对传统慈善文化创新发展历史方位的判断力和历史作用的领悟力。

其次，客观认识和判断新时代传统慈善文化创新发展的现实方位。在实现全面建成小康社会的目标后，中国迈向新发展阶段，推动传统慈善文化的创新发展与21世纪中叶建成社会主义现代化强国的目标具有一致性。要在社会主要矛盾的转变中，把传统慈善文化的创新发展与人民美好生活的需要、更平衡更充分的发展需要相结合，有重点、分层次地高效推进。要在国际地位的转变中，把传统慈善文化的创新发展和讲好中国故事、树立大国形象、促进文化交流互鉴、增强国际话语权相结合，有原则、有计划地高质量推进。

再次，主动把握和规划传统慈善文化创新发展的未来发展方向。新冠疫情的暴发加速了国际形势的演变，敲响了防范化解未来社会风险的警钟。新时代，在推动传统慈善文化创新发展的过程中，要有意识地形成应对人类未来风险的思维，批判种族主义、地域主义、单边主义，防范和化解风险，弘扬慈善友爱、和衷共济的中国态度，为营造和平、稳定、开放的国际环境贡献中国力量。

第三，以中国精神丰富传统慈善文化创新发展的内涵。要弘扬的传统慈善文化应是对传统文化进行"精华"和"糟粕"的价值判断划分后，通过扬弃的方式传承下来的精神精华及承载精神精华的物质、行为、制度文化。新时代，要以中国精神为指引，重点汲取传统慈善文化中的精神力量，深度聚焦价值核心，不断赋予时代价值，将中国智慧的精华融入核心价值与共同价值中，既关照中国人民的精神需要，又关切全球的共识需求。

一方面，重点汲取传统慈善文化的精神力量。中华优秀传统文化以物质、行为、制度为载体和表现形式，以价值观念、思维方式、审美情趣等为核心和灵魂，其中最重要的在于精神层面。精神精华是传承和创新传统慈善文化的关键点和着力点。在传承传统慈善文化中，重点汲取更持久、更深沉的精神力量，有效避免传统慈善文化创新发展中的功利化、庸俗化、浅薄化倾向。

另一方面，深度聚焦传统慈善文化的价值核心。要特别重视挖掘中华五千年文明中的精华，但在汲取精神力量的同时也面临着庞大的价值和思维体系。人类社会发展史表明，对一个民族、一个国家来说，最持久、最深层的力量是全社会共同认可的。因此，可以深度聚焦社会主义核心价值观并推动传统慈善文化的创新发展。将传统慈善文化融入社会主义核心价值观中，通过培育和践行社会主义核心价值观，以文化人，关照中国人民的精神需要，增强社会的慈善文化氛围，倡导全球合作共赢、和衷共济的价值基础。

附录

陕西省慈善信托备案基本信息汇总表

序号	慈善信托名称	信托目的	备案时间	备案期限	备案机关	信托财产规模
1	陕国投·柏善益童健康成长01号	向陕西省内中小学学生提供青少年健康成长服务，包括对儿童、青少年脊柱发育义务检查/诊断等各项工作	2023/4/13	1年	西安高新区社会事业服务局	10万元
2	长安慈·农银壹私行恒·沁宜兴一号	扶贫济困，开展扶老、救孤、教育、医疗卫生、文化体育等符合《慈善法》规定的慈善项目	2023/2/17	5年	西安高新区社会事业服务局	100万元
3	陕国投·童心向党·小小志愿者慈善信托	为了助力陕西省少年儿童革命传统教育和爱国主义教育相关慈善事业	2022/12/30	3年	西安高新区社会事业服务局	1万元
4	长安慈·农银壹私行恒·沁江苏永鼎慈善信托	旨在扶贫济困、扶老救孤、恤病助残，促进教育、科学、文化、卫生、体育等事业的发展，以及开展其他符合《慈善法》规定的慈善项目	2022/12/26	5年	西安高新区社会事业服务局	200万元
5	陕国投·爱与希望1号·共建美好家园（防疫专项）慈善信托	将信托资金用于西安市扶弱助困公益慈善基金会举办的关于关爱一线疫情防控工作人员等"温暖家园共战疫情"众人献爱心系列公益活动	2022/12/26	2年	西安高新区社会事业服务局	2.1万元

续表

序号	慈善信托名称	信托目的	备案时间	备案期限	备案机关	信托财产规模
6	陕国投·爱与希望2号·共建美好家园（关爱老人）慈善信托	通过本信托的实施，将信托资金用于西安市扶弱助困公益慈善基金会举办的关于关爱国内留守老人、困境老人系列公益活动	2022/12/26	2年	西安高新区社会事业服务局	2.1万元
7	陕国投·爱与希望3号·共建美好家园（情暖儿童）慈善信托	通过本信托的实施，将信托资金用于西安市扶弱助困公益慈善基金会举办的关于情暖困境儿童系列公益活动	2022/12/26	2年	西安高新区社会事业服务局	2.1万元
8	陕国投·博爱4号慈善信托	支持关爱西安博爱园园内孩子们的健康成长	2022/12/15	1年	西安高新区社会事业服务局	1.02万元
9	西部信托·情暖乡村助力杨武慈善信托	旨在将信托资金用于杨武村农业种植、农业养殖、农村道路建设、农村配套设施完善、农业产业发展	2022/12/6	10年	西安市民政局	0.1万元
10	长安慈·演心慈善信托	本信托旨在开展包括但不限于扶贫济困、资助与教育发展、医疗救助、环境保护相关的慈善事业等的慈善活动，促进社会和谐发展	2022/11/28	10年	西安市民政局	100万元
11	西部信托·阳光助学慈善信托	旨在将信托资金用于捐助陕西省境内家庭经济困难的在校学生（限小学、初中、高中）	2022/11/28	10年	西安市民政局	0.42万元
12	陕国投·荣华集团·西安慈善会团结一心联合抗击新冠疫情慈善信托	向陕西省内公安、环卫、街道办等政府机关（或防疫部门、疫情防控指挥部）、医院、社区、管委会、保护办等企事业单位（或其下属防疫部门）、直接或间接参与疫情防控的人员等与开展疫情防控工作相关的机构或个人提供捐助，以发挥慈善信托作用，助力陕西省开展新冠疫情防控工作	2022/1/14	2年	西安市民政局	5万元

续表

序号	慈善信托名称	信托目的	备案时间	备案期限	备案机关	信托财产规模
13	陕国投·致敬最美逆行者抗击疫情慈善信托	向西安市公安局高新分局及西安曲江大明宫遗址区保护改造办公室下属疫情防控办公室提供捐助，以发挥慈善信托作用，助力陕西省开展新冠疫情防控工作	2022/1/14	2年	西安市民政局	5万元
14	长安慈·平安养老美丽太白村建设慈善信托	本信托旨在持续做好巩固脱贫攻坚成果与乡村振兴有效衔接，建设美丽宜居农村，支持陕西富平县太白村农村人居环境整治等工作	2022/10/10	1年	西安市民政局	2万元
15	长安慈·长江流域生态保护慈善信托	本信托旨在长江流域中下游生态环境的治理和恢复，其中包括优先用于常隆地块的风险管控和修复以及环保社会组织开展的生态环境保护项目和活动、环境公益诉讼案件的司法鉴定、生态环境部门和司法机关开展的环境法律宣传和培训等活动	2022/8/31	10年	西安市民政局	1113.8万元
16	攻克渐冻症慈善信托	本信托旨在促进攻克渐冻症领域的科学研究、药物研发、疾病治疗、关爱救助、渐冻症患者护理、宣传渐冻症及知识普及、促进神经系统领域科学研究及促进医疗、卫生事业发展，以及其他符合《中华人民共和国慈善法》第三条规定的慈善项目	2022/8/18	永续	西安市民政局	1015.65万元
17	长安慈·农银壹私行恒·沁九洲集团羌家村三扶爱心基金慈善信托	旨在开展扶贫、医疗、教育、卫生、自然灾害、改善生态环境、乡村振兴等项目，优先帮扶贫困儿童的教育以及贫困老人的生存	2022/7/20	10年	西安市民政局	410万元

续表

序号	慈善信托名称	信托目的	备案时间	备案期限	备案机关	信托财产规模
18	长安慈·开心慈善信托	本信托旨在扶贫、济困扶老、救孤、恤病、助残、优抚促进教育、科学、文化、卫生、体育等事业的发展防治污染和其他公害，保护和改善生态环境	2022/6/27	5年	西安市民政局	4万元
19	长安慈·农银壹私行恒·沁玉爱慈善信托	旨在为困境儿童提供帮扶，救助先天性疾病儿童（心脏病、兔唇、耳聋、眼疾等）	2022/6/27	永续	西安市民政局	200万元
20	长安慈·佳县乡村振兴产业慈善信托	本慈善信托旨在支持佳县发展，助推乡村振兴	2022/6/27	4年	西安市民政局	150万元
21	长安之光·西安古城墙保护与传承慈善信托	用于开展以文化遗产保护与传承为目的，以保护修缮西安文明古迹为起点，弘扬文化自信的慈善项目，以及开展由决策委员会同意的、符合《慈善法》的其他慈善项目	2022/6/17	3年	西安市民政局	148.9万元
22	长安慈·长安鑫"思源"公益慈善信托	本信托旨在助残、支持乡村振兴，促进教育、科学、文化的发展，以及开展其他符合《中华人民共和国慈善法》第三条规定的慈善项目	2022/6/13	5年	西安市民政局	3万元
23	长安慈·"点亮宝塔"圣地教育公益慈善信托	本信托旨在支持延安大学优秀的学子以及资助教师科研项目，助力学校发展建设，发展延安红色文化，促进教育、科学、文化等事业的发展	2022/5/30	5年	西安市民政局	40万元
24	陕国投·久诚关爱3号见义勇为献爱心慈善信托	信托资金用于西安市扶弱助困公益慈善基金会举办的关于为见义勇为英雄献爱心等系列公益活动，具体使用方向以决策委员会表决通过的《使用计划》为准	2022/2/24	2年	西安市民政局	0.1万元

续表

序号	慈善信托名称	信托目的	备案时间	备案期限	备案机关	信托财产规模
25	陕国投·久诚关爱1号援助事实孤儿慈善信托	信托资金用于西安市扶弱助困公益慈善基金会举办的关于关爱事实孤儿等系列公益活动(包括但不限于"事实孤儿的爱心礼包"等活动),具体使用方向以决策委员会表决通过的《使用计划》为准	2022/2/22	2年	西安市民政局	0.1万元
26	长安慈·金戈强直性脊柱炎慈善信托	本信托旨在促进医疗事业的发展,特别是强直性脊柱炎的治疗与知识普及	2022/4/18	5年	西安市民政局	10万元
27	长安慈·普惠金融汽车下乡慈善信托	本信托旨在全面助力乡村振兴,开展普惠金融汽车下乡类的公益项目	2022/4/18	1年	西安市民政局	5万元
28	长安慈·农银壹私行恒·沁彤鑫慈善信托	本信托旨在扶贫济困,开展医疗卫生、教育、助残等符合《慈善法》规定的慈善项目	2022/3/16	永续	西安市民政局	100万元
29	长安慈·农银壹私行恒·沁翡丽莱斯慈善信托	旨在扶贫济困,促进教育、医疗事业的发展,以及开展其他符合《慈善法》第三条规定的慈善项目	2022/3/16	永续	西安市民政局	50万元
30	长安慈·农银壹私行恒·沁鲁清石化慈善信托	本信托旨在扶贫济困,开展教育、医疗卫生、文化体育等符合《慈善法》规定的慈善项目	2022/3/2	10年	西安市民政局	100万元
31	西部信托·守望相助慈善信托	旨在向陕西省内因自然灾害、事故灾难和公共卫生事件涉及的主体进行捐赠或救助。其中第一期用于向陕西省内新冠病毒疫情防控进行捐助	2022/2/21	5年	西安市民政局	5.78万元
32	长安慈·责任与行动慈善信托	本慈善信托旨在促进公益事业发展,以公益力量助力美好生活建设,弘扬慈善文化	2022/2/9		西安市民政局	56万元

续表

序号	慈善信托名称	信托目的	备案时间	备案期限	备案机关	信托财产规模
33	陕国投·抗击疫情守护家园公益信托	信托资金用于西安市扶弱助困公益慈善基金会举办的关于抗击疫情共护家园等系列公益活动，具体使用方向以决策委员会表决通过的《使用计划》为准	2022/1/18	1年	西安市民政局	0.1万元
34	陕国投·久诚关爱2号援助重疾家庭慈善信托	信托资金用于西安市扶弱助困公益慈善基金会举办的关于关爱重疾家庭公益活动（包括但不限于"大爱援助重疾之家"等活动），具体使用方向以决策委员会表决通过的《使用计划》为准	2021/12/24	2年	西安市民政局	0.1万元
35	陕国投·公益3号·乡村振兴健康饮水慈善信托	信托资金的使用方向包括用于西安市扶弱助困公益慈善基金会举办的关于关爱乡村儿童等系列公益活动（包括但不限于"乡村振兴·健康饮水"等活动）	2021/12/22	2年	西安市民政局	1.27万元
36	陕国投·公益4号·空巢护老让爱绽放	将信托资金主要用于捐助陕西省境内困境中的独居、空巢老人或决策委员会认可的其他受益人，信托资金的使用方向包括用于西安市扶弱助困公益慈善基金会举办的空巢护老、让爱绽放等系列公益活动	2021/12/22	2年	西安市民政局	1.23万元
37	陕国投·爱佑助学慈善信托	本信托目的为向积石山保安族东乡族撒拉族自治县吹麻滩初级中学在校学生提供资金捐助，帮助贫困学生解决生活、学习等各项困难	2021/12/21	1年	西安市民政局	0.51万元
38	陕国投·大手牵小手公益助学慈善信托	甘肃省积石山保安族东乡族撒拉族自治县民族中学在校学生提供资金捐助，帮助贫困学生，解决生活、学习等各项困难	2021/12/21	1年	西安市民政局	0.51万元

续表

序号	慈善信托名称	信托目的	备案时间	备案期限	备案机关	信托财产规模
39	陕国投·鲁冰花公益助学慈善信托	将信托资金主要用于捐助给陕西省内贫困学生、失学儿童或青少年、身体残疾、心智障碍、自闭症学生，以缓解他们家庭的经济困难，改善学习条件，帮助他们完成学业并重获希望	2021/12/17	1年	西安市民政局	5万元
40	陕国投·春苗公益慈善信托	将信托资金捐给陕西省内贫困学生、失学儿童或青少年、身体残疾、心智障碍、自闭症学生，以缓解他们家庭的经济困难，改善学习条件，帮助他们完成学业并重获希望	2021/12/17	1年	西安市民政局	2万元
41	陕国投·公益2号-乡村振兴扶智助学儿童慈善信托	将信托资金主要用于捐助欠发达地区或城乡接合部需要帮助的儿童或决策委员会认可的其他受益人，信托资金的使用方向包括用于西安市扶弱助困公益慈善基金会举办的"乡村振兴·扶智助学"等系列公益活动（包括但不限于"建立图书室，赠送新春温暖包"等活动）	2021/12/15	2年	西安市民政局	7.04万元
42	长安慈·陕西科技大学校友发展慈善信托	本慈善信托旨在支持陕西科技大学优秀的学子以及资助教师科研项目，助力学校发展建设	2021/12/15	3年	西安市民政局	100万元
43	陕国投·公益1号·关爱城市唤醒者（环卫工人）慈善信托	将信托资金主要用于捐助陕西省境内一年工作经验以上的一线环卫工人（或决策委员会认可的其他受益人)，信托资金的使用方向包括用于西安市扶弱助困公益慈善基金会举办的关于关爱环卫工人等系列公益活动（包括但不限于"爱心早餐献环卫"等活动）	2021/12/15	2年	西安市民政局	6.38万元

续表

序号	慈善信托名称	信托目的	备案时间	备案期限	备案机关	信托财产规模
44	陕国投·童心向党-小小志愿者慈善信托	本信托通过与信托合作机构合作的方式，将信托资金用于陕西小蜜蜂青少年职业体验中心举办的开展革命传统教育和爱国主义教育的"小小志愿者"系列公益活动	2021/12/13	1年	西安市民政局	1万元
45	长安慈·平安普惠美丽乡村建设慈善信托	本慈善信托旨在促进陕西蓝田县西元峪村美丽乡村建设	2021/12/13	1年	西安市民政局	2.4万元
46	陕国投·博爱3号慈善信托	将信托资金用于西安博爱园教学楼部分地面及墙面修缮及其他日常经营使用	2021/12/7	1年	西安市民政局	0.33万元
47	长安慈·农银壹私行·兴达文具乡村振兴慈善信托	扶贫济困，旨在开展扶老、教育、医疗卫生、文化体育等领域相关的慈善项目	2021/11/24	5年	西安市民政局	105万元
48	长安慈·农银壹私行恒·沁艾立华乡村振兴慈善信托	本信托旨在支持乡村振兴扶贫济困促进教育、医疗等事业的发展，以及开展其他符合《慈善法》第三条规定的公益活动	2021/11/24	10年	西安市民政局	200万元
49	长安慈·长安艺术学堂慈善信托	本慈善信托旨在促进公益事业发展，以公益力量助力美好生活建设，传播慈善文化	2021/10/29	3年	西安市民政局	21.52万元
50	陕国投·心系河南抗洪救灾慈善信托	本慈善信托旨在向2021年河南省浚县王庄镇和小河镇洪水受灾地区提供资金援助，助力地方抗洪救灾和灾后重建工作。受益人由公益合作机构推荐，并经陕国投审核通过的《捐助方案》确定的2021年河南省浚县王庄镇和小河镇洪灾中受伤以及遭受经济损失的受灾群众	2021/9/26	1年	西安市民政局	1万元

续表

序号	慈善信托名称	信托目的	备案时间	备案期限	备案机关	信托财产规模
51	陕国投·"宁"聚一心携手抗疫慈善信托	旨在将信托资金向南京市参与抗击新冠疫情的定点治疗医院及其医护人员、南京市被确诊为新冠的患者提供资金捐助,助力疫情防控。受益人为2021年南京市江宁医院参与抗击新冠疫情的医护人员	2021/9/26	1年	西安市民政局	1万元
52	陕国投·阳光助学慈善信托	用于郑州慈善总会对郑州市区及郊县范围内的持有有效低保证、低收入证或一级困难证明家庭中的2021级新入学大学生进行帮扶救助	2021/8/30	1年	西安市民政局	3万元
53	长安慈·"长安心"防灾减灾救灾慈善信托	本慈善信托旨在提升公众的防灾减灾意识,提高应急灾难救援能力,支持灾后重建	2021/8/30	5年	西安市民政局	4万元
54	陕国投·爱的分贝听障儿童救助慈善信托	用于郑州慈善总会对郑州市区及郊县范围内的困难家庭中的听障儿童进行帮扶救助,包括助听设备的升级、维护、手术植入及语言康复训练及知识培训	2021/8/30	1年	西安市民政局	2万元
55	长安慈·爱心献三秦·教育助学公益慈善信托	本慈善信托旨在助力商洛市防灾减灾、灾后重建工作 奖励商洛市优秀学子,支持商洛市教育事业发展,支持陕西省各乡村学校、留守儿童活动中心书屋建设	2021/8/27	3年	西安市民政局	30万元
56	长安慈·青春、健康、活力,助力十四运体育公益慈善信托	本慈善信托旨在支持十四运圆满举办,促进陕西省体育事业发展	2021/8/27	1年	西安市民政局	100万元

续表

序号	慈善信托名称	信托目的	备案时间	备案期限	备案机关	信托财产规模
57	陕国投·善行中原水灾专项救助慈善信托	用于河南水灾专项救助，以保障受灾地区人们日常生活所需，支持灾后重建工作	2021/8/23	1年	西安市民政局	3万元
58	长安慈·农银壹私行恒·沁平明慈善信托	促进教育、扶贫、医疗等方面公益事业的发展	2021/8/12	永续	西安市民政局	200万元
59	长安慈·稚真公益慈善信托	本慈善信托旨在用于支持青少年普法与心理健康教育、青少年素质教育、校外教育和家庭教育，普惠青少年学生和弱势家庭群体，促进青少年身心健康	2021/6/22	5年	西安市民政局	1万元
60	长安慈·邓氏企业文化慈善信托	本慈善信托旨在开展公益慈善活动，促进社会和谐发展。本慈善信托将广泛支持扶贫、济困、扶老、救孤、恤病、助残、优抚、救助自然灾害、事故灾难和公共卫生事件等突发事件造成的损害，促进教育、科学、文化、卫生、体育等事业的发展 防治污染和其他公害，保护和改善生态环境 以及符合《中华人民共和国慈善法》规定的其他公益活动	2021/5/24	10年	西安市民政局	107.68万元
61	长安慈·繁星点点慈善信托	本信托旨在弘扬慈善文化、促进慈善创新，主要支持促进慈善信托的研究与传播。开展其他由委托人指定代表指定或决策委员会决议的符合《中华人民共和国慈善法》第三条规定的慈善项目	2021/4/20	3年	西安市民政局	30万元
62	陕国投·温暖接力扶贫济困慈善信托	用于对郑州市区及郊县范围内的建档立卡贫困户、家庭成员中患重大疾病等困难家庭帮扶救助	2021/2/2	1年	西安市民政局	10万元

序号	慈善信托名称	信托目的	备案时间	备案期限	备案机关	信托财产规模
63	陕国投·大爱咸宁抗击新冠疫情慈善信托	将信托资金用于捐助本次新冠肺炎咸宁市及下属区县定点治疗医院及其医护人员、全国支援咸宁市及下属区县的医护人员、咸宁市及下属区县其他相关医护人员、咸宁市及下属区县被确诊为新冠肺炎的患者、咸宁市及下属区县的公安及武警、咸宁市及下属区县的福利院、咸宁市及下属区县的困难居民、咸宁市及下属区县的各类学校等机构，以上为不特定受益人	2021/1/21	3年	西安市民政局	1万元
64	陕国投·聆听世界触摸光明盲童救助慈善信托	用于郑州慈善总会的"聆听世界触摸光明"盲童救助项目，救助河南省内的视障儿童，使他们得到免费专业的音乐教育，组织其参加音乐比赛和文化交流活动	2020/12/22	1年	西安市民政局	10万元
65	陕国投·博爱2号慈善信托	委托人基于对受托人的信任，自愿将其合法拥有的资金委托给陕国投，由受托人设立本信托，并通过受托人与信托合作公益机构合作的方式，将信托资金用于西安博爱园内特殊儿童的生活开销	2020/12/14	1年	西安市民政局	0.5万元
66	陕国投·关爱3号慈善信托	委托人基于对受托人的信任，自愿将其合法拥有的资金委托给陕国投，由受托人设立本信托，并通过受托人与信托合作公益机构合作的方式，将信托资金用于西安心心特殊儿童发展中心园内特殊儿童相关的日常开销	2020/12/14	1年	西安市民政局	3.37万元

续表

序号	慈善信托名称	信托目的	备案时间	备案期限	备案机关	信托财产规模
67	陕国投·薰衣草公益助学慈善信托	将信托资金捐助给陕西省内贫困学生或失学青少年,以缓解他们家庭的经济困难,改善学习条件,帮助他们完成学业并重获希望	2020/12/14	1年	西安市民政局	10万元
68	陕国投·陕浙交好慈善信托	将信托资金用于西安交通大学第二附属医院耳鼻喉科儿童耳朵疾病患者进行治疗,以帮扶耳病患者及其家庭解决生活困难,为耳病患者提供关爱服务	2020/11/25	3年	西安市民政局	2.3万元
69	长安慈·农银壹私行张兴栋生物医学工程奖励基金慈善信托	本信托旨在促进生物医学工程领域教育、科学等事业的发展	2020/11/20	永续	西安市民政局	1201万元
70	陕国投·抗击洪灾重建家园慈善信托	旨在向2020年夏季洪水受灾地区提供资金、物资等援助,助力地方抗洪救灾和灾后重建工作。受益人为2020年夏季洪水严重受灾省份(江西、安徽、湖北等)中奋战在抗洪救灾一线的工作人员,在洪水中受伤以及遭受经济损失的受灾群众	2020/10/13	2年	西安市民政局	6.9万元
71	长安慈·脱贫攻坚关爱农村三留守群体慈善信托项目	本信托旨在发挥金融行业优势助力脱贫攻坚和乡村振兴战略,关爱陕西农村留守老人、留守妇女、留守儿童等弱势群体,巩固脱贫攻坚成果,助力全面建成小康社会	2020/9/28	3年	西安市民政局	103.15万元
72	陕国投·情系淳化·助力脱贫攻坚慈善信托	本信托旨在助力陕西省淳化县脱贫攻坚相关的慈善事业	2020/9/6	1年	西安市民政局	5.7万元

续表

序号	慈善信托名称	信托目的	备案时间	备案期限	备案机关	信托财产规模
73	长安慈·雨燕慈善信托	本信托旨在扶贫济困、扶老救孤、恤病助残，促进教育、科学、文化、卫生、体育等事业的发展。开展其他由委托人指定代表指定或决策委员会决议的符合《中华人民共和国慈善法》第三条规定的慈善项目	2020/5/28	永续	西安市民政局	15万元
74	长安慈·抗疫与共慈善信托	本信托旨在向陕西省参与新冠病毒医疗的医护人员提供物资、资金等援助，经决策委员会同意信托资金也可用于抗疫相关的其他项目	2020/4/14	3年	西安市民政局	51.55万元
75	陕国投·小小志愿者·城乡儿童手拉手慈善信托项目	本信托通过与陕西小蜜蜂青少年职业体验中心合作，将信托资金用于陕西小蜜蜂青少年职业体验中心举办的"小葵花看西安——城乡儿童手拉手"系列公益活动，支助陕西省内留守儿童健康成长	2020/1/20	3年	西安市民政局	2.16万元
76	陕国投博爱园慈善信托计划	本信托旨在通过受托人与信托合作机构合作向西安博爱园进行捐赠，信托资金用于教学设施采购及园区环境建设等日常经营使用	2019/12/23	1年	西安市民政局	5.25万元
77	陕国投·关爱退役军人慈善信托	本信托旨在向陕西省慈善协会与陕西省退役军人事务厅设立的陕西省退役军人关爱基金会进行捐赠，为退役军人提供关爱服务	2019/8/22	2年	西安市民政局	100.1万元
78	西部信托陕西资本市场助力脱贫攻坚慈善信托	本信托旨在定向资助陕西省相关政府机构公布的省内贫困县的若干贫困大学生	2019/7/22	2年	西安市民政局	201.92万元

续表

序号	慈善信托名称	信托目的	备案时间	备案期限	备案机关	信托财产规模
79	长安慈·内蒙古乌兰察布定点扶贫及乡村振兴慈善信托	促进内蒙古乌兰察布察右中旗和察右后旗扶贫成果巩固及乡村振兴事业的发展	2020/1/6	5年	西安市民政局	50万元
80	长安慈·农行中国教育公益慈善信托	吸引全社会对教育公益与教育本质的关注，助力中国教育公益化的理论研究与实践，服务中国现代化教育强国梦想，开展由其他理事会决议或决定的符合《中华人民共和国慈善法》第三条规定的扶老、扶贫、济困等慈善项目	2019/11/29	不设固定期限	西安市民政局	1000万元
81	陕国投·蒲公英公益助学慈善信托	本信托旨在将信托资金捐助给陕西省内贫困学生或失学青少年，以缓解他们家庭的经济困难，改善学习条件，帮助他们完成学业并重获希望	2019/7/22	1年	西安市民政局	2.8万元
82	陕国投·栀子花公益助学慈善信托	本信托旨在将信托资金捐助给省内贫困学生或失学青少年，以缓解他们家庭的经济困难，改善学习条件，帮助他们完成学业并重获希望	2019/7/22	1年	西安市民政局	2.5万元
83	长安慈·大气保护慈善信托	本信托旨在保护、修复大气环境，防治大气污染，支持环境公益事业	2019/7/22	5年	西安市民政局	120万元
84	陕国投·陕西慈善协会-迈科集团-众志成城抗击新型冠状病毒感染慈善信托	本信托旨在通过受托人与公益合作机构合作，将信托资金或防疫物资（包括医用口罩、N95口罩、防冲击护目镜等实物）捐助给新型冠状病毒感染定点治疗医院、相关医院、陕西省支援湖北地区的医护人员、其他相关医护人员或确诊为新冠的患者	2020/2/11	3年	西安市民政局	1202.96万元

续表

序号	慈善信托名称	信托目的	备案时间	备案期限	备案机关	信托财产规模
85	陕国投·助力脱贫攻坚慈善信托	本信托旨在向陕西省慈善协会与陕西省扶贫办联合设立的"扶贫基金"进行捐赠,助力陕西脱贫攻坚	2019/6/5	2年	西安市民政局	150.02万元
86	陕国投·信诚善达扶贫济困慈善信托	信托资金用于经决策委员会表决通过的公益项目等公益活动,首期信托资金用于陕西省渭南市澄城县赵庄镇武安村帮扶项目	2019/3/25	5年	西安市民政局	20万元
87	陕国投·关爱抗美援朝困难退伍老兵公益慈善信托	信托资金用于捐助需要帮扶的抗美援朝困难退伍老兵	2019/2/11	5年	西安市民政局	5.69万元
88	陕国投·小小志愿者在行动慈善信托计划	本信托旨在举办少年儿童素质教育、健康成长、残障儿童救助、儿童志愿者教育等方向的"小小志愿者在行动"公益活动	2018/11/29	10年	西安市民政局	0.82万元
89	中信登·长安慈·定点扶贫慈善信托	本信托旨在促进甘肃省临洮县、和政县扶贫事业的发展	2018/11/19	3年	西安市民政局	80万元
90	长安慈·平安天年方舟慈善信托	本信托旨在扶老助幼,为老人、儿童等困难群体提供慈善服务,优先支持青岛市崂山区的老人帮扶事业	2018/9/28	不设固定期限	西安市民政局	30万元
91	陕西上市公司助力脱贫攻坚	将信托资金捐助给陕西省贫困学生或失学青少年,以缓解他们家庭经济困难,改善学习条件,帮助他们完成学业并重获希望	2018/7/31	10年	西安市民政局	186.51万元
92	西部信托·精准扶贫1号	为了促进慈善事业发展,对陕西省渭南市白水县杨武村实施精准扶贫	2018/7/12	2年	西安市民政局	10万元

续表

序号	慈善信托名称	信托目的	备案时间	备案期限	备案机关	信托财产规模
93	中国信托业·长安慈·四川慈善总会·定点扶贫慈善信托	旨在促进甘肃省临洮县、和政县扶贫事业的发展	2018/2/6	5年	西安市民政局	230万元
94	长安慈-老牛基金会教育慈善信托	旨在促进内蒙古自治区教育事业发展	2017/12/27	长期	西安市民政局	100万元
95	长安慈·杨凌精准扶贫慈善信托	本慈善信托旨在扶助陕西省杨凌示范区的低收入户实现精准脱贫	2017/8/31	3年	西安市民政局	500万元
96	陕国投·公益助学慈善信托	发展教育事业,帮助贫困学生,助其顺利就学,并解决生活、学习等各项困难	2017/5/22	10年	西安市民政局	12万元
97	长安慈·民生001号慈善信托	开展慈善活动,促进社会发展	2017/5/3	10年	西安市民政局	127万元
98	长安慈·未来创造力1号教育慈善信托	鼓励和支持中国青少年素质教育,开展深圳及全国青少年创造力素养培育	2016/10/18	10年	西安市民政局	100万元
99	长安慈·环境保护慈善信托	保护生态环境	2016/10/18	10年	西安市民政局	100万元
100	长安慈·山间书香儿童阅读慈善信托	旨在发展文化教育事业,培养儿童阅读兴趣,改善阅读条件,促进儿童全面发展	2016/9/1	10年	西安市民政局	33.34万元

主要参考文献

[1] 梁启超. 新民说. 北京：中国文史出版社，2013.
[2] 康有为. 大同书. 北京：中华书局，2012.
[3] 大学·中庸. 顾迁，注译. 郑州：中州古籍出版社，2017.
[4] 论语注译. 杨伯峻，注译. 北京：中华书局，2004.
[5] 孟子译注. 杨伯峻，注释. 北京：中华书局，2012.
[6] 老子今注今译. 陈鼓应，注译. 北京：中华书局，2020.
[7] 庄子今注今译. 陈鼓应，注译. 北京：中华书局，2009.
[8] 郑杰文，张倩. 中国思想家评传简明读本：墨子. 南京：南京大学出版社，2010.
[9] 沙哈尔. 幸福的方法. 北京：当代中国出版社，2007.
[10] 休斯敦·史密斯. 人的宗教. 海口：海南出版社，2013.
[11] 王晓朝. 宗教学基础十五讲. 北京：北京大学出版社，2003.
[12] 陈国庆，王元琪. 变与不变：马克思主义中国化百年历程. 西安：陕西人民出版社，2011.
[13] 任继愈. 中国道教史. 上海：上海人民出版社，1990.
[14] 任继愈. 中国佛教史. 北京：中国社会科学出版社，1985.
[15] 任继愈. 中国哲学史. 北京：人民出版社，1979.
[16] 陈国庆，王元琪，周超. 中华文化的核心理念. 西安：西北大学出版社，2021.
[17] 陈国庆，梁璐. 中国传统文化. 西安：西北大学出版社，2015.
[18] 郑功成. 中华慈善事业. 广州：广东经济出版社，1999.
[19] 郑功成. 当代中国慈善事业. 北京：人民出版社，2010.
[20] 周秋光. 近代中国慈善论稿. 北京：人民出版社，2010.
[21] 周秋光，曾桂林. 中国慈善简史. 北京：人民出版社，2006.
[22] 陈国庆. 慈善论. 西安：西北大学出版社，2017.

[23] 于同弼. 善经济：如何以企业社会责任制胜. 北京：中信出版社，2020.

[24] 刘文奎. 乡村振兴与可持续发展之路. 北京：商务印书馆，2021.

[25] 李小云. 公益元问题. 北京：中信出版社，2021.

[26] 李小云. 贫困的终结. 北京：中信出版社，2021.

[27] 资中筠. 慈善筹款原理与实践. 桂林：广西师范大学出版社，2021.

[28] 詹姆斯·盖拉特. 财富的责任与资本主义演变. 上海：上海三联书店，2015.

[29] 蒂尔尼，弗莱什曼. 非营利组织管理. 北京：中国人民大学出版社，2013.

[30] 托马斯·蒂尔尼，约尔·弗莱什曼. 从梦想到影响：一流慈善的艺术. 北京：华夏出版社，2014.

[31] 徐永光. 公益向右 商业向左. 北京：中信出版社，2017.

[32] 徐本亮. 社会组织管理精要十五讲. 上海：上海社会科学院出版社，2018.

[33] 戚安邦. 项目评估学. 北京：科学出版社，2019.

[34] 张少杰. 项目评估. 北京：高等教育出版社，2018.

[35] 张兵武. 公益之痒：商业社会中如何做公益. 北京：北京大学出版社，2011.

[36] 彼得·德鲁克. 非营利组织的管理. 北京：机械工业出版社，2019.

[37] 李健. 慈善学人文集：第二辑. 北京：中国社会出版社，2019.

[38] 全国人大常委会法制工作委员会社会法室. 中华人民共和国慈善法解读. 北京：中国法制出版社，2016.

[39] 王名. 慈善法将推进全新国家社会关系格局的建构. 中国民政，2016（13）.

[40] 王名. 第三次分配：更高纬度的财富及其分配机制. 探索与争鸣，2021（12）.

[41] 王名. 公益慈善学科建设基本构想//中国非盈利评论. 北京：社会科学文献出版社，2016.

[42] 陈铁迪，等. 慈善让世界变得更美好. 文汇报，2009-05-19.

[43] 金锦萍. 慈善法实施后网络募捐的法律规制. 复旦学报，2017（4）.

[44] 金锦萍. 慈善信托的规制之道. 中国社会组织，2017（16）.

[45] 邓国胜. 慈善组织培育与发展的政策思考. 社会科学研究，2006（5）.

[46] 邓国胜. 志愿服务在第三次分配中的作用及其价值测量. 社会政策研究，2021（4）.

[47] 周中之. 21世纪雷锋精神研究的伦理反思. 上海师范大学学报，2013（3）.

[48] 周秋光. 中华慈善文化及其传承与创新. 史学月刊，2020（8）.

[49] 周秋光. 中国慈善思想渊源探析. 湖南师范大学学报，2007（3）.

[50] 吴嘉琦. 中国慈善社会工作概述. 西安：陕西人民出版社，2022.

［51］王晨曦. 社会工作伦理本土化发展研究. 黑龙江人力资源和社会保障，2022（6）.

［52］赵芳，孔春燕. 基于"关系"的社会工作伦理实践. 社会工作与管理，2022（4）.

［53］童敏，吴宝红. 从英雄主义到平民关怀：社会工作伦理的反思与重构. 社会工作与管理，2022（4）.

［54］沈黎，吕静淑，廖美莲. 社会工作伦理的三种经典理论解释进路. 社会工作，2021（1）.

［55］李尉，谢文凯. "度量衡"：社会工作伦理困境的工具思维. 社会福利（理论版），2021（12）.

［56］刘美玲. "慈善伦理的价值观导引"研究现状及其价值. 晋中学院学报，2016（6）.

［57］周中之. 当代中国慈善伦理规范体系建构研究. 中州学刊，2017（9）.

［58］吴春香. 论中国特色社会主义新时代慈善伦理体系的建构. 青海师范大学学报（哲学社会科学版），2017（6）.

［59］李晴晴. 当代中国慈善伦理研究的成就与问题. 中北大学学报（社会科学版），2018（1）.

后　记

　　现代慈善是全民慈善。每一位有独立生活能力的人，都可以参与慈善活动或志愿服务，即人人皆可慈善。那么，参与慈善活动和慈善志愿服务的人们，对慈善的基本知识特别是慈善实务如何开展等，应当有多方面的了解，尤其是慈善会专职从事慈善工作和慈善志愿服务的诸位同仁。否则，在慈善工作或慈善志愿服务活动中，就有可能不得要领、没有章法，或不知所措，甚至好心办坏事，无法真正帮助那些需要救助和帮扶的困难群众。

　　我们在以往的工作中，对慈善文化和慈善实务，包括慈善志愿服务的相关理论和业务知识，采用网络课程、撰写并出版图书、发表论文、举办慈善大讲堂和慈善理论研讨班等具体方式，向慈善界同仁、慈善志愿者、社会各界人士进行宣传、介绍和业务培训，引起了广泛和持久的社会关注。例如，我们在互联网推送的慈善课程和课外读物的收听量、在互联网推送的论文阅读量，总计已经超过百万人次。这充分说明慈善会同仁、慈善志愿者们和全国各地热心慈善公益事业的爱心人士，的确需要了解慈善的基本知识，了解慈善文化的主要内容，掌握从事慈善工作及志愿服务的方法和技巧。从反馈的信息看，我们所做的上述研究、培训与宣传工作，使慈善同仁和慈善志愿者真正学到了有用的知识、理论和方法，并在他们的实际工作中发挥了一定作用。

　　我们在基层学习和调研时了解到，有一些老领导离退休以后，投身慈善工作。他们有丰富的工作经验和能力，更有为弱势人群服务的爱心和热情，有做好、做强、做大慈善工作的积极性。还有很多社区工作者、慈善老年大学学员、慈善志愿者，也都积极参与慈善志愿服务活动。同时，他们迫切需要了解慈善和慈善文化的基本知识，也就是要学着做慈善，做高质量的慈善。他们说，学习慈善，不仅要向实践学习，也要向理论学习；要向现实学习，也要向历史学习。实际上，理论也是来源于实践，来源于前辈慈善工作者的实际经验积累和理论工作者的总结与提升，来源于现代慈善的方方面面，来源于对慈善工作的发展与创新，也来源于对历史悠久的传统慈善进行深入系统的发掘整理。基层慈善会老领导热情鼓励我们，希望给他们写一些切合工作实际的慈善基础知识读本，或慈善工作概要性的册子，可以准确了解什么是慈善，什么是慈善工作，如何开展慈善工作，在具体工作中应注意哪些问题，包括组织建设与制度建设、慈善募集、项目策划与运作、慈善与慈善文化宣传推广、志愿服务与社会联络、网络慈善，以及慈善金融和慈善信托、慈善产业与旧物回收等如何开展。我们尊重并采纳了他们的建议，专门抽出时间撰写了这部小册子，以解决他们工作之需。

《慈善法》的出台和实施，回答了许多过去长期争论的问题，澄清了以前一些似是而非的理论或说法。同时，我们非常有幸地看到，经过前辈慈善工作者艰辛探索，近30年来，慈善组织在前述具体问题中的大部分实际工作方面，已经积累了丰富的经验，也有不少理论归纳，为我们的研究和宣传奠定了很好的基础。因此，我们经过较为深入和全面的梳理、分析和论证，在文字上尽量避免过于艰涩，而是采用比较流畅、浅近的文字，尝试撰写了这部《慈善工作概要》读本，以供读者在比较轻松的阅读中增进对慈善工作的了解。同时，希望朋友们提出宝贵意见。

需要说明的是，这部小书的大部分稿件是我们新近完成的，其中有少部分内容分别由赵浩义、郑伟、裴晓宁、曹松、韩梦楠、边昕怡撰写；本书另有小部分内容是我们从最近十几年来撰写并发表的论著里精选出来的。尽管经过了较长时间的写作、整理、编校和修润，但限于水平，书中还可能存在某些不尽如人意甚至错讹之处，欢迎读者不吝赐教。

这部小书是我们学习慈善和慈善文化的笔记，慈善界和学术界的许多有价值的成果给我们很多启发，在此表示感谢。书中大部分内容是我们学习或调研的心得体会，还有一些是对基层慈善会同仁创新慈善的经验总结和理论归纳。从这个意义上说，此书不是全面、系统和完整的慈善教科书，而是与慈善同仁共同研究具体问题的讨论集。

  本书即将付梓，我们内心涌起浓重的感激之情。陕西省慈善协会第一任会长徐山林老省长、第二任会长刘维隆老主任、现任会长吴前进老主任，带领我们从事慈善研究和慈善实务工作，给我们提供了很多学习机会。他们对慈善工作的创新及其取得的丰硕成果，为三秦父老做出的巨大贡献，百姓们是不会忘记的，历史是不会忘记的。他们的善念善德、善言善行，时刻在感染、鼓舞、督促着我们，让我们经受慈善的洗礼，领悟慈善的真谛，享受慈善的快乐，感受慈善的崇高，更加坚定了献身慈善的正念和决心。在此，我们要向老领导们表示崇高的敬意。没有他们的引领和支持，也就不可能有这部小书的面世。

陈国庆

2023 年 9 月 20 日